AF618144

Schriftenreihe der Landeszentrale
für Medien und Kommunikation

Band 26

Hans-Bernd Brosius | Katja Schwer

Die Forschung über Mediengewalt

Deutungshoheit von Kommunikationswissenschaft, Medienpsychologie oder Medienpädagogik?

Nomos

Die Deutsche Nationalbibliothek verzeichnet diese Publikation in der Deutschen Nationalbibliografie; detaillierte bibliografische Daten sind im Internet über http://www.d-nb.de abrufbar.

ISBN 978-3-8329-3371-5

1. Auflage 2008

Vorwort

Jugendschutz gehört zu den genuinen Themenfeldern der Landesmedienanstalten und ist vor dem Hintergrund zunehmender und vielfältiger Gewaltdarstellungen in den Medien von anhaltend hoher gesellschaftlicher Relevanz. Für die Medienaufsicht ist die Frage, ob und welche (negativen) Auswirkungen Mediengewalt auf Kinder und Jugendliche hat, von zentraler Bedeutung. Auch wenn die Wissenschaft mittlerweile relativ eindeutig der Meinung ist, dass die Rezeption von gewalthaltigen Darstellungen in Fernsehen und Film langfristige negative Auswirkungen hat, herrscht in der öffentlichen, gelegentlich auch in der medienpolitischen Diskussion die Meinung vor, dass es kaum Belege für solche Medienwirkungen gibt.

Die Landesmedienanstalt Rheinland-Pfalz (LMK) hat die vorliegende Studie in Auftrag gegeben, um die Verschränkungen zwischen wissenschaftlicher und öffentlicher Debatte aufzuzeigen und zu klären, ob einzelne wissenschaftliche Disziplinen (Kommunikationswissenschaft, Medienpsychologie, Medienpädagogik) eine Deutungshoheit für sich beanspruchen. Gemeint ist damit, ob einzelne Fächer durch ihre theoretischen und methodischen Perspektiven die Diskussion dominieren und damit Mediengewalt mal mehr und mal weniger schädlich erscheint.

Insgesamt gibt die Studie der Medienpolitik und Medienaufsicht wichtige Anhaltspunkte darüber, wie Publikationen und Argumente aus verschiedenen Disziplinen zu beurteilen sind. Auffällig ist dabei, dass in der öffentlichen Debatte ganz andere Autoren zu Wort kommen als in der wissenschaftlichen Debatte. Es gilt für die Öffentlichkeit transparent zu machen, welche wissenschaftlichen Erkenntnisse der Sachlage angemessen sind, so dass eine rationalere Beschäftigung mit dem Themengebiet Mediengewalt erfolgen kann.

Manfred Helmes
Direktor der Landeszentrale für Medien
und Kommunikation (LMK) Rheinland-Pfalz

Inhaltsverzeichnis

I. Statt Wirkungsforschung Forschungswirkung – bestimmt die Perspektive das Ergebnis?

Die vorliegende Publikation basiert auf einer Studie, die von der Landeszentrale für Medien und Kommunikation (LMK) in Auftrag gegeben wurde. Diese hat als Erkenntnisinteresse formuliert, etwas darüber zu erfahren, in welchem Maße die öffentliche Debatte über die Wirkung von Mediengewalt durch die unterschiedlichen Fachdisziplinen, vor allem durch die Medienpsychologie und die Kommunikationswissenschaft, bestimmt wird (Definitionsmacht) und inwieweit theoretische und methodische Zugänge der Disziplinen deren Forschungsergebnisse prägen, so dass beispielsweise die Medienpsychologie dem Stimulus, die Kommunikationswissenschaft dagegen dem sozialen Umfeld einen größeren Einfluss einräumt (Feldabhängigkeit). Wir wollen dabei nicht als eine Art „Oberschiedsrichter" entscheiden, wer nun Recht hat oder wer gute und wer schlechte Forschung macht. Stattdessen wollen wir das Verhältnis zwischen wissenschaftlicher und öffentlicher Gewaltdebatte beleuchten und die hinter beiden Debatten stehenden Strukturen und Regeln aufdecken, denen die Kommunikationsprozesse in diesen Bereichen folgen.

Glückliche USA. Die Wirkung von gewalthaltigen Medienangeboten in Fernsehen, Film und anderen Gattungen (Mediengewalt) wird nahezu regelmäßig in groß und langfristig angelegten, umfassenden Forschungsprojekten untersucht (vgl. z.B. Wilson, et al., 1997; Huesmann, et al., 2003). Renommierte, in der Psychologie und der Kommunikationswissenschaft anerkannte Forscherpersönlichkeiten führen die Projekte durch. Regierungskommissionen, aber auch beispielsweise die Kabelindustrie geben diese in Auftrag. Die Ergebnisse werden in wissenschaftlichen Zeitschriften publiziert. Die Amerikaner sind sich einig, dass Mediengewalt langfristig negative Wirkungen hat.

Nicht so in Deutschland. Forschungsbemühungen werden hier nur vereinzelt disziplinenübergreifend gebündelt. In der Wissenschaft wird mehr über die Forschung anderer diskutiert und Synopsen verfasst. Zwar scheint auch hier der Mainstream von einer negativen Wirkung von Mediengewalt auszugehen, glaubt man den meisten Veröffentlichungen aus Kommunikationswissenschaft und Medienpsychologie. Hinter den Kulissen offenbaren sich aber Verwerfungen, die man an der Heftigkeit mancher Beiträge in wissenschaftlichen Publikationen und wissenschaftsnahen Medien ablesen kann. Verfolgt man beispielsweise den Disput zwischen Kunczik und Lukesch in der Zeitschrift *tv-diskurs* (Rezension von Kunczik in Heft 31/2005, S. 40-45; Heft 32/2005, S. 60-67; Replik von Lukesch Heft 33/2005, S. 76-79), so kann man sich des Eindrucks nicht erwehren, dass hier zwei Wissenschaftler unterschiedlicher Disziplinen mit harten Bandagen und jenseits des wissenschaftlichen Jargons um Dinge streiten, die in der Sache selbst nicht zu finden sind (vgl. hierzu auch die Analyse von Platho in der *Funk-*

korrespondenz, Heft 41/2005, S. 3-5). Man könnte dahinter lediglich die Auseinandersetzung zweier Streithähne sehen. Es liegt aber auch nahe, dass diese als Vertreter der jeweiligen Disziplinen ihre Meinung gegenüber einer Öffentlichkeit durchsetzen wollen. Aufgrund ihres jeweiligen Fachverständnisses und ihrer Methodenschwerpunkte könnte man vermuten, dass Kommunikationswissenschaftler eher den sozialen Umständen, Medienpsychologen eher der Qualität des Gewaltstimulus größeres Gewicht bei der Erklärung aggressiven Verhaltens einräumen. Gegen diese Interpretation spricht zunächst, dass sich eigentlich Medienpsychologen und Kommunikationswissenschaftler in wissenschaftlichen Publikationen wie auch in Publikumsmedien regelmäßig versichern, dass beide ein ähnliches Verständnis der Wirkung von Gewalt haben – und eben sowohl Mediengewalt selbst als auch soziale Umstände und psychische Prädispositionen aggressives Verhalten von Rezipienten stimulieren können. Allerdings betonen die deutschsprachigen Wissenschaftler nahezu unisono, dass man noch nicht genau weiß, welchen Faktoren welches Gewicht zukommt. Im gleichen Atemzug wird bemängelt, dass es an langfristigen Untersuchungen fehlt, um mehr Klarheit über die Gewichtung der einzelnen Faktoren zu gewinnen.

Bei einem so geringen Erkenntnisstand, was langfristige, umfassende Untersuchungen betrifft, verleitet die von Wissenschaftlern selbst immer wieder kultivierte Unsicherheit über die Gefährlichkeit von Mediengewalt dazu, dass das Thema auch in der öffentlichen Debatte kontrovers diskutiert wird. Es ist relativ leicht, für gegensätzliche Positionen eine Belegstudie zu finden oder einen Autor, der die entsprechende Position vertritt. In der öffentlichen Debatte wird häufig nicht deutlich, welcher Wissenschaftler mit welchem Hintergrund und welcher Reputation zitiert wird. Diese Diagnose stimmt nachdenklich, berücksichtigt man die gesellschaftliche Relevanz des Themas.

Die Diskussion um die (negativen) Folgen von Mediengewalt für Rezipienten gehört mit zu den wichtigsten, kontinuierlich aufflammenden wissenschaftlichen Debatten der Wissenschaftsgeschichte im Bereich der Humanwissenschaften. Bereits in den späten 1920er Jahren wandte sich das erste umfassende Medienforschungsprogramm dem Thema der Gewalt zu (die unter der Bezeichnung *Payne Fund Studies* bekannt gewordenen Forschungsprojekte zu Medienwirkungen bei Kindern; vgl. Charters, 1933; Blumer & Hauser, 1933; Dysinger & Ruckmick, 1933). Trotz der zahlreichen Forschungsbemühungen auf diesem Feld klafft eine Kluft zwischen dem Wissen der Forschenden über ihren Gegenstand und dem öffentlichen Verständnis von der möglichen Gefahr, die von gewalthaltigen Medienangeboten ausgeht. Mediengewalt offenbart das schwierige Verhältnis von Wissenschaft und Gesellschaft; mehr noch, auch das spannungsbehaftete Verhältnis von Wissenschaft und einzelnen gesellschaftlichen Teilsystemen (z.B. Journalismus, Politik). Gerade im Bereich des Journalismus hat sich trotz aller Bemühungen, Wissenschaftsjournalismus als Ausbildungsfeld an Universitäten und Fachhochschulen zu etablieren, das Verhältnis in der letzten Zeit kaum gebessert. Hier zeigen sich die typischen Kommunikationsprobleme (Wissenschaftler fühlen sich unverstanden, Journalisten finden Wissenschaftler schwierig).

Warum das Thema Mediengewalt auch so aufschlussreich für das Verhältnis von Wissenschaft und Journalismus ist, hat verschiedene Gründe.

Ereignishaftigkeit: Die gesellschaftliche Debatte um die Schädlichkeit von Mediengewalt wird in der Regel durch außergewöhnliche Zwischenfälle immer wieder neu stimuliert. Amokläufe an Schulen (Emsdetten, Erfurt, Littleton) und Universitäten (Blacksburg) lösen eine intensive Berichterstattung aus, in deren Kontext nahezu reflexartig die Rolle der Medien thematisiert wird. Als Medienforscher, der sich mit dem Zusammenhang zwischen Mediengewalt und realer Gewalt beschäftigt, kann man in solchen Fällen die Hand schon zum Telefonhörer ausstrecken, da Journalisten die Frage nach Mediengewalt durch Zitate mit den (immer gleichen) Experten aus der Wissenschaft diskutieren. In ereignisarmen Phasen wird dagegen nur selten über das Thema berichtet. Anlässe können dann beispielsweise neue Spiele, technologische Entwicklungen oder profilinteressierte Politikeraussagen sein.

Doppelrolle der Medien: Die Medien haben beim Thema Mediengewalt eine Doppelrolle. Zum einen berichten sie über aktuelle Ereignisse, deren Ursachen in der medialen Gewaltdarstellung gesucht werden. Zum anderen sind sie (zumindest einige von ihnen) auch Produzenten bzw. Verbreiter und Nutznießer medialer Gewalt. Die Fernsehsender beispielsweise berichten über Schulmassaker, nach der Nachrichtensendung folgt dann aber ein Spielfilm, der auch wegen seiner Gewalthaltigkeit Zuschauer anlockt und hilft, den jeweiligen Sender zu finanzieren.

Vielfalt der wissenschaftlichen Ansätze: Das disziplinäre Spektrum der Wissenschaftler, die in solchen Phasen intensiver Berichterstattung zu Wort kommen, ist einerseits groß. Psychologen, Erziehungswissenschaftler, Soziologen, Kommunikationswissenschaftler, Kriminologen und andere werden zitiert, durchaus auch mit ganz unterschiedlichen Meinungen. Andererseits sind es aus diesen akademischen Disziplinen stets „die üblichen Verdächtigen“, die sich zum Teil schon seit vielen Jahren an der Debatte beteiligen. Da journalistische Meldungen über Mediengewalt an redaktionellen Selektionskriterien orientiert sind, sind einige Wissenschaftler in ihren Äußerungen öffentlichkeitstauglicher als andere. Extreme Ansichten, dass beispielsweise Fernsehen kriminell macht oder jede Form von Gewalt harmlos ist, haben häufig eine höhere Publikationschance als differenzierte Antworten, die leicht dahingehend interpretiert werden, dass die Wissenschaft immer noch nichts Genaues weiß. Für die öffentliche Auseinandersetzung mit dem Thema Mediengewalt ist es aber nicht unerheblich, welche Autoren mit welchen wissenschaftlichen Ansätzen über das Teilsystem Journalismus Zugang zur öffentlichen Debatte erhalten.

Vielzahl der beteiligten Akteure: An der gesellschaftlichen Debatte um Mediengewalt sind viele Akteure beteiligt, die Standpunkte vertreten, Meinungen äußern, gesellschaftlichen Einfluss ausüben und ihre Interessen artikulieren.

Da sind zunächst die bereits erwähnten Akteursgruppen der Journalisten und Wissenschaftler. Die Interessen der *Wissenschaftler* bestehen vermutlich zunächst darin, für sich und die vertretenen Standpunkte Publizität zu erhalten, auch um letztlich innerhalb der Wissenschaft Reputation und Arbeitsmöglichkeiten zu erhalten. Die Interessen der *Journalisten* und der Nachrichtenmedien sind hingegen, berichtenswerte Sachverhalte zu finden, die einem Beitrag einen hohen Nachrichtenwert verleihen und damit letztlich zur Finanzierung der Organisation beitragen. Die Interessen von *Politikern* bestehen nicht nur darin, Antworten auf den gesellschaftlichen Problemlösungsbedarf zu finden. Sie sehen im Problem der Mediengewalt auch die Möglichkeit, persönliche Handlungskompetenz und Durchsetzungsfähigkeit zu zeigen. Daher werden Vorfälle wie Erfurt dazu benutzt, politische Forderungen zu stellen und die Untätigkeit der politischen Gegner herauszustellen. Die produzierenden *Medienunternehmen* (Film- und Spieleindustrie) haben kein Interesse an einer Diskussion um die Gefährlichkeit von Mediengewalt und nutzen die Vorfälle, um Nicht-Befunde zu thematisieren. *Gesellschaftliche Gruppen* schließlich nutzen das Thema Mediengewalt, um eine Wertediskussion zu führen. Hier geht es um Fragen der Stellung der Familie, des richtigen Erziehungsstils, der (Un-)Selbständigkeit von Jugendlichen, etc. Schaubild 1 verdeutlicht das Wechselspiel der Akteure.

Schaubild 1: *Akteursfeld der öffentlichen Gewaltdebatte*

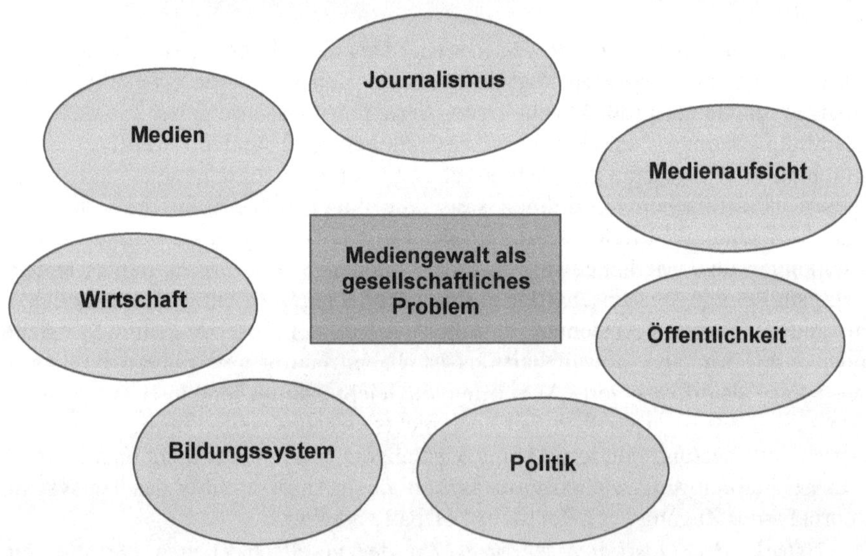

Wissenschaftliche Befunde zur Wirkung von Mediengewalt werden in der Regel von sozialwissenschaftlichen Disziplinen geliefert. Diese arbeiten meist mit einem probabilistischen Wissenschaftsverständnis. Es werden also Wahrscheinlichkeitsaussagen getroffen. In Bezug auf Mediengewalt etwa: „Der Konsum gewalthaltiger Spielfilme im Kindes- und Jugendalter erhöht die Gewaltbereitschaft der Jugendlichen um drei Prozent." Die Ungenauigkeit dieser Art von Aussagen erlaubt keinen Rückschluss auf Einzelfälle. Man kann in Bezug auf eine bestimmte Person nicht hinreichend genau vorhersagen, ob diese Gewalt ausüben wird oder gar einen Amoklauf vollziehen wird, selbst wenn man zahlreiche Randbedingungen kennt und benennen kann. Die Situation wird noch erschwert, da durch die Komplexität des Bedingungsgefüges zahlreiche Faktoren den direkten Zusammenhang zwischen Mediengewalt und Aggressivität von Jugendlichen moderieren, z.B. die Bedingungen des Elternhauses, der Peer Group, der individuellen Persönlichkeit und der sozialen Umgebung, um nur einige zu nennen.

Da in keiner Studie alle Bedingungen systematisch erfasst oder kontrolliert werden, sind die Ergebnisse einzelner Studien oft lückenhaft bzw. widersprüchlich. Dadurch entsteht in der Öffentlichkeit ein Bild von Wissenschaft, deren Ergebnisse voller Widersprüchlichkeit und Ambiguität sind. Entsprechend leicht fällt es dann auch den Beteiligten, Wissenschaftler und ihre Ergebnisse zu instrumentalisieren; „opportune Zeugen" nennt Hagen (1992) diesen Sachverhalt. Wissentlich oder unwissentlich werden Wissenschaftler Aussagen treffen, die das, was Journalisten oder andere Interessenvertreter hören wollen, bestätigen.

Diese Situation ist für einen problemorientierten Umgang mit dem Problem Mediengewalt nicht zufriedenstellend. Dies gilt umso mehr, da der Zusammenhang zwischen Mediengewalt und jugendlicher Aggressivität äußerst brisant ist. Existiert dieser Zusammenhang, sind Maßnahmen zur Eindämmung der Verbreitung medialer Gewalt wünschenswert. Diese berühren aber möglicherweise Grundrechte der Medien- und Informationsfreiheit. Welche Interessengruppe sich unter Wissenschaftlern, Journalisten, Medien und Wirtschaft mit ihren Standpunkten und Argumenten durchsetzen kann, ist somit von nicht unerheblicher gesellschaftlicher Bedeutung. Hier nimmt die vorliegende Studie ihren Ausgangspunkt. Mediengewalt steht wie kaum ein anderes Thema der Kommunikationsforschung im Spannungsfeld zwischen wissenschaftlicher Problembearbeitung und gesellschaftlicher Diskussion. Akademischer Diskurs und öffentliche Debatte klaffen deutlich auseinander. Die gesellschaftliche Diskussion verläuft vor allem ereignis- und medienbezogen, es sind eindeutige Lager mit klaren Interessen auszumachen (einerseits die Medienindustrie, andererseits verschiedene wertkonservative und kulturpessimistische Gruppierungen; dazwischen Vertreter des Bildungssystems, der Medienaufsicht und der Medienpolitik). Die wissenschaftliche Diskussion um Gewaltwirkungen wird von den wissenschaftlichen Protagonisten scharf, teils sogar polemisch geführt. Auch hier lassen sich Lager ausmachen, die sich a) aus verschiedenen Disziplinen speisen und b) aufgrund der angeführten Erklärungen unterscheiden, welche Rolle dem Medieninhalt für Gewaltwirkungen zugesprochen werden muss.

Die soeben beschriebene Gemengelage formt das Verhalten der an der Gewaltdiskussion beteiligten Akteure:

- *Wissenschaft*: Wollen Forscher im wissenschaftsinternen und im gesellschaftlichen Diskurs Gehör finden, müssen sie sich deutlich positionieren und von anderen Wissenschaftlern klar abgrenzen. Die Frage, wer die Deutungshoheit in der Frage medialer Gewaltwirkungen besitzt, wird verschärft durch sich ausbildende Spezialgebiete im Wissenschaftssystem (so zum Beispiel die Medienpsychologie seit den siebziger Jahren), und damit auch durch den Kampf um inneruniversitäre Ressourcen (vgl. Weingart, 2003). Den Medien, vor allem den Fach- und Nachrichtenmedien, kommt dabei eine Schlüsselfunktion zu, wissenschaftliche Sichtweisen zu Gewaltwirkungen zu verbreiten.
- *Medienunternehmen* (Produktionsfirmen wie auch Fernsehsender) haben ein klares Interesse an Befunden, die eindeutig die Harmlosigkeit von Gewaltdarstellungen belegen.
- *Wertkonservative und kulturpessimistische Gruppierungen* sind dagegen an Ergebnissen interessiert, die die Gefährlichkeit von Gewaltdarstellungen nachweisen.
- Gewalt ist sowohl für den informationsorientierten als auch den boulevardorientierten *Journalismus* ein wichtiges Thema. Gewalthaltige Informationen haben durch die Faktoren Schaden, Konflikthaltigkeit und Negativismus einen hohen Nachrichtenwert (vgl. Staab, 1990). Die emotionale Betroffenheit, die durch gewalthaltige Berichterstattung ausgelöst wird, führt wiederum zu klar erkennbaren Positionen, die die nachfolgende Berichterstattung weiter stimulieren können. Da sämtliche Fernsehsender auch gewalthaltige Inhalte ausstrahlen, stellt sich die Frage, ob der Nachrichtenjournalismus wirklich von den übrigen Unternehmenszielen unabhängig ist.
- *Medienpolitik und Medienaufsicht* erwarten von Wissenschaftlern eindeutige Handlungsempfehlungen für die Gestaltung des gesetzlichen Rahmens von Medien in Deutschland. Medienpolitik verläuft in der Regel reaktiv, d.h. medienpolitisches Handeln reagiert auf gesellschaftliche Problemstellungen und ist dabei auch oft durch Druck von Seiten der Öffentlichkeit stimuliert. Gerät das Thema Wirkungen von medialen Gewaltdarstellungen auf die öffentliche Agenda, setzt dies häufig eine Kettenreaktion in Gang: (medien-)politische Akteure sehen Handlungsbedarf und beauftragen Wissenschaftler mit der Erstellung von Gutachten. Die dadurch produzierten Forschungsergebnisse bilden wiederum die Grundlage für medienpolitisches Handeln. Insofern beeinflussen sich gesellschaftlicher und wissenschaftlicher Diskurs zu Gewaltwirkungen gegenseitig und können deshalb nicht unabhängig voneinander betrachtet werden.

- *Bildungssystem*: Lehrer und Pädagogen werden im Schul- und Bildungsalltag direkt mit den Aggressionen Jugendlicher konfrontiert. Sie erwarten von der Wissenschaft Erklärungen und Hilfestellungen für den Umgang mit Gewalt an Schulen und in Bildungseinrichtungen. Hier sind auch Fragen zur Medienkompetenz anzusiedeln.
- In der *Öffentlichkeit* dominiert ein stereotypes und vereinfachtes Bild von Gewaltwirkungen. Daher werden von Medienpolitik und Medienaufsicht deutlich restriktive Maßnahmen gegenüber den Medien erwartet.

II. Forschungslogik der Gewaltforschung

Unterschied zwischen Alltags- und wissenschaftlichem Wissen

Abseits der Frage, ob wissenschaftliches Wissen dem Alltagswissen übergeordnet ist oder nicht, lassen sich strukturelle Unterschiede zwischen diesen beiden Wissensformen feststellen: Alltagswissen entsteht, wenn Menschen von ihren subjektiven Alltagserfahrungen in konkreten Situationen ausgehen, diese aufgrund wiederholter Erfahrungen, im Austausch mit anderen und durch sozialisierte Wissensbestände bestätigt finden und dann von der Wahrnehmung des Einzelfalls ausgehend verallgemeinern. Alltagstheorien sind also aus dem Einzelfall abgeleitetet und bilden den (bewussten und unbewussten) Erwartungshorizont, vor dem Menschen Ereignisse in ihrer Umwelt beobachten und einordnen (vgl. Popper, 1973: 369). Dieses Prinzip prägt auch das Alltagswissen über Medienwirkungen: Medienwirkungen sind flüchtig und selten so direkt greifbar wie scheinbar in schulischen Amokläufen. Die Alltagswahrnehmung von Mediengewalt ist stark von eigenen Erfahrungen mit Medien und drastischen Einzelfällen geprägt. Vor diesem Erwartungshorizont liefert der Zusammenhang zwischen solchen Gewalttaten und exzessivem Medienkonsum eine plausible und offensichtliche Erklärung für das Verhalten dieser Amokläufer – sogenannte Killerspiele sind greifbarere Erklärungen eines solchen Verhaltens als psychische Probleme oder soziale Isolation.

Dabei werden aber Stärke und Reichweite von Medienwirkungen nicht unterschieden. In der Alltagswahrnehmung ist vor allem die *Stärke* der Medienwirkungen präsent. Der einzelne Amokläufer, der mehrere Menschen umbringt, zeigt scheinbar, dass die Rezeption von Gewalt dramatische Konsequenzen hat, wenn auch offenbar nur in ganz seltenen Einzelfällen. Die gesellschaftliche *Reichweite* der Wirkung – dass nämlich viele Jugendliche solche Computerspiele spielen, teils sogar exzessiv, und trotzdem nicht zu Amokläufern werden, wird nicht berücksichtigt. Trotzdem können hier weitreichende Wirkungen auftreten, z.B. mögliche schlechtere Leistungen in der Schule, Angstzustände, etc., die aber in der Öffentlichkeit nicht diskutiert werden. Daher kommen der öffentlichen Diskussion populärwissenschaftliche, sprachlich leicht verständliche und eindeutige Antworten mehr entgegen als wissenschaftlichen Ansprüchen genügende Aussagen (vgl. Weingart & Pansegrau, 1998). Aus Stärke wird in der öffentlichen Debatte schnell und unreflektiert auf Reichweite geschlossen.

Wissenschaftliches Wissen ist im Vergleich zu Alltagswissen selektiver und stärker verallgemeinernd. Der wissenschaftliche Erkenntnisprozess besteht darin, aus einer Vielzahl ähnlicher Situationen das Gemeinsame herauszuarbeiten und dabei relevante Einflussgrößen zu kondensieren, mit dem Ziel, möglichst allgemeingültige Regeln zu finden, mit denen sich Phänomene der Realität erklären und künftige ähnliche Ereignisklassen prognostizieren lassen. Dabei gilt für beide Wissensformen das selbe grundlegende Wahrnehmungsprinzip: Menschen können die Realität nur subjektiv (durch ihre eigene Brille, auf Basis ihres Vorwissens und ihrer Vorannahmen) wahrnehmen. Sie müssen sich aufgrund der begrenzten kognitiven Kapazitäten des menschlichen Wahrnehmungsapparats für einen Ausschnitt der Realität entscheiden – bewusst oder unbewusst. Diesem erkenntnistheoretischen Problem entkommen selbst Wissenschaftler nicht, auch ihre Wahrnehmung ist notwendigerweise perspektivisch und begrenzt. Obwohl dieses Prinzip für beide Wissensformen gilt, zeichnet sich wissenschaftliche Erkenntnis dadurch aus, dass der Erkenntnisprozess durch die bewusst gewählte Theorieperspektive, wissenschaftstheoretische Standards und methodische Regeln kontrolliert und damit intersubjektiv nachvollziehbar gemacht wird. Der Grundsatz der intersubjektiven Nachvollziehbarkeit soll die unumgängliche „Theoriegetränktheit" der Wahrnehmung (Popper, 1973) explizit offenlegen und damit kontrollierbar machen.

Kausaldenken und Wahrscheinlichkeit

Die Sozialwissenschaften unterscheiden sich in der Generierung ihrer Aussagen von den Naturwissenschaften. Die Naturwissenschaften postulierten in der Regel *nomothetische* Gesetzmäßigkeiten, sie stellen also Gesetze auf, die immer zutreffen. Ein Stein wird überall auf der Erde zu Boden fallen, vor 500 Jahren genauso wie heute. Die Beziehung zwischen dem Gewicht des Steins und der Erdanziehungskraft ist eine Gesetzmäßigkeit, die für alle Objekte zu allen Zeiten universell gilt. In den Sozialwissenschaften, auch in der Kommunikationswissenschaft, sind nomothetische Aussagen oder Zusammenhänge nicht denkbar, vielmehr werden in der Regel *probabilistische* Aussagen getroffen. Es existiert also keine Gesetzmäßigkeit, dass Fernsehgewalt auf alle Menschen in allen Situationen gleich wirkt; es finden sich immer nur bestimmte *Wahrscheinlichkeiten,* unter denen Wenn-dann-Beziehungen gelten: Wenn Rezipienten häufig gewalthaltige Medieninhalte nutzen, ist die Chance, dass sie danach selbst aggressiver sind, vielleicht größer als bei solchen Rezipienten, die wenig Mediengewalt konsumieren. Probabilistische Aussagen sind mit einer großen Variationsbreite behaftet: Es mag Menschen geben, die von Gewaltdarstellungen im Fernsehen überhaupt nicht beeinflusst werden, und es mag solche geben, die im Sinne einer Nachahmung aggressiv reagieren. Wenn man in den Sozialwissenschaften mit Wahrscheinlichkeiten operiert, gibt es selbstverständlich auch die Wahrscheinlichkeit, sich zu irren. Diese *Irrtumswahrscheinlichkeit* geht letztendlich auf den Untersuchungsgegenstand, mit dem man sich vorwiegend beschäftigt, zurück: Menschen sind komplex organisiert. Jede Sozialwissenschaft hat demnach eine unscharfe Relation eingebaut, die in der Natur der dynamischen, sich kontinuierlich verändernden Sache selbst liegt. Theorien über soziale oder psychische Phänomene sind notwendigerweise einem Wandel unterworfen, während der absolute Nullpunkt in der Physik immer der absolute Nullpunkt bleibt. In sozialwissenschaftlichen Theorien, die gewissermaßen mit ihren Untersuchungsgegenständen wachsen, perpetuiert sich die Unvollständigkeit des sozialwissenschaftlichen Gegenstands. Ziel bleibt natürlich die Annäherung an nomothetische Aussagen, also starke Zusammenhänge zu finden, die mit *großer* Wahrscheinlichkeit zutreffen. Dies geschieht in der Regel dadurch, dass man die Stärke von einfachen, aber schwachen Zusammenhängen durch die Einführung von Randbedingungen erhöht. Im Bereich der Gewaltforschung wird dies dadurch erreicht, dass man nur bei bestimmten Gewaltformen, nur bei bestimmten Menschen, nur in bestimmten Situationen eine Wirkung von Mediengewalt unterstellt. Der schwache Zusammenhang löst sich dabei in zwei (oder mehrere) Teilzusammenhänge auf, der eine verschwindet, der andere wird stärker. Dieser Prozess wissenschaftlichen Erkenntnisgewinns macht zwangsläufig den Gegenstand und die Befunde komplexer. Damit entfernt sich wissenschaftliche Erkenntnis immer weiter von den Vorstellungen einer breiten Öffentlichkeit, die einfache, monokausale Zusammenhänge aus Einzelfällen erschließt.

Kausalnachweis

Im Alltag sehen wir häufig Zusammenhänge oder Kovariationen zwischen verschiedenen Phänomenen: Ein Schüler ist gewalttätig und spielt Computerspiele. Die Tendenz der menschlichen Alltagsbeobachtung geht dahin, Zusammenhänge kausal zu interpretieren: Der Schüler ist gewalttätig, *weil* er Computerspiele spielt. In der Wissenschaft werden Zusammenhänge dagegen über Korrelationen ausgedrückt. Dabei gilt, dass man Korrelationen nicht ohne weiteres kausal interpretieren kann. Der Schüler kann ja auch Computerspiele spielen, *weil* er gewalttätig ist und dies als Möglichkeit erlebt, sich auszuleben. Es sind natürlich auch viele weitere Faktoren denkbar, die sowohl Gewalttätigkeit als auch Computerspielekonsum beeinflussen, so dass es sich eher um einen Scheinzusammenhang handelt.

Methodisch ist es äußerst schwer, den Kausalnachweis zur Wirkung von Mediengewalt zu führen. Davon betroffen ist nicht nur das gewählte Untersuchungsdesign, sondern auch die verwendete Methode. Aufgrund der schwierigen Materie gibt es viele unterschiedliche Versuche, den Einfluss von Mediengewalt festzustellen:

Bereits in den 30er Jahren gab es erste inhaltsanalytische Studien, die sich mit Mediengewalt beschäftigt haben, etwa die „Payne Fund Studies“ (vgl. Dale, 1935, Charters, 1933). Ebenso waren die Studien, die Gerbner und Kollegen vor dem Hintergrund der Kultivierungsforschung als „Violence Profiles“ seit 1967 veröffentlichten, zunächst reine Inhaltsanalysen (vgl. Gerbner & Gross, 1976). Auch heute noch gibt es rein inhaltsanalytische Studien zur Feststellung der Gewalthaltigkeit des Fernsehprogramms (beispielsweise die „National Televi-

Schaubild 2: *Ausgewählte Untersuchungsdesigns und Methoden zur Erfassung von Gewaltwirkungen*

		Methode	
		ergebnis-orientiert	*prozess-orientiert*
Design	*Experimentell* *Nicht-experimentell* *Längsschnitt* *Querschnitt*	Inhaltsanalyse Befragung	Beobachtung Methode des Lauten Denkens (MLD) Continuous Response Measurement (CRM / RTR) Psychophysiologische Messungen

sion Violence Study" in den USA, vgl. Groebel & Gleich, 1993; Merten, 1993; Krüger, 1996). Wenn aus den Ergebnissen, beispielsweise von einem bestimmten Anteil als „gewalthaltig" etikettierter Medieninhalte, auf eine entsprechende Wirkung geschlossen wird, ist dies ein unzulässiger Schluss, weil die Rolle von Rezipient und Situation vernachlässigt wird. Inhaltsanalysen vermögen lediglich darüber Aufschluss zu geben, welches per definitionem festgelegte Gewaltpotenzial einzelne Medieninhalte bergen. Entsprechend wurden daher Inhaltsanalysen um Befragungen ergänzt. Im Unterschied zu einer inhaltsanalytischen Messung folgt eine Fragebogenmessung der Vorstellung, dass nicht die objektiv feststellbare Mediengewalt, sondern deren Wahrnehmung durch den Rezipienten relevant ist. Im Vergleich zu Beobachtungen (siehe unten) vermögen Befragungen auch etwas subtilere Gewaltwirkungen zu messen, nämlich auf Einstellungen und Meinungen. Wie wichtig es ist, nicht nur das Gewaltpotenzial von Medieninhalten festzustellen, sondern auch dessen Wahrnehmung, zeigen beispielsweise Untersuchungen von Gunter (1985), Gunter und Wober (1988) oder auch Früh (2001): Verschiedene Formen von Gewalt werden von Rezipienten als unterschiedlich gewalthaltig eingestuft. Befragungen sind aber meist auch ungeeignet, kausale Zusammenhänge festzustellen (vgl. Friedman & Johnson, 1972; Lamnek, 1995). Hier wird häufig von der Selbsteinschätzung der Befragten zu ihrem Medienkonsum und der Selbstauskunft über die Aggressionstoleranz etc. auf einen Zusammenhang zwischen beiden geschlossen. Da es sich aber um Korrelationsstudien handelt, kann letztlich kein Kausalschluss gezogen werden.

Weitere Möglichkeiten, den unmittelbaren Wirkungs- bzw. Informationsverarbeitungsprozess zu erfassen, sind die „Methode des lauten Denkens" (z.B. Shapiro, 1994; Bilandzic & Trapp, 2000), das „Continuous Response Measurement" (z.B. Biocca & West, 1994; Fahr, 2006) und psychophysiologische Messungen, etwa die Erfassung der Hautleitfähigkeit oder der Herzfrequenz (vgl. Lang, 1994; Kempter & Bente, 2004). Insbesondere letztere vermögen im Gegensatz zu anderen Methoden Aufschluss über die Wirkungen von (gewalthaltigen) Medieninhalten geben, die dem Rezipienten möglicherweise nicht einmal bewusst sind (vgl. Ravaja, 2004); sie beruhen nicht so stark auf kognitiven Leistungen des Rezipienten und sind damit auch weniger reaktiv. Folglich können solche rezeptionsbegleitenden Methoden helfen, bisherige Befunde einzuordnen: Sie zeigen, wie Informationen während der Rezeption verarbeitet werden und können helfen, subtile, kurzfristige Wirkungen nachzuweisen.

Den Königsweg eines Kausalnachweises stellen experimentelle Designs dar, denn nur in solchen Untersuchungsanordnungen können die potenziellen Wirkfaktoren (unabhängige Variablen) variiert werden, um ihre Wirkung (abhängige Variable) zu messen (vgl. Bortz & Döring, 2006). Je nachdem, ob die Untersuchung im Labor oder in der natürlichen Umgebung der Versuchspersonen durchgeführt wird, spricht man von einem Labor- oder Feldexperiment. In ersteren konnten oftmals ausgeprägte Gewaltwirkungen festgestellt werden (vgl. im Überblick Kunczik & Zipfel, 2006). Vor dem Hintergrund, dass diese Befunde in Feldexperimenten nicht in dieser Deutlichkeit repliziert werden konnten, ist dieser Effekt vermutlich vor allem auf die vergleichsweise geringere externe Validität von Laborexperimenten zurückzuführen. Vorteil von Laborexperimenten ist hingegen unter anderem, dass hier Simulationen aggressiver Verhaltensweisen eingesetzt werden können (etwa in den Experimenten von Berkowitz und Kollegen, z.B. 1970 oder Buss, 1961), das heißt als Aggressionsmaß werden tatsächliche Handlungen verwendet. So werden die Probanden nach der Rezeption eines gewalthaltigen Stimulus in die Lage versetzt, einem vermeintlichen Kontrahenten angebliche Elektroschocks zu versetzen. Aus der Stärke der verteilten Schocks wird dann auf das Aggressionsniveau der Personen geschlossen. Experimente sind also häufig in ihrem jeweiligen Kontext geeignet, kausale Beziehungen aufzuzeigen. Ob diese sich aber in der Realität auch so finden, ist fraglich bzw. bedarf der gesonderten Absicherung.

Auch wenn man in Experimenten potenzielle Störfaktoren ausschließen bzw. kontrollieren kann, steht man immer wieder vor dem Problem, keine langfristigen Effekte erfassen zu können. Die Dynamik des Wirkprozesses und wichtige Randbedingungen gehen hierbei oft verloren. Der Prozess der langfristigen Wirkungen von Gewalt, die sich erst im Verlauf der Zeit entwickeln, kann erst durch Längsschnittstudien abgebildet werden (vgl. z.B. Huesmann, et al., 2003; Eron, et al., 1972). Dabei werden die gleichen Rezipienten in der Regel von der frühen Kindheit bis ins Erwachsenenalter wiederholt nach ihrem Mediennutzungsverhalten, ihrer sozialen Situation, ihrer Aggressivität und vielen anderen Variablen befragt. Durch die Kombination mehrerer Befragungszeitpunkte lässt sich zum einen die Frage beantworten, welche Wirkrichtung vorliegt, ob also die Rezeption von Gewalt in frühen Lebensphasen aggressives und möglicherweise deviantes Verhalten in späteren Phasen begünstigt, oder ob bereits früh aggressive Kinder sich gewalthaltigen Medieninhalten zuwenden. Zum anderen lässt sich die Frage beantworten, welche sozialen und familiären Faktoren auf den Zusammenhang von Mediengewalt und aggressivem Verhalten Einfluss nehmen. Solche Längsschnittstudien sind natürlich sehr aufwändig und umfassen manchmal das ganze Forscherleben. Die Befunde sind zwar immer noch nicht im experimentellen Sinne kausal zu interpretieren, sie liefern jedoch eine Fülle von Hinweisen auf Gewalt begünstigende Faktoren.

Gewaltforschung in der öffentlichen Wahrnehmung

Aus den genannten Punkten kann man für die Art und Weise, wie die wissenschaftliche und öffentliche Debatte miteinander interagieren, einige Schlussfolgerungen ziehen:

1. Die Wissenschaft liefert probabilistische Zusammenhänge zwischen Mediengewalt und Rezipientenverhalten, die in der Regel schwach sind. Sie werden stärker, wenn komplexere Zusammenhänge aufgestellt werden, in denen viele Faktoren parallel untersucht werden. Probabilistische Zusammenhänge, zumal wenn sie schwach sind, erlauben keinen Rückschluss auf den Einzelfall. Sozialwissenschaftliche Theorien sind ungeeignet, für einen konkreten Fall eine Prognose zu liefern, können also für eine einzelne Person nicht vorhersagen, ob sie beispielsweise Amok laufen wird.
2. Der Unterschied zwischen Korrelation und Kausalität wird in der öffentlichen Debatte nicht nachvollzogen, die unterschiedliche Stärke von Zusammenhängen wird vernachlässigt. Die entsprechenden Medienberichte berücksichtigen nicht den Qualitätsunterschied in der Anlage und der Reichweite wissenschaftlicher Studien.
3. Die Zusammenhänge für aggressives Verhalten sind in der Regel schwächer als für subtilere Variablen wie Wahrnehmungsprozesse oder physiologische Reaktionen. Den stärkeren Zusammenhängen wird allerdings aufgrund der Selektionskriterien von Medien weniger öffentliche Aufmerksamkeit entgegengebracht.
4. Die probabilistische Betrachtungsweise wird von der Öffentlichkeit, deren Aufmerksamkeit durch spektakuläre Einzelfälle erregt wird, nicht nachvollzogen. Der Einzelfall deutet auf eine starke und breite Wirkung von Mediengewalt hin, auch wenn er letztlich die schwachen probabilistischen Zusammenhänge wissenschaftlicher Studien bestätigt.
5. Die komplexen Zusammenhänge wissenschaftlicher Studien werden in der Öffentlichkeit häufig verkürzt interpretiert: Trotz zahlreicher Studien und intensiver Forschungsbemühungen wisse die Wissenschaft immer noch nicht, ob Mediengewalt negative Wirkungen habe oder nicht. Unterstützt wird diese Sichtweise von Äußerungen zahlreicher Wissenschaftler, welche die Unsicherheit des Wissens betonen.

III. Spielregeln der (Definitions-)Macht: die Gewaltdiskussion in Wissenschaft, Medien und Öffentlichkeit

Die Diskussion um gewalthaltige Medienangebote und deren Wirkungen für die Gesellschaft ist ein prominentes und immer wieder aufflammendes Thema, in der Öffentlichkeit genauso wie in der Wissenschaft. Trotz intensiver Forschungsbemühungen scheint die öffentliche Bewertung der Gefahren von Mediengewalt wenige Berührungspunkte mit den Einschätzungen der Wissenschaft zu haben. Diese Diagnose stellen Bushman und Anderson (2001) für die USA, sie haben eine eklatante Kluft zwischen der öffentlichen und der wissenschaftsinternen Gewaltdebatte entdeckt: Während im Zeitverlauf der letzten 50 Jahre die Wissenschaft immer mehr Ergebnisse zusammengetragen habe, die für einen klaren Wirkungszusammenhang zwischen Mediengewalt und dem Verhalten ihrer Konsumenten sprechen, sei in der öffentlichen Debatte die Vorstellung vorherrschend, dass Mediengewalt allenfalls eine schwache Wirkung auf das Verhalten von Rezipienten habe (vgl. Bushman & Anderson, 2001: 477). Auch wenn für den deutschsprachigen Raum keine solche systematische Inhaltsanalyse zum Verhältnis von wissenschaftsinterner und öffentlicher Gewaltdebatte existiert, beschreiben auch die Gewaltforscher hierzulande ein Auseinanderklaffen der zwei Diskurse (vgl. Kunczik & Zipfel, 2006: 17ff.; Bonfadelli, 2004: 14). Ob die öffentliche Einschätzung von Mediengewalt in Deutschland der Diagnose für den US-amerikanischen Raum entspricht, wird in der vorliegenden Studie zu untersuchen sein. Zunächst stellt sich aber die Frage, wo die von den deutschsprachigen Gewaltforschern festgestellte Kluft zwischen der öffentlichen und wissenschaftlichen Einschätzung von Mediengewalt herrührt. Das Problem liegt aus unserer Sicht in einem dreifachen blinden Fleck: Medien und Öffentlichkeit wie Wissenschaft legen an den jeweilig anderen Diskurs ihre ganz eigenen Bewertungsmaßstäbe an, ohne zu beachten, dass diese in anderen Funktionskontexten vielleicht gar keine Relevanz besitzen.

Der blinde Fleck der Wissenschaft: Aus wissenschaftlicher Sicht wird häufig das unzureichende und verkürzte Wissen über Medienwirkungen in der Öffentlichkeit bemängelt. Diese Kritik findet sich nicht nur in der Gewaltforschung, sondern auch in anderen Wissenschaftsbereichen wie der Medizin, Klimaforschung oder Technikentwicklung (für einen Überblick zur Wissenschaftskommunikation in diesen Bereichen: Kohring, 2005; Listermann, 2007). In allen diesen Feldern wird immer wieder der Vorwurf laut, die Öffentlichkeit nehme wissenschaftliche Ergebnisse fragmentarisch und verkürzt wahr, teils würde Wissenschaft sogar falsch verstanden oder gar ignoriert. Dieses als Defizit empfundene Verständnis in Öffentlichkeit, Medien und Politik wird auf eine ungenügende Information der Öffentlichkeit und auf mangelndes Wissen über Wissenschaft und deren Arbeitsweise zurückgeführt. Obwohl sich in der Wissenschaftssoziologie und der Journalismusforschung ein schleichender Paradigmenwechsel weg von diesem Defizitansatz oder Popularisierungskonzept der Wissenschaftskommunikation hin zu einer systemtheoretisch geprägten Sichtweise vollzieht (vgl. Kohring, 2005), scheint die neue theoretische Perspektive vielen Forschenden (noch) fremd zu sein, wenn es um die öffentliche Wahrnehmung ihres eigenen Forschungsfelds geht. Die öffentliche Gewaltdiskussion folgt den Regeln und Gesetzen der Medienlogik und kann deshalb nicht an den Rationalitätskriterien und Regeln der Wissenschaftskommunikation gemessen werden.

Der blinde Fleck der Medien setzt sich aus zwei Aspekten zusammen: Wissenschaftliches Wissen kann durch die Medien nicht 1:1 der Öffentlichkeit vermittelt werden, weil in der breiten Öffentlichkeit nicht die Notwendigkeit und Kompetenz vorhanden ist, Forschungsresultate bis in das letzte Detail zu verstehen und richtig einschätzen zu können. Zum anderen ist eine detailgenaue Vermittlung wissenschaftlicher Ergebnisse für den Journalismus nicht notwendigerweise zweckmäßig, da er an der Funktionslogik der Medien orientiert ist. Die Medien stellen die primäre Arena der öffentlichen Gewaltdebatte. Wer öffentlich zum gesellschaftlichen Problem der Mediengewalt Stellung beziehen will, muss das Nadelöhr der medialen Selektivität überwinden. Das Bild, das die Medien von Wissenschaft vermitteln, ist also hoch selektiv und bemisst wissenschaftliches Wissen nicht vor dem Hintergrund seines Entstehungskontexts und der Spielregeln der Wissenschaftskommunikation, sondern legt die Bewertungsmaßstäbe der Medienlogik an.

Dazu gesellt sich *der blinde Fleck der Öffentlichkeit:* Im landläufigen Verständnis gilt Wissenschaft als Hort der Wahrheit und Produzentin sicheren und verlässlichen Wissens. Mehr als allen anderen Wissensformen haftet wissenschaftlichem Wissen das Image an, eine exakte und objektive Grundlage zur Lösung gesellschaftlicher Problemstellungen bereitzustellen. Der tatsächliche soziale, manchmal auch konfliktbehaftete und von Interessen geprägte Charakter von Wissenschaft wird meist ausgeblendet. Dass Ambiguität und Kontroversen nicht lediglich Störfaktoren sondern grundlegende Merkmale von Wissenschaft sind, wird in der Öffentlichkeit als irritierend empfunden. Dabei ist die Ambiguität letztlich in der wissenschaftlichen Arbeit angelegt. Denn Wissenschaft betätigt sich ja gerade in solchen Feldern, wo Erkenntnis und Wissen noch lückenhaft, gegensätzlich und unsicher sind.

Im Folgenden sollen die Spielregeln dargelegt werden, die in der wissenschaftsinternen und öffentlichen Debatte darüber entscheiden, welchen Argumenten Gehör geschenkt wird und welche Positionen als relevant gelten. Auf dieser Basis kann das Spannungsfeld zwischen wissenschaftlicher und medialer Gewaltdebatte empirisch untersucht werden.

III.1 Spielregeln der wissenschaftsinternen Gewaltdebatte

Dass Forschungsergebnisse durch ihren Entstehungskontext und die wissenschaftlichen Akteure *sozial* geprägt sind, ist in der Regel in der Öffentlichkeit nicht bekannt. Selbst wissenschaftsintern wird dies häufig nicht reflektiert. Dafür gibt es in der Medienwirkungsforschung genügend Beispiele: So sind die von Paul F. Lazarsfeld und seinen Mitarbeitern generierten Befunde zu schwachen Medienwirkungen (vgl. Lazarsfeld, Berelson & Gaudet, 1944; Katz & Lazarsfeld, 1955) auch vor dem Hintergrund zu sehen, dass Lazarsfelds Radioforschung über Drittmittel des Radio- und Fernsehsenders CBS finanziert wurde. Der Autor, der unter dem Stichwort „Minimal Effects" die These der schwachen Medienwirkungen theoretisch unterfüttert hat, Joseph Klapper (1960), war viele Jahre Mitarbeiter der CBS-Abteilung für Medienforschung. Diese dadurch sicher gegebene Feldabhängigkeit ist vermutlich nicht einmal unter Kommunikationswissenschaftlern allgemein bekannt. Ähnliche Abhängigkeiten von externen Einflussgrößen auf Forschungsergebnisse lassen sich für die Konvergenzdebatte vermuten. Merten (1994) weist beispielsweise im Auftrag der privaten Fernsehsender (VPRT) starke Konvergenzeffekte nach, Krüger (1994) kommt im Auftrag der öffentlich-rechtlichen Fernsehsender zu genau dem gegenteiligen Befund.

Wissenschaftliches Wissen ist also nicht notwendigerweise objektiv, neutral und damit höherwertig als Alltagswissen? In der Öffentlichkeit gilt diese Wissensform als unangreifbar „wahr" und wird losgelöst von ihrem Entstehungskontext aufgenommen. Die genannten Beispiele aus der Medienforschung deuten aber an, dass wissenschaftliches Wissen keinesfalls einen unumstößlichen Wahrheitsanspruch besitzt. Auch im Bereich der Wissenschaft können persönliche und institutionelle Interessen die Ergebnisse prägen. Wissenschaftliches Wissen sollte deshalb nicht ohne den institutionellen Kontext und die Wissenschaftler, die hinter den einzelnen Veröffentlichungen stehen, wahrgenommen werden. Die Idee einer uneigennützig agierenden Wissenschaftsgemeinschaft, die lediglich an der Wahrheit, und nichts als der Wahrheit interessiert ist, muss damit ad acta gelegt werden. Wissenschaftlicher Fortschritt ist kein rein rationaler Prozess im Sinne eines Wettstreits der besten Ideen, sondern ganz erheblich auch *sozial* geprägt.

Pierre Bourdieu (1998) hat das so verstandene Wissenschaftssystem als ein (Kräfte-)Feld beschrieben, in dem Akteure um symbolisches Kapital in Form von Reputation, institutioneller Verankerung, persönlicher Vernetzung, Engagement in Gremien und Verbänden ringen, aber auch um ökonomisches Kapital kämpfen (etwa um Auftragsforschung zur Ressourcensicherung). Intellektuelle Konflikte sind im Bourdieu'schen Verständnis immer auch Machtkonflikte, durch die das Kräfteverhältnis des Feldes neu verhandelt wird (Bourdieu, 1998: 36). Die Frage, welche Fachvertreter in einem interdisziplinären Forschungsfeld wie der Gewaltforschung die Deutungshoheit über den Gegenstand besitzen, ist also auch eine Frage nach den Erfolgsfaktoren, die über die Weiterverbreitung und Etablierung bzw. über die Marginalisierung bestimmter Theorieansätze, Perspektiven und Erkenntnisse entscheiden.

Wie können die Spielregeln der wissenschaftsinternen Gewaltdebatte sichtbar gemacht werden? Einen Ansatzpunkt bietet Dirk Kaeslers (1984) Unterscheidung von Ideen-, Sozialgestalt und Milieu.

- Die *kognitive* Wissenschaftsdimension umfasst das Wissen selbst, die Studien, Theorien und veröffentlichten Ergebnisse, aber auch Denkmotive und Selbstreflexion (Ideengestalt).
- Die *soziale* Wissenschaftsdimension beschreibt die soziale Komponente des Produktionsprozesses von Wissenschaft; etwa die Forschung anleitende Interessenlagen, Anforderungen und Zwänge der akademischen Institution Universität, Zusammenarbeit und Zitationskreise. In dieser Dimension steht Wissenschaft als Aushandlungsprozess unter den beteiligten Akteuren im Mittelpunkt (Sozialgestalt von Wissenschaft).
- Im Begriff des *Milieus* ist die Umwelt der Wissenschaftler gefasst. Diese setzt sich zusammen aus verschiedenen Milieus, in denen sich die Forschenden bewegen und in denen sie sozialisiert wurden, z.B. das Herkunftsmilieu oder das akademische Milieu, das sich in der Zugehörigkeit zu einer bestimmten Disziplin, Denkschule und in der institutionellen Verankerung manifestieren kann. Für die Analyse der Gewaltforschung ist vor allem der disziplinäre Kontext der einzelnen Wissenschaftler von Bedeutung, andere Aspekte dieser Dimension werden zurückgestellt.

Die soziale Dimension ist die versteckte Dimension von Wissenschaft, die zwar den Produktionsprozess von Wissen ganz entscheidend prägt, in Publikationen, Ergebnissen und Vorträgen aber selten sichtbar und explizit thematisiert wird.[1] Während die wissenschaftlichen Standards in wissenschaftstheoretischen Programmen ausformuliert und damit manifest sind (ihre Institutionalisierung im Forschungsalltag der Gewaltforschung wird noch zu überprüfen sein), stecken soziale Erfolgsfaktoren in den ungeschriebenen Gesetzen einer scientific community und werden in der Regel durch die akademische Sozialisation vermittelt. Als wissenschaftliche Normen sind sie schwerer zu messen als die ausformulierten Wissenschaftsstandards. Die dritte von Kaesler (1984: 23ff.) genannte Dimension ist eng an die Sozialgestalt von Wissenschaft gebunden, gerade in der beruflichen Sozialisation werden die „ungeschriebenen Gesetze" der Sozialgestalt vermittelt und internalisiert.

1 In diesem Zusammenhang scheint es angemessen, noch einmal unsere eigene „Sozialgestalt" zu thematisieren, also beispielsweise die Landeszentrale für Medien und Kommunikation als den Auftraggeber der Studie zu nennen.

Wissenschaftstheoretische Standards

Wissenschaftliches Wissen beansprucht, höherwertig als Alltagswissen zu sein, da zum einen der Weg des Erkenntnisgewinns strengen Regeln der Begründung unterliegt, zum anderen der Wissensbegriff selbst enger definiert ist: Während Alltagswissen am Einzelfall orientiert ist und gleichermaßen Fakten, Wertungen und Meinungen enthalten kann, ist der wissenschaftliche Wissensbegriff auf die Abstraktion vom Einzelfall ausgerichtet und lässt nur intersubjektiv nachvollziehbares, begründetes Faktenwissen zu. Wertungen haben in einem solchen Wissensbegriff keinen Zugang zur wissenschaftlichen Argumentation (Prinzip der Wertneutralität innerhalb des Forschungsprozesses, vgl. dazu ausführlich: Albert & Topitsch, 1971; Dahms, 1994). Im Forschungsalltag sollen diese hohen Ansprüche durch wissenschaftstheoretische Vorgaben und methodische Regeln abgesichert werden.

Im Forschungsalltag haben solche Standards allerdings oft nur begrenzte Geltung. Über konkurrierende Theorien und Alternativen der Forschung wird kaum im Rekurs auf solche Geltungskriterien entschieden (vgl. Kuhn, 1981: 197). Als entscheidender für den Ausgang von Kontroversen hat Bettina Heintz (1993) soziale Faktoren erkannt, etwa die Stellung und Vernetzung der Beteiligten innerhalb des Wissenschaftssystems oder deren Ressourcenzugang. Die problematische Umsetzung wissenschaftstheoretischer Leitvorstellungen im Forschungsprozess spiegelt sich auch darin, dass viele Wissenschaftler kein geschärftes wissenschaftstheoretisches Selbstverständnis kommunizieren. Obwohl immer wieder auf Leitfiguren wie Karl Popper verwiesen wird, finden die Leitsätze des kritischen Rationalismus im Forschungsprozess nur bedingt Anwendung. Stattdessen arbeiten viele Wissenschaftler mit Faustregeln und Erfahrungswerten, die diesen Gütekriterien mehr oder weniger nahe kommen (vgl. Kriz, 1985). Wissenschaftstheoretische Leitlinien werden oft erst bei der Kommunikation der Ergebnisse, also auf der Darstellungsebene von Wissenschaft ins Spiel gebracht. Knorr-Cetina (1984: 239) hat dieses Phänomen als „doppelte Produktionsweise“ der Wissenschaft beschrieben: Die Einbindung der Forschungsarbeit in wissenschaftstheoretische Überprüfungsregeln erfolge oft erst im Ergebnisbericht.

Wissenschaftstheoretischer Anspruch und forschungspraktische Umsetzung sind in einer Inhaltsanalyse nur schwer zu überprüfen, da wir nicht den Forschungsprozess selbst untersuchen können. Sehr wohl erfassen können wir dagegen mögliche Abweichungen in der *Dokumentation* des Forschungsprozesses. Dafür muss das Untersuchungsinstrument auf einem idealtypischen Forschungsablauf aufgebaut werden, der als Best-Practice-Maßstab fungierend Abweichungen von der idealtypischen Leitvorstellung wissenschaftlichen Arbeitens misst. Als idealtypischer Maßstab des Forschungsprozesses wird die empirisch-analytische Wissenschaftstheorie gewählt. Diese zugegebenermaßen selektive Perspektive lässt sich mit mehreren Argumenten begründen:

1. Unser Analysegegenstand – die Gewaltforschung – ist in der empirischen Sozialforschung verankert, damit bedarf es eines passenden Maßstabs zur Bewertung des methodischen Vorgehens.
2. Der Best-Practice-Maßstab dient lediglich als Referenzpunkt, um eventuelle Gemeinsamkeiten respektive Differenzen im Vorgehen der Gewaltforschung betreibenden Wissenschaftler aufzuzeigen. Er ist nicht als normative Forderung an die Gewaltforschung zu verstehen, impliziert keine Abwertung anderer Forschungsprogramme oder spricht diesen ihre Leistungsfähigkeit für die Analyse des Gegenstands Mediengewalt ab.
3. Auch ein meta-analytischer Zugang wie der unsrige ist nicht frei von methodologischen Prämissen. Unser Vorgehen muss durch Verfahrensregeln formaler Art abgesichert werden.

Welches sind nun wichtige Spielregeln wissenschaftsinterner Kommunikation? Das im Folgenden beschriebene idealtypische Vorgehen empirischer Forschung bezieht sich auf die Entscheidungen, die im Forschungsprozess zu treffen sind. Diese Entscheidungen können die Forschungsergebnisse ganz erheblich beeinflussen und müssen von den Forschenden deshalb sorgfältig dokumentiert werden (vgl. Kromrey, 2002: 72).

Im Forschungsprozess sind drei Zusammenhänge zu unterscheiden, in denen nicht-wissenschaftliche Argumente und Wertungen in unterschiedlichem Maße akzeptabel sind. Der *Entdeckungszusammenhang* (context of discovery) rückt die Frage nach dem *Warum,* nach dem Anlass der Forschung, nach Motiven und Erkenntnisinteressen in den Mittelpunkt. Diese können unterschieden werden in wissenschafts*interne* Anstöße für Forschung (z.B. das Testen einer Theorie, ein Forschungsdefizit) und wissenschafts*externe* Auslöser wie lösungsbedürftige soziale Probleme oder Forschungsaufträge (vgl. Friedrichs, 1977: 50). Im *Begründungszusammenhang* (context of justification) steht das *Wie* des Forschungsprozesses im Zentrum, also theoretische und methodische Zugänge, verwendete Verfahrensweisen, Auswertungs- und Interpretationsstrategien. Der *Verwertungszusammenhang* (context of evaluation) rückt schließlich die Konsequenzen und Anwendungsmöglichkeiten der Ergebnisse in den Vordergrund. Er ist eng verzahnt mit dem Entdeckungszusammenhang von Forschung, da hier die Erkenntnisinteressen aus dem Entdeckungszusammenhang aufgegriffen und Ergebnisse vor dieser Folie bewertet werden. Deshalb sind auch die Anwendungsbezüge unterteilt in wissenschafts*interne* Aspekte (z.B. Theorieentwicklung, Eröffnung neuer Forschungsperspektiven, Methodenentwicklung) und *-externe* Bereiche, in denen das Wissen zur Lösung sozialer Probleme angewendet werden kann (vgl. Friedrichs, 1977: 54). Im Entdeckungs- und Verwertungszusammenhang sind Wertungen und persönliche Einflüsse durchaus zulässig, weil die hier getroffenen Entscheidungen nicht der Maßgabe der Intersubjektivität unterworfen sind. Für den Begründungszusammenhang sind subjektive Entscheidungen dagegen auszuschließen, hier ist nur eine begründete und intersubjektiv nachvollziehbare Argumentation zulässig.

Es sei nochmals betont, dass es sich hier um eine idealtypische Beschreibung des Vorgehens im Forschungsprozess handelt. Schon alleine die Reihenfolge der Arbeitsschritte wird im realen Forschungsablauf selten eingehalten und ist von Überschneidungen und Nachbesserungen in den einzelnen Arbeitsschritten gekennzeichnet. Jeder, der selbst einmal empirische Forschung betrieben hat, weiß, dass dieses idealtypische Vorgehen in der Forschungspraxis gar nicht umsetzbar ist, weil der dafür notwendige Erkenntnisstand im Forschungsprozess selbst erst schrittweise erarbeitet wird. Dazu erfasst der Best-Practice-Maßstab keine sozialen Einflussfaktoren innerhalb der einzelnen Arbeitsschritte. Andererseits ermöglicht er es, alltagserprobte Standards wissenschaftlichen Arbeitens aufzuzeigen, wie sie in der Gewaltforschung etabliert sind. Da die einzelnen Entscheidungen im Forschungsprozess möglichst genau dokumentiert werden sollten, spiegelt sich der idealtypische Forschungsprozess in der Regel in der formallogischen Struktur wissenschaftlicher Texte. Insofern kann von der Textstruktur auf die Dokumentationspraxis und die dabei berücksichtigten Standards und Regeln geschlussfolgert werden. Dabei ist zu beachten, dass sich der formallogische Aufbau empirischer und nicht-empirischer Studien in einigen Arbeitsschritten voneinander unterscheidet und sich daher auch in ihrer Textstruktur spiegelt.

Formallogischer Aufbau empirischer Studien:

- *Einleitung:* Formulierung des Forschungsinteresses, Begründung der Relevanz.
- *Literaturarbeit*: Hier wird der theoretische Rahmen abgesteckt, am Ende der Theoriearbeit werden idealerweise konkrete Forschungsfragen abgeleitet.
- *Methodisches Vorgehen*: Dieser Abschnitt beinhaltet relevante Informationen zur Methodenwahl und deren verfahrenstechnischer Umsetzung; abgeschlossen wird das Kapitel häufig durch Anmerkungen zur Datenauswertung.
- *Ergebnisse:* Dieser Abschnitt bildet das Herzstück empirischer Arbeiten. Hier werden die empirischen Befunde vor dem Hintergrund der theoretischen Konzepte interpretiert und in die Forschung eingeordnet.
- *Fazit und Ausblick:* Empirische Studien sollten mit einer zusammenfassenden Diskussion abgeschlossen werden, in der auch Möglichkeiten der wissenschaftsinternen Anwendung und der -externe Verwertungszusammenhang aufgezeigt werden.

Nicht-empirische Literaturarbeiten weisen ein ähnliches, wenn auch nicht so stark formalisiertes Gliederungsschema auf. Der Unterschied liegt im Vorgehen dieses Publikationstyps begründet. In nicht-empirischen Studien untersuchen Wissenschaftler einzelne Sachverhalte auf der Basis des theoretischen und allgemeinen Wissens, greifen dabei auf die eigenen Erfahrungen aus der Forschungspraxis zurück und ordnen diese systematisch in den Forschungsstand ein.

Formallogischer Aufbau nicht-empirischer Studien:
- *Einleitung:* Formulierung des Forschungsinteresses, Begründung der Relevanz.
- [Idealerweise folgen meta-theoretische Ausführungen, um die Perspektive auf das Forschungsfeld abzusichern; dies hat sich aber selbst als Faustregel nur ansatzweise in der Forschungspraxis durchgesetzt.]
- Im Arbeitsschritt *Literaturarbeit* werden Unterschiede und Gemeinsamkeiten vorhandener Forschungstraditionen herausgearbeitet, Einzelbefunde systematisiert und zusammengeführt sowie Stärken und Schwächen der Forschung thematisiert. Dieser Abschnitt ist das Äquivalent zur Ergebnisdarstellung der empirischen Studien.
- *Fazit und Ausblick*: Auch nicht-empirische Studien schließen mit einer zusammenfassenden Diskussion der Erkenntnisse (s.o.).

Die Funktion von *Einleitung* und *Fazit* lassen sich nicht alleine auf der Grundlage der wissenschaftstheoretischen Bewertungskriterien erklären, in diesen Abschnitten greifen die kognitiven und sozialen Faktoren ineinander. In der Einleitung sollte zunächst der Entdeckungszusammenhang aufgedeckt werden: Welches Problem soll erforscht werden, warum und aus welcher Interessenlage heraus ist die Erforschung gerade dieses Problems relevant; ebenso wie Anlass, Fragestellung und Ziel der Studie dargelegt werden sollten.

Theorie- und Literaturarbeit: Die Literatur- und Theoriearbeit besteht idealtypisch aus der Einordnung der Problemstellung in die vorhandenen Theorien und Forschungsergebnisse und führt zur Bildung von Forschungsfragen und Hypothesen und der Entscheidung über ein der Fragestellung angemessenes Forschungsdesign (vgl. Kromrey, 2002: 73). Die Theoriewahl prägt den Blickwinkel auf die Realität und bestimmt damit auch zwangsläufig die Ergebnisse wissenschaftlicher Forschung; ein erkenntnistheoretisches Problem, dass Karl Popper (1973: 85ff.) in der *Scheinwerfertheorie* beschrieben hat (vgl. auch Kapitel II). Eine saubere Dokumentation der theoretischen Basis ist deshalb so wichtig, weil die theoretische Perspektive die Methodenwahl und Messinstrumente beeinflusst sowie dem Leser die Einordnung empirischer Ergebnisse im Rückbezug auf die gewählte Perspektive erleichtert (vgl. Mayntz, 1985: 70).

Auch die Literaturarbeit nicht-empirischer Synopsen bedarf Kriterien, um Studien, Theorien und Ergebnisse systematisch zu vergleichen. Hier können zwei Typen angeführt werden: gegenstandsbezogene Kriterien (also Vergleichsmaßstäbe, die direkt aus dem Untersuchungsgegenstand abgeleitet werden) und meta-theoretische Vergleichskriterien wie beispielsweise wissenschaftstheoretische Gütekriterien. Solche Vergleichsmaßstäbe werden allerdings in den wenigsten Texten explizit ausgewiesen, sondern sind allenfalls aus der Argumentationsstruktur und der Gliederung der Publikationen herauszulesen. In Literatursynopsen mit dem Ziel, den Forschungsstand zum Gegenstand Mediengewalt zu systematisieren, erfolgt diese Systematisierung in der Regel entlang der Gliederungsstruktur *Gegenstände – Theorie – Methode – Befunde*. Die Theoriebestände werden dabei häufig nach der dominanten Wirkaussage klassifiziert (z.B. aggressionshemmende, neutrale und -fördernde Theorien). Die Methoden werden entlang des üblichen Klassifikationsschemas gegliedert, wie es beispielsweise in Kapitel II vorgestellt wurde.

Methoden: Den Methoden wird im wissenschaftlichen Wahrnehmungsprozess der Stellenwert objektiver Instrumente zugeschrieben, die Erkenntnisprozesse systematisieren und damit kontrollierbar machen sollen. Um den objektiven Status der Messinstrumente zu gewährleisten, müssen die Messungen den Gütekriterien Validität und Reliabilität genügen. Die Validität wird in interne und externe Gültigkeit differenziert. Extern valide sind Befunde, wenn die Analyseergebnisse mit der sozialen Wirklichkeit übereinstimmen. Interne Validität als Gütekriterium beschreibt über die Zuverlässigkeit (Reliabilität) hinaus, ob ein Instrument tatsächlich das misst, was es messen soll. Aber auch hier steckt der Teufel im Detail. Gerade die Möglichkeit, externe Validität zu erreichen (also die Übereinstimmung der Forschungsbefunde mit der sozialen Wirklichkeit) ist nicht unproblematisch, da dieses Kriterium nicht nur die Unabhängigkeit der Resultate von den Forschenden impliziert, sondern auch die Unabhängigkeit von ihrem Entstehungsprozess. Während der Einfluss des theoretischen Zugangs auf die Forschungsergebnisse allgemein anerkannt ist, wird die These von der grundsätzlichen Methodengetränktheit abseits möglicher Verfahrensfehler selten thematisiert. Den Glauben an die prinzipielle Methodenunabhängigkeit von Forschungsergebnissen nennt Kriz (1985: 81) einen „weitverbreitete[n] erkenntnistheoretische[n] Irrtum" der empirischen Sozialforschung. Die Frage, ob Ergebnisse für sich sprechen; ob sie also methodenunabhängig sind, weil man auf verschiedenen Wegen zum selben Resultat gelangen kann, stellt sich auch für die Gewaltforschung. Wenn Autoren unterschiedlicher disziplinärer Hintergründe ein und denselben Gegenstand untersuchen, aber zu uneinheitlichen, teils sogar widersprüchlichen Erkenntnissen kommen, müssen auch methodologische Prämissen und die verfahrenstechnische Umsetzung darauf hin untersucht werden, ob sie möglicherweise für die Uneinheitlichkeit der Ergebnislage verantwortlich zeichnen.

An dieser Stelle sei noch auf einen weiteren Aspekt des methodischen Vorgehens verwiesen. Der Begriff *Methode* birgt zwei Bereiche methodischen Vorgehens, die bei der Dokumentation des Forschungsprozesses häufig nicht getrennt voneinander ausgewiesen werden: *Erhebungs*verfahren und *Auswertungs*verfahren. Im Abschnitt zur (Erhebungs-)Methode wird das Forschungsdesign dokumentiert. Neben Informationen zur Untersuchungsanlage sowie zum methodischen Zugang sollten die Auswahl der Indikatoren begründet und die Messinstrumente beschrieben werden (Operationalisierung). Eine weitere wichtige Entscheidung des Forschungsprozesses ist die Festlegung der Merkmalsträger und ggf. die Begründung der Stichprobe (vgl. Kromrey, 2002: 75). In diesem Darstellungsabschnitt sollten idealtypisch auch Stärken und Schwächen des Forschungsdesigns sowie mögliche Fehlerquellen der verfahrenstechnischen Umsetzung offengelegt werden. Damit ist keine generelle Diskussion der Vor- und Nachteile einzelner Methoden an sich gemeint, sondern eine problembezogene Begründung, ob das gewählte Untersuchungsdesign der Fragestellung angemessen ist und zufriedenstellend in Messverfahren überführt wurde.

Dem Vorgehen bei der Datenauswertung wird seltener ein eigenes Kapitel bzw. Abschnitt gewidmet (etwa „Durchführung und Auswertung“ oder „Datenanalyse“). Häufig wird die Dokumentation der Arbeitsschritte Datenerhebung, -aufbereitung und -auswertung zusammengefasst. Bei quantitativen Verfahren der Datenanalyse werden Informationen über die verwendeten statistischen Modelle und Verfahren oft an die Beschreibung der Stichprobe gehängt, auch Reliabilität und Validität der Messoperationen werden hier dokumentiert. Weitere statistische Prüfgrößen sind im Ergebniskapitel ad hoc für die jeweiligen Befunde ausgewiesen. Bei qualitativen Auswertungsverfahren werden in der Regel deutlich weniger Informationen zum konkreten Vorgehen gegeben. Häufig werden die Ergebnisse durch Beispiele aus dem Material expliziert, ohne dass nachvollziehbar ist, nach welchen Kriterien die Merkmale ausgewählt wurden, auf deren Basis die Muster und Typologien gebildet wurden. Nur selten finden sich reflektierende Überlegungen, ob die Häufigkeiten der Markmale tatsächlich zur Identifikation eines Musters oder Typs ausreichen. Auch qualitative Auswertungsstrategien beinhalten also quantifizierendes Vorgehen – und das sollte auch offengelegt werden, um die erkannten Tendenzen, Muster und Typologien empirisch abzusichern und nachvollziehbar zu machen (vgl. Mayring, 2007b).

Die *Ergebnisinterpretation* bedarf neben der Darstellung der Befunde selbst weiterer theoretischer und – zumindest im Falle quantitativer Auswertungen – datenanalytischer Informationen. Eine rein deskriptive Beschreibung der Ergebnisse reicht nicht aus, diese müssen auf den theoretischen Kontext rückbezogen werden, zur Beantwortung der Forschungsfragen bzw. Hypothesen. Korrelationskoeffizienten dürfen, wenn sie auf nicht-experimentellen Forschungsdesigns beruhen, nicht kausal interpretiert werden. Für qualitativ wie quantitativ ausgewertete Ergebnisse stellt sich die Frage nach ihrer Aussagekraft. Dabei unterliegen quantitative Ergebnisse weit strengeren Kriterien (z.B. der Frage nach der Repräsentativität der Ergebnisse) als qualitative Ergebnisse, aber auch diese müssen mit der Frage nach Generalisierungsmöglichkeiten und Aussagekraft konfrontiert werden (vgl. Mayring, 2007b).

Das *Fazit* sollte idealtypisch keine reine Zusammenfassung der wichtigsten Befunde enthalten, sondern die daraus entstehenden Konsequenzen für die Problemstellung dokumentieren. Hier stellt sich die Frage nach der Praxisrelevanz und dem Verwertungszusammenhang, in dem die Ergebnisse wissenschaftsintern wie -extern verwendet werden können. Dass Wissenschaftler gerade mit dem Verwertungszusammenhang ihrer Ergebnisse Schwierigkeiten haben, belegt die häufig geäußerte Kritik über angebliche Instrumentalisierungsversuche wissenschaftlicher Ergebnisse durch Politiker, Journalisten oder Jugendschutzinitiativen. Was aus individueller Perspektive verständlich erscheinen mag – welcher Forschende sieht schon gerne seine Ergebnisse für die Belange von Akteuren eingesetzt, mit denen er sich nicht identifizieren kann? – ist im Kontext der professionellen Rolle, die Wissenschaftler einnehmen, problematisch, weil damit die Legitimationsgrundlage der von der Gesellschaft getragenen Wissenschaft brüchig wird.

Soziale Normen der wissenschaftsinternen Kommunikation

Die bislang angeführten Standards rekurrieren auf dieselbe erkenntnistheoretisch notwendige Bemessungsgrundlage – ganz gleich, ob sie in idealtypischer Weise oder als Faustregeln im Forschungsprozess angewendet werden oder erst in der Dokumentation zum Tragen kommen: auf die Notwendigkeit, das Vorgehen bei der Untersuchung der Realität intersubjektiv nachvollziehbar zu machen. Diese Standards besitzen aber selbst soziale Aspekte, da sie innerhalb der scientific community als Normen fungieren. Ihre Gültigkeit wird in methodologischen Diskursen ausgehandelt, sie erhalten erst dann den Status wissenschaftstheoretischer Standards, wenn sie innerhalb der Fachgemeinschaft anerkannt werden (vgl. Chalmers, 1994: 95); wenn auch Anerkennung nicht automatisch mit Anwendung gleichzusetzen ist, wie das vorherige Unterkapitel zeigt. Die Akzeptanz solcher Standards lässt sich aus dem „moralischen Konsens" (Merton, 1972) einer scientific community erschließen. Dieser von Merton bezeichnete Konsens ist Teil des wissenschaftlichen Selbstverständnisses und lässt sich u. a. an programmatischen Schriften, der Personalstruktur der führenden Institute, an den Schwerpunkten von Lehrbüchern und dem Themenspektrum prestigeträchtiger Fachzeitschriften ablesen.

Professionelle Normen sind Verhaltensanweisungen, die den Arbeitsalltag automatisieren und Handlungen anderer erwartbar machen. Sie reduzieren damit die Komplexität des wissenschaftlichen Alltags. Merton (1972) hat vier Normen benannt, deren Einhaltung die Autonomie der Wissenschaft sichern soll:

- Kommunismus: Qualitätsbeurteilungen von wissenschaftlichen Leistungen durch Kritik und Anerkennung der scientific community;
- Universalismus: Ausblendung aller Faktoren, die interessengeleitete Forschung und subjektabhängige Ergebnisse produzieren könnten;
- Uneigennützigkeit: Verbot von Plagiaten, unerlaubten Mitteln und Fälschung von Ergebnissen, um die Integrität des Berufsstands zu wahren;
- Organisierter Skeptizismus: Begründungspflicht wissenschaftlicher Aussagen durch logische und empirische Kriterien.

So sehr die Grundidee Mertons auf Resonanz in der Wissenschaftssoziologie gestoßen ist, gibt es auch Kritikpunkte an der Annahme, dass diese Normen für eine homogene Gemeinschaft gelten und empirische Beschreibungen des wissenschaftlichen Verhaltens sowie der dahinter stehenden Motivation der Forschenden seien. Ebenfalls problematisch ist die Konzeption der institutionellen Imperative als universale Prinzipien. Da Normen als handlungsleitende Anforderungen an Mitglieder einer bestimmten Gruppe gestellt werden, sind sie nicht universal, sondern gruppenspezifisch und können Veränderungen unterliegen.

Trotz der Kritik an Mertons Konzeption ist die Idee, dass innerhalb der Wissenschaftsgemeinschaft implizite Verhaltensegeln existieren, deren Verletzung soziale Sanktionen nach sich ziehen kann, jedoch nicht gleich über Bord zu werfen. So beschreibt Mertons Norm des Kommunismus beispielsweise den Mechanismus, mit dem die Leistungen einzelner Wissenschaftler von der scientific community bewertet werden und mit dem Reputation als Form „reinen" wissenschaftlichen Kapitals (Bourdieu, 1998: 31) angehäuft wird: Wissenschaftliche Reputation ist abhängig von der Bewertung und Anerkennung durch die scientific community. Reputation und Prestige in der Wissenschaft sind soziale Qualitätsindikatoren, sie nehmen eine wichtige Steuerungsfunktion innerhalb wie außerhalb des Wissenschaftssystems ein (Luhmann, 1990). Nach außen dient Reputation als Gütesiegel für Laien, Politiker und Journalisten, um sich in der unübersichtlichen Wissenschaftswelt zu orientieren und kompetente Ansprechpartner auszumachen. Nach innen dient sie als Qualitätsgarantie, dass unter diesem Namen publizierte Ergebnisse wissenschaftlichen Ansprüchen genügen und große Relevanz für das Fachgebiet besitzen. Überspitzt formuliert steht der Name dieser Autoren für eine wissenschaftliche Marke. Thomas Kuhn (1981) hat in Forscherpersönlichkeiten mit hoher Reputation eine Vorbildfunktion für Paradigmen erkannt, weil sie eine bestimmte Denktradition personifizieren und diese für Studierende, Nachwuchswissenschaftler, aber auch für Journalisten und Politiker greifbar machen. Ein Beispiel für eine solche Forscherpersönlichkeit, die sowohl wissenschaftsintern wie -extern für die quantitative Medien- und Meinungsforschung in Deutschland steht, ist die Begründerin des Allensbacher Instituts für Demoskopie und Emerita Elisabeth Noelle-Neumann (vgl. Meyen & Löblich, 2006: 256). Wissenschaftliche Reputation ist nicht mit Kompetenz gleichzusetzen, herausragende Leistungen sind eine notwendige, aber keine hinreichende Bedingung. Reputation ist ein soziales Konzept, sie entsteht durch Anerkennung innerhalb der scientific community. Ist sie erst einmal erworben, bleibt sie relativ stabil. Die Qualitätsfunktion von Reputation beschreibt auch der Matthäus-Effekt (Merton, 1968): Bekannte Autoren werden häufiger zitiert als unbekannte Wissenschaftler, wodurch sie noch bekannter werden. Neben der Zitationshäufigkeit lässt sich Reputation an weiteren Indikatoren ablesen: an der Zahl der Veröffentlichungen in renommierten Fachzeitschriften, an verliehenen Preisen ebenso wie an hierarchisch herausgehobenen Positionen in wissenschaftlichen Instituten und Verbänden oder an der

Zugehörigkeit zu politischen, wirtschaftlichen und gesellschaftlichen Beratergremien (vgl. Peters, 1994b: 174).

Ein weiterer Bereich, in dem soziale Normen in der Wissenschaftskommunikation zum Einsatz kommen, sind Ethik-Kodizes wie die Grundsätze der DFG (1998), die unter anderem Plagiate und Fälschungen von Daten als wissenschaftliches Fehlverhalten anprangern. Selbst das Fehlverhalten einzelner Forscher kann einen beträchtlichen Imageschaden für das Wissenschaftssystem bedeuten. Nach *innen* wird das Vertrauen in die sachorientierte Funktionsweise des Wissenschaftssystems untergraben, dass Erfolg und Reputation aufgrund eigenständiger und korrekter Leistungen zugewiesen werden. Nach *außen*, gegenüber der Öffentlichkeit, bedrohen solche Verstöße das Vertrauen in die selbstregulativen Mechanismen der Wissenschaft. Damit wird eben jene Grundlage gefährdet, auf der die Finanzierung der Wissenschaft durch die Gesellschaft beruht – dem Anspruch, unabhängiges Wissen zu produzieren, das der Allgemeinheit zugute kommt (Weingart, 2001: 39 f.). Viele deutsche Hochschulen sind den Empfehlungen der DFG-Kommission zur Selbstkontrolle in der Wissenschaft gefolgt und haben Richtlinienkataloge erarbeitet, um Fehlverhalten in der Wissenschaft zu sanktionieren. So finden sich beispielsweise in den Richtlinien der Ludwig-Maximilians-Universität München sowohl (nicht näher spezifizierte) „Regeln guter wissenschaftlicher Praxis" als auch ein Katalog von Verhaltensweisen, die als Fehlverhalten anzusehen sind (LMU, 2002).[2]

Professionelle Normen besitzen zwei Funktionen für das Wissenschaftssystem: Nach *innen* schützen Normen bestimmte Wertvorstellung und sichern deren Einhaltung (vgl. Weingart, 2001: 40). Sie wirken damit systemstabilisierend, weil sie die Vielfalt der Interaktionsmöglichkeiten auf sozial akzeptable Muster eingrenzen und individuelles Verhalten erwartbar machen. Im Wissenschaftsalltag können solche Normen in Form von institutionalisierten Routinen, lehrbuchartigen Vorgaben oder vorbildhaften Vorgehensweisen konkrete Handlungssituationen vereinfachen, weil sie Handlungsabläufe in Routinesituationen automatisieren und standardisieren. Gerade diese entlastende, weil Sicherheit vermittelnde Funktion wissenschaftlicher Normen hebt Matthes (1985) hervor. Wissenschaft ist per se durch Unsicherheit gekennzeichnet: Unsicherheit bezüglich des richtigen Lösungsweges, der Tragfähigkeit neuer theoretischer Perspektiven oder wegen der Vorläufigkeit empirischer Ergebnisse. In dieser durch prinzipielle Ungewissheit gekennzeichneten Arbeitswelt geben wissenschaftliche Verhaltensregeln einen festen Rahmen vor, innerhalb dessen diese Unsicherheit überschaubar wird.

2 Richtlinien der LMU München vom 16.05.2002, Anlage 1: Als wissenschaftliches Fehlverhalten gelten (1) Falschangaben wie das Erfinden, Verfälschen von Daten; (2) die Verletzung geistigen Eigentums durch Plagiate, Ideendiebstahl, Anmaßung einer unbegründeten Autorenschaft, sowie die Verfälschung des Inhalts und (3) die Beeinträchtigung der Forschungsaktivität anderer.

Als weitere Funktion nach innen lässt sich die integrative Kraft von Normen nennen: Nur wer die geschriebenen und ungeschriebenen Verhaltensgrundsätze kennt und beachtet, wird im innerwissenschaftlichen Diskurs be- und *ge*achtet. Wer eklatant gegen die Verhaltensregeln verstößt, muss mit sozialen Sanktionen rechnen. Ihre Beachtung in einem wissenschaftlichen Text ermöglicht neben den kognitiven Aspekten, dass etwa die Argumentation logisch aufgebaut sein sollte, auch Anschlusskommunikation. Die kollektive Entrüstung der Wissenschaftsgemeinschaft über Verstöße gegen diese Normen beweist gerade ihre Existenz, sei es der Ärger über Plagiate, gefälschte Forschungsergebnisse, unethisches Verhalten; oder in etwas abgemilderter Form über die konsequente Missachtung grundlegender Standards wie die Transparenz der Darstellung.

Gleichzeitig wirken Berufsnormen nach *außen*: Öffentlichkeitsorientierte Verweise auf institutionelle Normen und Ethikkodizes können die Existenz eines sozialen Systems vor seiner Umwelt moralisch rechtfertigen und damit auch vor Eingriffen und Beschränkung seiner Autonomie schützen.

Institutionelle Verortung der Gewaltforschung: die beteiligten Disziplinen

Standards und Normen wissenschaftlichen Arbeitens werden durch Sozialisation erlernt und in der Interaktion mit Kollegen in einem Aushandlungsprozess verändert oder gefestigt. Gerade an einem interdisziplinären Gegenstand wie Mediengewalt lässt sich überprüfen, welche Rolle die disziplinäre Zugehörigkeit der Gewaltforscher in der Diskussion des Gegenstands spielt. Das Lehr- und Forschungsfeld jener Disziplinen, die sich mit Medien und durch Medien vermittelte Öffentlichkeit beschäftigen, ist äußerst heterogen, praktisch alle Disziplinen der Geistes- und Sozialwissenschaften setzen sich mit dem Gegenstand Massenmedien und Öffentlichkeit auseinander (Schaubild 3). Das produzierte Wissen über das zunehmend Beachtung erfahrende Materialobjekt Medien und Öffentlichkeit ist dabei stark von der jeweiligen Fachperspektive geprägt und häufig auf spezifische Teilbereiche des Gegenstands fokussiert (z.B. Medienpsychologie, Mediensoziologie, Medienökonomie, Medienpädagogik, Medienrecht).

Aus diesem Feld der Gewaltforschung stechen drei Disziplinen heraus, weil sie 1) dem Problem der Mediengewalt einen prominenten Stellenwert im Kanon ihrer Materialobjekte einräumen; 2) sich durch intensive und andauernde Forschungsbemühungen zu diesem Problemkomplex auszeichnen; 3) einen inzwischen beachtenswerten Korpus an Ergebnissen und Wissen zusammengetragen haben; 4) aufgrund ihrer verschiedenen Fachverständnisse unterschiedliche theoretische und methodische Zugänge zur Medienforschung insgesamt favorisieren; und 5) weil ihre Fachvertreter sowohl im innerwissenschaftlichen Diskurs präsent sind, als auch als Vertreter ihrer Disziplin in der gesellschaftlichen Debatte Gehör finden.

Schaubild 3: *Wer macht Gewaltforschung?*

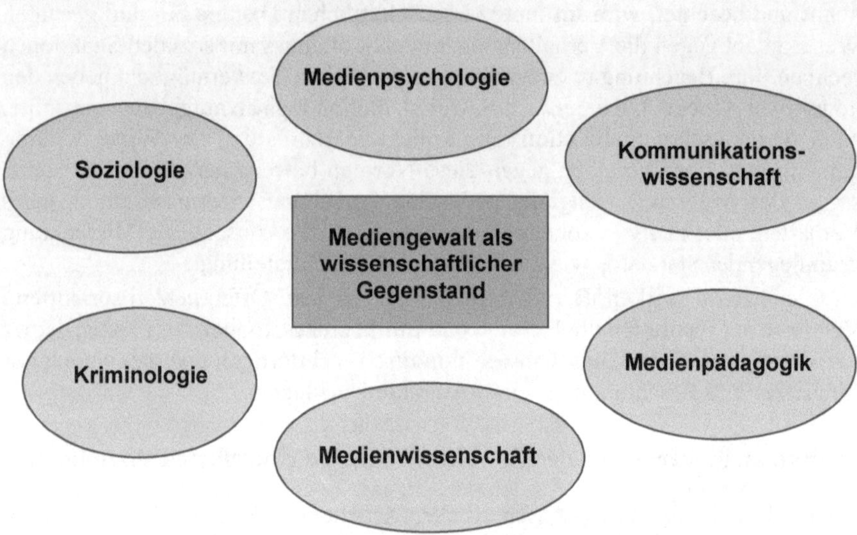

Spätgeborene, ausdifferenzierte Subdisziplin: Medienpsychologie

Als akademische Disziplin hat sich die Medienpsychologie vergleichsweise spät, gegen Ende der 90er, vollständig etabliert. In der bis in die 30er Jahre zurückreichenden mikroanalytischen, psychologisch orientierten Sozialforschung des deutschsprachigen Raums existiert ein reicher, aber bis in die 80er wenig systematischer Fundus an empirischen Studien, die sich aus psychologischer Perspektive mit Phänomenen der Mediennutzung und -wirkung auseinandergesetzt haben (für einen historischen Überblick: Trepte, 2004; Winterhoff-Spurk, 1999). Das disziplinäre Dach durch die Begriffsbezeichnung „Medienpsychologie" taucht jedoch erst spät auf (vgl. Winterhoff-Spurk, 1998). Die späte Institutionalisierung zeigt sich nicht nur an der späten Verankerung der Medienpsychologie als universitäres Studienfach und an der erst spät einsetzenden Vergabe von (vereinzelten) Professuren im Bereich der Medienpsychologie in den 90ern, sondern auch an später zu beobachtenden fachpolitischen Indikatoren, die eine zunehmende Institutionalisierung und wissenschaftliche Professionalisierung anzeigen: Erst 1999 erhielt die Medienpsychologie mit einer eigenen Fachgruppe (FGM) innerhalb der Deutschen Fachgesellschaft für Psychologie (DGfP) ein institutionelles und fachpolitisches Sprachorgan. Die wichtige Fachzeitschrift *Medienpsychologie* (seit 1989) und umfangreiche Lehrbücher, die den Status quo der Disziplin für Studierende gut verständlich aufbereiten (vgl. Mangold, Vorderer & Bente, 2004; Winterhoff-Spurk, 1999), sind weitere Indikatoren der

Institutionalisierung. Eine weitere Ursache der späten disziplinären Institutionalisierung mag das wenig konturierte, sich erst ausbildende Berufsfeld Medienpsychologie sein. Für welches Berufsbild werden die Studenten ausgebildet? Die Studiennachfrage ist letztlich ein entscheidender Faktor im Prozess der universitären Etablierung und damit auch des Ausbaus und der Vergrößerung des Fachs innerhalb des Hochschulspektrums. Die große Rolle der Studentenzahlen zeigt sich beispielsweise in der Fachentwicklung der Kommunikationswissenschaft, die mit der Professionalisierung des Berufsfelds Journalismus seit den 70ern einen stetigen Studentenansturm zu verzeichnen hat. Dementsprechend wurden von Seiten der Hochschulleitungen neue Professuren, Lehrstühle und sogenannte Überlaststellen im Mittelbau eingerichtet, um den Studentenzahlen Herr zu werden.

Trotz der vergleichsweise spät einsetzenden Institutionalisierung zeichnen aktuelle programmatische Schriften wie das von der Fachgruppe Medienpsychologie veröffentlichte Curriculum Medienpsychologie (FGM, 2003) oder Lehrbuchaufsätze (Trepte, 2004; Winterhoff-Spurk, 1998) ein klares Bild des Fach- und Selbstverständnisses. Die FGM definiert Medienpsychologie als Disziplin, die menschliches Erleben und Verhalten im Umgang mit Medien beschreibt und erklärt (FGM, 2003). Ihrem Positionspapier zufolge gehört es zu den Aufgaben der Medienpsychologie, Voraussetzungen der Nutzung von Medien zu untersuchen sowie kognitive, emotionale, verhaltensmäßige Wirkungen von Mediennutzung bei Individuen und Gruppen zu erforschen. Als Gegenstände analysiert sie sowohl institutionelle Massenmedien wie (Vermittlungs-)Medien der Individualkommunikation. Von anderen, ebenfalls Medienforschung betreibenden Disziplinen grenzt sich die Medienpsychologie dadurch ab, dass der Mensch und alle ihm eigenen psychischen Prozesse im Umgang mit Medien im Zentrum des Forschungsinteresses stehen. Damit betreibt sie primär mikroanalytische Medienforschung und betrachtet meso- und makroanalytische Zusammenhänge nur insofern, als dass sie helfen, menschliches Handeln und Erleben im Zusammenhang mit Medien zu erklären. Schlüsselakteure sehen diese Ebenen aber nicht in der Medienpsychologie selbst verankert, sondern in Kooperationen mit anderen Disziplinen (vgl. Winterhoff-Spurk, 2001). Diese Aussage macht deutlich, dass sich die Medienpsychologie im Gegensatz zur Kommunikationswissenschaft nicht als Integrationswissenschaft sieht, sondern sich als Einheitsfach mit klar abgegrenztem Gegenstandsbereich definiert und von anderen Medienforschung betreibenden Fächern abgrenzt.

Verortet man die Medienpsychologie im Kanon jener Disziplinen, die empirische Medienforschung betreiben, zeichnet sie sich durch eine starke Rezipientenorientierung und einen Fokus auf die Felder der Mediennutzungs- und Wirkungsforschung aus. Im letzteren Forschungsfeld untersucht die Medienpsychologie vor allem individuelle Medienwirkungen. Gegenüber den anderen Wirkungsforschung betreibenden Disziplinen besitzt die Medienpsychologie einen klaren Vorteil durch ihren Status als Subdisziplin der Psychologie, da Forschende auf das Wissen zu individuellen psychischen Prozessen während der Medienrezeption und zur Erklärung auf das erprobte Theoriearsenal der Mutterdisziplin zurückgreifen können (vgl. auch Böhme-Dürr, 2003). Neben dem Rückgriff auf das Grundlagenwissen und die Basistheorien der Kognitions-, Verhaltens- und Sozialpsychologie konstatieren verschiedene Fachvertreter der Medienpsychologie allerdings einen Mangel an eigenständiger, dezidiert medienpsychologischer Theorieentwicklung (vgl. Trepte, 1999: 215; Winterhoff-Spurk, 2001: 8). Gerade im Hinblick auf die zunehmende Bedeutung von Medien in heutigen Gesellschaften sehen diese Wissenschaftler die Medienpsychologie in der Pflicht, für Phänomene der Mediengesellschaften spezifische Beschreibungen und theoretische Erklärungen zu entwickeln – Leistungen, die die Medienpsychologie bislang noch nicht zufriedenstellend erbracht hat, so Winterhoff-Spurk (ebd.). Trotz des konstatierten Theoriedefizits ist die Medienpsychologie mit ihrem Theoriearsenal, das auf dem Grundlagenwissen der Mutterdisziplin und den darauf aufbauenden Forschungsaktivitäten beruht, besser aufgestellt als die Kommunikationswissenschaft; versteht diese sich doch im Gegensatz zur Medienpsychologie als interdisziplinäre Integrationsdisziplin und ist noch im Aufbau eines Theorienkanons begriffen, der über den Theorietyp mittlerer Reichweite hinaus reicht und der Komplexität des mikro-, meso- und makroanalytisch orientierten Gegenstandsbereichs gerecht wird.

Der Medienbegriff der Medienpsychologie ist eher diffus. So finden sich nur selten Definitionsversuche, selbst Lehrbücher wie das von Mangold, Vorderer und Bente (2004) kommen ohne eine Definition von Medien aus. Überblickt man das Spektrum der Themen von Publikationen und Tagungen, zeigt sich, dass relativ unvermittelt reine Vermittlungsmedien und institutionelle Medien nebeneinander untersucht werden. Das Telefon spielt ebenso eine Rolle wie das Computerspiel oder das Fernsehen. Dies kann man so interpretieren, dass die Medienpsychologie die institutionelle und gesellschaftliche Verfasstheit von Medien in den Hintergrund rücken lässt, es geht eher um die konkreten Medieninhalte als Stimuli der Wirkung auf Individuen.

Der Schwerpunkt im Bereich der Mediengewalt liegt dabei, ähnlich wie bei der Medienpädagogik, auf Kindern und Jugendlichen. Dies hat zum einen mit den Förderbedingungen bei Studien zur Mediengewalt zu tun (auf die Rolle der Landesmedienanstalten wurde bereits hingewiesen), ist zum anderen aber auch durch den Fokus auf Medienkompetenz erklärbar.

Eine weitere, ganz entscheidende Komponente im Fachverständnis der Medienpsychologen stellen empirische Methoden dar. Sowohl bei Erhebungs- wie Auswertungsverfahren steht die Neu- und Weiterentwicklung bestehender Instrumente im Vordergrund. Dabei kommt der Medienpsychologie zugute, dass sie als Subdisziplin des tradierten Mutterfachs Psychologie nicht nur auf deren Theorie-, sondern auch auf dem Methodenarsenal aufbauen kann.

Transdisziplinäres Integrationsfach: Kommunikationswissenschaft

Im universitären Fächerkanon der Sozialwissenschaften ist auch die Kommunikationswissenschaft ein vergleichsweise junges Fach mit bis heute nicht genau eingegrenztem Gegenstand und unscharfen Rändern zu anderen Disziplinen, die sich ebenfalls mit den Phänomenen Medien und Öffentlichkeit beschäftigen. Obwohl sich mit der *Zeitungswissenschaft* bereits in den 20er Jahren eine geisteswissenschaftlich-hermeneutische Vorläuferdisziplin an deutschen Hochschulen etabliert hatte (vgl. Meyen & Löblich, 2004), besitzt die moderne Kommunikationswissenschaft, wie sie heute an vielen deutschen Universitäten etabliert ist, eine kurze Vergangenheit. Die sozialwissenschaftliche Wende Ende der 60er, der Professionalisierungsschub des Journalismus in den 70ern mit einhergehendem Studentenansturm und der Medienwandel seit den 80ern gehören zu den markanten Meilensteinen, die einen erheblichen Anteil an der Ausbildung der heute stark sozialwissenschaftlich-empirisch ausgerichteten Kommunikationswissenschaft haben. Interessanterweise scheint es trotz flächendeckender Verankerung des Fachs in der universitären Lehre bislang noch nicht zu einem Konsens unter den Fachvertretern gekommen zu sein, wie ihr Fach genau zu definieren ist, welches Material- und Formalobjekt das Spezifische der Kommunikationswissenschaft ausmacht. Dies zeigt sich nicht nur an der Vielfalt der unterschiedlichen Studiengangsbezeichnungen, sondern auch an den internen Diskussionen im Fachorgan *aviso* und anhand der Kommissionen innerhalb der Fachgesellschaft DGPuK, die beauftragt wurden, Positionspapiere zum Fachverständnis auszuarbeiten.

Im Jahr 2001 hat der Selbstverständnisausschuss der DGPuK der Kommunikationswissenschaft Interdisziplinarität als konstituierendes Merkmal der Disziplin bestätigt (vgl. DGPuK, 2001). Dass diese Charakterisierung nicht nur eine gut klingende Worthülse, sondern durchaus nicht ganz unproblematischer Forschungsalltag ist, zeigt die Schwierigkeit, ein einheitliches Fachverständnis zu finden. Anders als in den medienpsychologischen Überlegungen wird Interdisziplinarität im kommunikationswissenschaftlichen Fachverständnis nicht als Kooperation von klar voneinander abgegrenzten Einheitsfächern verstanden, sondern als konstituierendes Merkmal einer Integrationswissenschaft, die auf das Theorie- und Methodenarsenal anderer Disziplinen zurückgreift und dabei erst im Aufbau eines genuin kommunikationswissenschaftlichen Formalobjekts begriffen ist (vgl. Brosius, 2003b; Donsbach, et al., 2005). Indikatoren für ein solches „Schnittmengenmodell" von Interdisziplinarität (Vorderer, Klimmt & Hartmann, 2006: 302) sind die institutionelle Verankerung und disziplinäre Herkunft von Professoren sowie die in den etablierten Fachzeitschriften publizierenden Autoren. In anderen Fächern sozialisierte Wissenschaftler tragen die jeweiligen Perspektiven ihrer Ursprungsdisziplinen in die Kommunikationswissenschaft hinein (vgl. Brosius, 1994, 1998; Meyen, 2004). Importiert wird traditionell vor allem aus der Soziologie, Psychologie und Politikwissenschaft. In neuerer Zeit werden zunehmend Ansätze aus den Wirtschaftswissenschaften, der Informatik oder der Medizin, aber auch kulturwissenschaftliche Perspektiven in das Fach hereingetragen – ein Trend, der die Binnenvarianz des Fachs weiter fördern dürfte.

Eine solchermaßen verstandene Kommunikationswissenschaft zeichnet sich also als Schnittmenge verschiedener Forschungsfelder, Perspektiven und Subdisziplinen aus, die teils innerhalb des Fachs, teils aber auch außerhalb davon liegen. Das erschwert es aber, festzulegen, welche Themen, Methoden und Perspektiven den Kern der Disziplin ausmachen, und welche allenfalls am Rande anzusiedeln sind oder überhaupt nicht als kommunikationswissenschaftliche Formalobjekte gelten können. Das Problem der unscharfen Abgrenzung fordert eine intensive Auseinandersetzung über Identität und Ausrichtung der Kommunikationswissenschaft regelrecht ein. Haben Ruhrmann und seine Co-Autoren (2000: 295) im Jahr 2000 die fragmentarische, von einzelnen Persönlichkeiten erbrachte Ad-hoc-Reflexion kritisiert, die völlig ohne Rückwirkung auf die Forschungspraxis des Faches bleibe, ist diese Diagnose heute zu relativieren: In den letzten Jahren sind viele Arbeiten veröffentlicht worden, in deren Zentrum eine theoretisch verankerte kommunikationswissenschaftliche Selbstreflexion zur Theorie- und Fachentwicklung steht (Meyen, 2004; Meyen & Löblich, 2006; Löffelholz & Quandt, 2003; Peiser, et al., 2003; Donsbach, et al., 2005).

Der Medienbegriff der Kommunikationswissenschaft unterscheidet sich deutlich von dem der beiden anderen Disziplinen und ist enger gefasst. Die Kommunikationswissenschaft analysiert und erforscht Massenmedien bzw. genauer institutionelle Medien jeweils mit einem starken Fokus auf die gesellschaftlichen Kommunikationsprozesse. Massenmedien sind in erster Linie Träger gesellschaftlicher Kommunikationsvorgänge, die selbst den eigentlichen Kern der fachlichen Auseinandersetzung beinhalten. Daher sind Medien als Forschungsgegenstand daraufhin zu untersuchen, welche Entstehungs- und Verbreitungsbedingungen für öffentliche Kommunikation sie erzeugen.

Anwendungsorientierte Medienpädagogik – Forschungsfeld oder eigenständige Subdisziplin?

Die Medienpädagogik kämpft noch um ihre Institutionalisierung, sowohl auf universitärer Ebene als auch in ihrem Anwendungsfeld, der Medienerziehung und -bildung von Kindern, Jugendlichen und der Gesellschaft insgesamt (vgl. Tulodziecki, 2005; Schorb, 2003). Diese Diagnose mag auf den ersten Blick verwundern, ist die Medienpädagogik doch, wie die Fachbezeichnung verrät, ein Ableger der traditionsreichen Mutterdisziplin Pädagogik und greift auch auf deren Theorie- und Methodenkanon sowie das fachliche Selbstverständnis zurück. Im universitären Fächerkanon ist der Status der Medienpädagogik allerdings ungeklärt: Ist sie ein interdisziplinäres Lehr- und Forschungsfeld oder eine eigenständige Subdisziplin? Für die Diagnose „Forschungsfeld" spricht, dass sich die Medienpädagogik bislang nicht als eigenständiges akademisches Fach etablieren konnte. Etwas besser verankert ist sie als Teilaspekt der Lehrerausbildung, in diesen Studiengängen wird Medienpädagogik häufig als Schwerpunkt und Wahlpflichtfach angeboten. Damit ist sie auf universitärer Ebene nicht so eigenständig wie beispielsweise die Kommunikationswissenschaft und weiterhin eng an die die Mutterdisziplin gebunden. Vor dem Hintergrund, dass die universitäre Fächerlandschaft gerade mit der Umstellung auf Bachelor- und Masterstudiengänge tiefgreifende Veränderungen erlebt und die Medienpädagogik sich in dieser Entwicklung noch nicht klar positioniert hat; aber auch vor dem Hintergrund, dass die fachpolitische Institutionalisierung bislang vor allem interdisziplinär durch Fachgruppen in Gesellschaften anderer Disziplinen erfolgte (z.B. durch die medienpädagogische Kommission in der Deutschen Gesellschaft für Erziehung oder in der Deutschen Gesellschaft für Publizistik- und Kommunikationswissenschaft), stellt sich die Frage, ob es der Medienpädagogik überhaupt gelingen wird, sich im akademischen Bereich von der Mutterdisziplin abzunabeln und zu einer eigenständigen Disziplin zu entwickeln, oder ob sie auch zukünftig den Status eines Forschungsfelds innerhalb anderer Disziplinen wie Pädagogik, Kommunikations- und Medienwissenschaft einnehmen wird.

Auch in der Praxis diagnostizieren Fachvertreter der Medienpädagogik ein Institutionalisierungsproblem (vgl. Tulodziecki, 2005: 27). Im schulischen Bereich sind ihre Ziele und didaktischen Ansätze nicht ausreichend in den Lehrplänen verankert, das gilt ebenso für gesellschaftsweite Initiativen zur Förderung von alltäglicher Medienkompetenz im Bereich der Erwachsenen- und Seniorenbildung. Dieses Praxisproblem kann auf die akademische Institutionalisierung rückwirken: Solange sich für Absolventen medienpädagogischer Studiengänge kein klares Berufsbild mit guten Zukunftschancen bietet, wird der studentische Zulauf eher überschaubar bleiben. Welche Bedeutung steigende Studentenzahlen für eine akademische Fachentwicklung spielen können, hat ja das Beispiel der Kommunikationswissenschaft gezeigt (vgl. Meyen & Löblich, 2006: 68ff.).

Über dieses Institutionalisierungsproblem hinaus lässt sich der Charakter der Medienpädagogik anhand einiger prägnanter Merkmale beschreiben. Die Medienpädagogen machen zwei große Forschungslinien aus, zum einen die funktionale oder instruktionale Medienpädagogik, zum anderen die normative Medienpädagogik (auch Bewahrpädagogik genannt). Die erste Forschungsrichtung ist primär im Bereich des institutionalisierten Lernens angesiedelt, mit dem Ziel, Lernen mittels Medien zu verbessern. Die zweite Forschungstradition ist eng verbunden mit gesellschaftlichen und politischen Maßnahmen zum Schutz von Kindern und Jugendlichen vor unliebsamen medialen Inhalten. Der Forschungsstrang widmet den negativen Folgen der Mediennutzung viel Aufmerksamkeit, hier steht die medienpädagogische Gewaltforschung an prominenter Stelle (vgl. Schorb, 2003: 302). Neben diesen zwei Strängen beschäftigt sich ein dritter Forschungsbereich mit der Medienaneignung von Kindern und deren Lebenswelt. Dieser Strang ist aus der kritischen und aktiven Medienpädagogik der 70er Jahre entstanden und stellt das Konzept der kommunikativen Kompetenz in den Mittelpunkt der Forschung (vgl. Schorb, 1995).

Das Fachverständnis der Medienpädagogik lässt sich als anwendungsorientiert beschreiben. Medienpädagogische Forschung ist auf die konkrete Anwendung der Ergebnisse in der Medienerziehung ausgerichtet, Forscher nehmen dabei eine politisch aktivere Rolle in Anspruch als in den anderen beiden Disziplinen. Sie verstehen ihr Fach als „Reparaturbetrieb für politisch und ökonomisch zu verantwortende Defizite" (Baacke, 1999: 220) und sehen sich in der Pflicht, aktive Anstöße zur Aufarbeitung dieser gesellschaftlichen Probleme zu geben. Einhergehend mit dem edukativen Selbstverständnis legt die medienpädagogische Forschung großen Wert auf die Einbindung der Praxis und weniger auf empirisch-analytische Wissenschaftsstandards, Grundlagenforschung und Theoriearbeit – Mängel, die von Fachvertretern durchaus kritisch bewertet werden. Damit einher geht auch die Kritik an der medienpädagogischen Forschung, zu selten analytisch und selbstreflexiv vorzugehen (vgl. Baacke, 1999; Tulodziecki, 2005: 34). Das Bild eines vergleichsweise wenig ausgeprägten selbstreflexiven Diskurses fügt sich wiederum in das praxis- und handlungsorientierte Fachverständnis der Medienpädagogik.

Medienpädagogische Forschung setzt sich von den anderen beiden Disziplinen auch darin ab, dass sie ihren Fokus in erster Linie auf Kinder und Jugendliche richtet. Andere Zielgruppen werden vergleichsweise selten untersucht. Das Gros der medienpädagogischen Studien ist dem Forschungsbereich zuzuschlagen, wie sich die Medienkompetenz von Kindern und Jugendlichen im Sozialisationsverlauf entwickelt. Dabei machen Fachvertreter eine leichte Präferenz für qualitative Methoden aus, zählen aber auch quantitative Methoden zum methodischen Spektrum; vor allem dann, wenn Mediennutzungsverhalten erfasst werden soll (vgl. Schorb, 2003: 305).

Ähnlich wie in der Medienpsychologie wird der Medienbegriff auch in der Medienpädagogik uneinheitlich verwendet. Technisch definierte Medienbegriffe stehen neben einem sehr weit gefassten Begriffsverständnis, das jegliche Form von Kommunikation umfasst (vgl. Tulodziecki, 2005: 3). Viele der Begriffsdefinitionen sind implizit oder explizit auf einem elitären Kulturbegriff begründet, der sich in dem medienpädagogischen Ziel niederschlägt, Kinder und Jugendliche an kulturell wertvolle und politisch gewollte Medieninhalte heranzuführen. Entgegen der Forderung verschiedener Fachvertreter, die Trennung zwischen Hoch- und Trivialkultur aufzugeben, werden trivialkulturelle Medienprodukte in der medienpädagogischen Forschung häufig vor dem Hintergrund der negativen Folgen für die Entwicklung zu eigenständigen und verantwortungsvollen Mitgliedern der Gesellschaft beurteilt. Auffällig ist auch, dass in der schulischen Praxis unter Medien und Medienkompetenz hauptsächlich technische Aspekte behandelt werden (wie programmiere ich einen Videorecorder, wie bediene ich das Internet?)

Wie die Fachvertreter der anderen beiden Disziplinen sehen auch Medienpädagogen die Fachentwicklung ihrer Disziplin in enger Anbindung an die technologische und gesellschaftliche Entwicklung. Deutlicher als die anderen beiden Disziplinen wird aber die Rolle der (Bildungs-)Politik für die fachliche Entwicklung betont (vgl. Tulodziecki, 2005: 8f.). Neben der engen Kooperation mit politischen und gesellschaftlichen Initiativen zur Förderung von Medienkompetenz an Schulen wird das Interesse der Bildungspolitik an medienpädagogischen Fragestellungen vor dem Hintergrund der Entwicklung zur Mediengesellschaft betont. Dass mögliche Verbindungen zwischen den Interessenlagen von (Medien-)Politik und Forschung so offen thematisiert werden, kann auch auf die weniger ausgeprägte Institutionalisierung der Medienpädagogik in der Hochschullandschaft zurückgeführt werden. Immerhin ist die Medienpädagogik ein Forschungsfeld, das aufgrund fehlender akademischer Institutionalisierung stärker auf wissenschaftsexterne Finanzierungsquellen und Ressourcenzuteilungen angewiesen sein dürfte als klassische akademische Disziplinen.

III.2 Spielregeln der Medienlogik

Will man die öffentliche Wahrnehmung des Themas Mediengewalt und seiner Forschung verstehen, muss die Medienlogik als bestimmender Faktor der Diskussion berücksichtigt werden. Der Begriff beschreibt die medialen Selektions- und Präsentationsregeln, mit dem das Thema Mediengewalt dargestellt wird. Journalismustheoretisch ist er in der systemtheoretischen Denktradition verankert, die Massenmedien nicht mehr als reine Vermittlungsinstanz zwischen Wissenschaft und Gesellschaft, sondern als unter den Bedingungen der eigenen Funktionslogik operierendes Teilsystem der Gesellschaft begreift. Wollen sich Akteure an der öffentlichen Diskussion um Mediengewalt beteiligen, müssen sie sich mit der Selektivität der Medien abfinden und die Spielregeln der Medienlogik beachten. Betrachtet man die von Gewaltforschern bemängelten Verkürzungen und Vereinfachungen der öffentlichen Gewaltdiskussion, lässt sich vermuten, dass sich die systemtheoretische Perspektive in diesem Forschungsfeld (noch) nicht etabliert hat. Die Kluft zwischen öffentlicher und wissenschaftsinterner Gewaltdebatte ist eben nicht Konsequenz eines Informationsdefizits der Öffentlichkeit, das aus dem Kommunikationsproblem zwischen Wissenschaft und Medien herrührt – die klassische Position des Popularisierungsparadigmas (vgl. ausführlich: Hilgartner, 1990; Kohring, 2005). Beide Arenen bilden vielmehr eigenständige Diskurse, die ganz eigenen Regeln und Bewertungskriterien folgen. Diese Diskurse sind nicht völlig unabhängig voneinander, selbst wenn sie unter eigenen Funktionslogiken operieren. Dabei gibt die mediale Arena den Takt vor, nach dem sich die beteiligten Akteure aus Politik, Bildung, Wirtschaft und Wissenschaft zu richten haben, wenn sie in den Medien zu Wort kommen wollen. Das wirft die Frage auf, nach welchen Spielregeln die Interaktion an der Schnittstelle von Wissenschaft und Öffentlichkeit erfolgt. Hans Peter Peters

(1994b) hat drei Faktorenbündel herausgearbeitet, die beeinflussen, ob Journalisten wissenschaftliche Expertise nutzen: (1) inhaltliche Merkmale von Informationen, (2) soziale Merkmale von Informationen, sowie (3) besondere Erwartungsstrukturen gegenüber wissenschaftlichem Wissen auf Journalistenseite.

(1) Die Medien verbreiten ein sehr ereignis- und ergebnisbezogenes Bild von Wissenschaft. Eine solche Selektivität kann beinahe zwangsläufig den prozesshaften Charakter von Wissenschaft nicht vermitteln. Themen werden für die journalistische Berichterstattung erst dann interessant, wenn es Aufmerksamkeit erzeugende Ereignisse gibt, durch die diese Themen auf die Medienagenda gehievt werden. Aus der Nachrichtenwerttheorie lassen sich einige Faktoren ableiten, die die Publikation wissenschaftlicher Themen beeinflussen:

- *Negativismus*: Wissenschaftliche Ergebnisse spielen im Bereich der Risikokommunikation eine große Rolle. Negative Ereignisse wie Störfälle, Epidemien, bedrohliche Zukunftsszenarien der Erderwärmung, aber auch Amokläufe an Schulen erhöhen den Orientierungsbedarf der Öffentlichkeit an glaubwürdigen, verlässlichen Informationen.
- *Überraschung:* Die Entdeckung neuer Galaxien oder Erfolge in der technologischen Entwicklung neuer Brennstoffzellen lösen beinahe reflexartig Berichterstattung aus. Themen aus dem Bereich Astrophysik sind zwar hochkomplex, sie treffen aber gerade im Falle der Entdeckung neuer Sonnensysteme auf ein diffuses Interesse der Öffentlichkeit an anderen Lebensformen im All. Für Themen wie etwa die Rohstoffsicherung gilt: Je mehr das direkte Umfeld der Rezipienten betroffen ist, desto höher ist das Interesse (Nachrichtenfaktor *Nähe*).
- *Thematisierung:* Besonders schnell springen die Medien auch auf Weiterentwicklungen von Klassikerthemen an, ein Beispiel wären neue Methoden der Krebsbehandlung. Dahinter stehen journalistische Arbeitshypothesen, dass diese Themen schon häufiger auf Resonanz gestoßen sind und folglich das Interesse des Publikums erregen.
- *Personalisierung:* Werden Themen konkret anhand von Fallbeispielen vorgestellt und mit persönlichen Schicksalen verbunden, werden sie von Rezipienten besser erinnert (vgl. Brosius & Bathelt, 1994). Abstrakte Erklärungen und vom Einzelfall losgelöste Themen bleiben dagegen schlechter in Erinnerung. Das kollidiert aber erheblich mit den Spielregeln der wissenschaftlichen Erkenntnisproduktion.
- *Erfolg:* Prestigeträchtige Preisverleihungen wie z.B. der Nobelpreis an einzelne Wissenschaftler können die Sichtbarkeit eines Forschungsfelds erhöhen und in der Folge auch wissenschaftliche Ergebnisse sichtbarer machen.

Journalistische Themen dürfen allerdings nicht zu kompliziert sein, um überhaupt in den knappen 15 Minuten der Abendnachrichten oder in einem Zeitungsartikel mit der Standardlänge von 60 bis 80 Zeilen dargestellt werden zu können (vgl. etwa Staab, 1990). Uneindeutige und komplexe Themen finden daher nur schwer den Weg in die Medien (Nachrichtenfaktor *Eindeutigkeit)*. Gelangen sie aber doch auf die Medienagenda, werden solche Themen in der Regel vereinfacht und auf dichotome, gut nachvollziehbare Positionen zusammengekürzt. Das stellt die Wissenschaftskommunikation aber vor ein Problem: Hochgradig spezialisierte Wissenschaftsbereiche wie die Gewaltforschung produzieren in einer schwer verständlichen Fachsprache abstraktes, d.h. von den praktischen Problemen losgelöstes Wissen. Zwangsläufig erfordert die journalistische Übersetzung wissenschaftlicher Ergebnisse in eine verständliche Sprache eine Vereinfachung und damit Informationsverlust. Noch komplizierter wird die mediale Vermittlung, wenn es sich nicht um eindeutige Ergebnisse und harte Fakten handelt, sondern um ein Forschungsfeld mit kontroversen Positionen zu einem nicht endgültig geklärten Sachverhalt. Welcher Journalist kann von seinem Publikum die Kompetenz und den Willen erwarten, sich mit verschiedenen theoretischen Erklärungsmodellen, Erhebungsmethoden und statistischen Kennwerten auseinander zu setzen, um innerwissenschaftlich kontrovers diskutierte Ergebnisse einzuordnen? So ist es eine logische Konsequenz, dass wissenschaftliche Erkenntnisse auf wenige Argumente und Fakten begrenzt werden, zumal das Wissen der Gewaltforschung nicht notwendigerweise selbst im Zentrum der Berichterstattung seht, sondern allenfalls zur Erklärung des Phänomens Mediengewalt herangezogen wird. Dabei stehen wissenschaftliche Argumente gleichberechtigt neben anderen Argumenttypen aus Ethik, Politik oder Wirtschaft und sind diesen nicht per se übergeordnet.

(2) Die Zugänglichkeit und die Bereitschaft der Forschenden, sich auf journalistische Regeln einzulassen, beschreiben die „sozialen Merkmale" von Informationen (Peters, 1994b: 173ff.). Nicht alle Wissenschaftler sind für Journalisten gleich gut sichtbar und zugänglich. Wissenschaftsintern ist Reputation ein entscheidender Steuerungsmechanismus für die Sichtbarkeit einzelner Forscherpersönlichkeiten. Dieses Prinzip gilt aber nur begrenzt für die Sichtbarkeit von Wissenschaftlern in der Öffentlichkeit, entscheidender als die wissenschaftliche Reputation ist die mediale Prominenz der Forscher. Die These, dass vor allem medienwirksame Wissenschaftler Zugang zu den Medien erhalten, deren Prominenz nicht im Einklang mit ihrer Reputation steht, mag zunächst einmal irritieren, ist aber empirisch mehrfach bestätigt worden (vgl. etwa Weingart & Pansegrau, 1998; Goodell, 1977): Über verschiedene Themengebiete hinweg werden Wissenschaftler mit hoher Reputation seltener zitiert als prominente Experten, selbst, wenn deren Expertise das Thema nur am Rande streift. Wichtiger als innerwissenschaftliche Anerkennung scheinen Goodell (1977) zufolge außerwissenschaftliches Engagement und Personeneigenschaften zu sein, beispielsweise ein medientauglicher Auftritt, Sprachgewandtheit und Selbstdarstellungskunst sowie die Besetzung öffentlichkeitstauglicher Themen. Die zitierten Studien stimmen in ihrem Urteil überein, dass Reputation zwar zum Aufbau von Prominenz beitragen kann, weil sie Glaubwürdigkeit verleiht, dass sie aber keine hinreichende Eigenschaft für Medienpräsenz ist. Über die Medientauglichkeit der

Wissenschaftler hinaus hängt die journalistische Verwendbarkeit wissenschaftlicher Experten auch von der Bereitschaft derselben ab, klare Positionen zu beziehen, sich von der neutral-abstrakten Wissenschaftssprache zu lösen und Bewertungen vorzunehmen, anzuklagen und Forderungen zu erheben (Peters, 1994b: 175). Diese medialen Spielregeln kollidieren aber mit den Standards und Bewertungskriterien der Wissenschaft und bringen Wissenschaftler damit in ein Dilemma: Wissenschaftliche Reputation ist nur schwer vereinbar mit medialer Prominenz als anerkannter Experte; mediales Expertentum wird dagegen in der Wissenschaft kritisch gesehen.

(3) Schließlich wählen Journalisten ihre Gesprächspartner und Informationsquellen auch nach ihren Arbeitshypothesen (Kepplinger, 1989; Hagen, 1992) und generellen Aufmerksamkeitsstrukturen (Frames) zu einem Thema aus. Solche Frames könnten im Bereich Mediengewalt beispielsweise der Zusammenhang zwischen der Nutzung von Computerspielen und Aggressivität sein. Alltagswissen und Vorurteile über Mediengewalt sind also auch auf Journalistenseite zu finden, können deren Wahrnehmung bestimmen und dementsprechend auch die Präsentation des Themas prägen.

Welche theoretische Schlussfolgerung lässt sich aus diesen Ausführungen ziehen? Einerseits besitzen die Medien die Hoheit über den Zugang zur Öffentlichkeit und diktieren zu einem erheblichen Teil auch die Spielregeln, nach denen gesellschaftliche Akteure in dieser Arena kommunizieren müssen. Sperren sich Akteure gegen diese Gesetze der Medienlogik, wird dies durch mediale Nicht-Präsenz sanktioniert, an ihrer Stelle erhalten mögliche Konkurrenten die Möglichkeit, öffentliche Aufmerksamkeit auf sich zu ziehen. Lassen sie sich auf die medialen Kommunikationsregeln ein, kann dies Sanktionen in ihrem eigenen System zur Folge haben, weil die Regeln der Medien möglicherweise mit wichtigen eigenen Standards kollidieren.

Andererseits dürfen die Medien nicht als Leviathan der Massenkommunikation begriffen werden. Auch sie stehen in Abhängigkeitsbeziehungen zu den anderen, am Gewaltdiskurs beteiligten sozialen Systemen. Dabei haben die beteiligten Akteure ganz unterschiedliche Interessen und Motive, sich mit Erklärungen von Mediengewalt auseinanderzusetzen. Medienproduzenten und Programmanbieter sind beispielsweise daran interessiert, ihren Autonomiegrad soweit wie möglich zu erhalten und Einflussnahmen durch Medienregulierung möglichst gering zu halten. Sie dürften dementsprechend wissenschaftliche Erklärungen favorisieren, die die schwache Wirkung von Mediengewalt betonen. Jugendschützer haben dagegen vor allem dann Interesse an wissenschaftlichen Erklärungen, wenn diese die Gefahr von Mediengewalt eindeutig nachweisen. Hinter der Berichterstattung stehen zum einen die redaktionellen Zwänge und Besonderheiten des Mediums, denen Journalisten bei ihrer täglichen Arbeit unterworfen sind; zum anderen das Eigeninteresse am Thema Mediengewalt als prominenter Gegenstand der Berichterstattung. Auch Wissenschaftler sind als Akteure an der Diskussion beteiligt, sie wollen ihre Forschung möglichst detailgenau und umfassend durch die Medien vermittelt wissen, ohne dass bei der nötigen Transformation von Wissenschaftssprache in journalistische Sprache allzu viel Gehalt der Ergebnisse verloren geht. Ebenfalls kritisch beäugt werden Instrumentalisierungsversuche wissenschaftlicher Ergebnisse durch die Medien, durch Interessengruppen aus der Politik und Wirtschaft oder von Seiten des Jugendschutzes. Dass die Verwendung wissenschaftlicher Ergebnisse aber im Verwendungszweck von Wissenschaft ausdrücklich gewollt wird, verdrängen Forscher gerne, wenn ihre Ergebnisse nicht in der Form angewandt werden, die ihren eigenen Interessen entspricht.

III.3 Forschungsfragen

Wissenschaft ist keine von autonom agierenden Forschern getragene Institution, sondern ein soziales Produktionssystem, das Handlungs- und Arbeitsroutinen von Wissenschaftlern entscheidend prägt. Diese Sichtweise auf Wissenschaft kann verglichen werden mit der Journalismusforschung zur Untersuchung redaktioneller Arbeitsroutinen: Die frühe Gatekeeper-Forschung hat Journalisten als relativ autonom handelnde Individuen betrachtet, die den Selektionsprozess determinieren. In der Weiterentwicklung und Überprüfung des Ansatzes wurde schnell deutlich, dass redaktionelle Rahmenbedingungen und Umwelteinflüsse wie beispielsweise das Nachrichtenaufkommen des Tages das journalistische Handeln stark beeinflussen (vgl. Joch-Robinson, 1973).

Das Wissen um die Sozialität von Wissenschaft bedeutet aber auch, dass die Frage nach der Definitionsmacht in der wissenschaftlichen wie öffentlichen Gewaltdebatte nicht alleine durch eine reine Analyse der Argumente und vertretenen Positionen angegangen werden darf. Sie muss in zwei Kontexten untersucht werden (Schaubild 4): Für die wissenschafts*interne* Gewaltdebatte stellt sich die Frage nach der Produktion, Kommunikation und nach Erfolgsfaktoren wissenschaftlichen Wissens. Der Gegenstand der Mediengewalt bietet sich geradezu an, die Mechanismen von Wissenschaftskommunikation aufzuzeigen. Mediengewalt ist ein interdisziplinärer, kontrovers bewerteter Gegenstand. Damit stehen die einzelnen Disziplinen unter einem Rechtfertigungsdruck: Was ist die „Unique Selling Proposition“ der einzelnen Fächer, wo liegen ihre Stärken und Kernkompetenzen, die sie im Vergleich zu anderen Disziplinen besonders dazu qualifizieren, diesen Gegenstand zu untersuchen? Es lässt sich vermuten, dass die Analyse der wissenschaftlichen Gewaltdebatte sozialpsychologische Aspekte von Wissenschaftskommunikation aufdecken könnte, weil interdisziplinäre Gegenstände zur Ausbildung und Konsolidierung einer disziplinären Identität beitragen können, indem eigene Perspektiven und Herangehensweisen von anderen Disziplinen abgegrenzt werden können – v. a. wenn diese Gegenstände kontrovers beurteilt werden. Dass die moderne Wissenschaft nicht als autonomer Elfenbeinturm verstanden werden darf, ergibt sich allein aus der Tatsache, dass zumindest in Deutschland ein Großteil wissenschaftlicher Forschung aus Steuergeldern finanziert wird. Aufgrund dieser Abhängigkeit sehen viele Wissenschaftler, Gesellschaftstheoretiker, aber auch Politiker die Wissenschaft unter einem Legitimitätsdruck gegenüber der Öffentlichkeit. Im Kampf um Ressourcen und Finanzierungsmittel mit anderen subventionierten gesellschaftlichen Teilsystemen wie beispielsweise dem Kulturbetrieb muss sich die Wissenschaft Gedanken über ihre Bringschuld gegenüber dem sie finanzierenden System machen (vgl. Weingart, 2001).

Der wissenschafts*externe* Kontext der Gewaltdebatte besitzt zwei Dimensionen. Zum einen steht die Funktion wissenschaftlicher Erkenntnisse in gesellschaftlichen Debatten im Vordergrund. Welche Rolle kommt wissenschaftlichen Erkenntnissen in der öffentlichen Diskussion, in der medialen Berichterstattung, in politischen Debatten zu? Zum anderen sind die Aus- und Rückwirkungen zu untersuchen, die aus den externen Kontexten in die Wissenschaft hineinstrahlen. Die Fachentwicklung der modernen Sozialwissenschaften ist eng verwoben mit dem gesellschaftlichen, politischen und wirtschaftlichen Problemlösungsbedarf (vgl. Saxer, 1995: 40). In der öffentlichen Debatte steht die von gewalthaltigen Medienangeboten ausgehende Gefahr im Mittelpunkt. Der gesellschaftliche Problemlösungsbedarf zum Umgang mit Mediengewalt ist groß, dementsprechend stellt sich die Frage, wieviel Wissen und welche Aspekte der wissenschaftlichen Erkenntnisse zum Thema Eingang in die öffentliche Debatte finden. Darüber hinaus bietet die hohe gesellschaftliche Relevanz wissenschaftlicher Erkenntnisse der Gewaltforschung Wissenschaftlern eine gute Möglichkeit, durch Forschungsprojekte institutionelle und inneruniversitäre Ressourcen auszubauen (vgl. Bourdieu, 1998: 20-23). Gesetzgeber und Behörden geben gerade im Bereich des Jugendschutzes Studien in Auftrag, womit Wissenschaftler medienpolitische Entscheidungen über ihre Ergebnisse zumindest indirekt prägen können. Daher ist es für wissenschaftliche Akteure eine strategische Notwendigkeit, über den wissenschaftsinternen Diskurs hinaus auch in der Öffentlichkeit Publizität und Aufmerksamkeit zu erreichen. Öffentliches Echo bietet eine Chance, Auftragsforschung zu akquirieren und die Drittmitteleinwerbung heraufzusetzen. Das Drittmittelaufkommen hat durch die Umstrukturierungen der Universitätslandschaft in den letzten Jahren einen höheren Stellenwert gewonnen. Professoren werden nunmehr aufgrund verschiedener Leistungskriterien beurteilt, dazu gehört auch die Drittmitteleinwerbung. Engagement auf diesem Gebiet kann – werden entsprechende Forschungsaufträge eingeworben, mit denen finanzielle und personelle Ressourcen geschaffen werden können – durchaus die Institutionalisierung von Disziplinen vorantreiben und damit auch deren Stellung im Universitätsbetrieb stärken.

Vor diesem theoretischen Hintergrund können nun Forschungsfragen formuliert werden, um die übergeordnete Fragestellung zu beantworten, in welchem Maße die Debatte über die Wirkung von Mediengewalt durch die unterschiedlichen Fachdisziplinen bestimmt wird und welche Rolle dabei die Disziplinzugehörigkeit der beteiligten Wissenschaftler spielt. Als erster Schritt auf diesem

Schaubild 4: *Kontexte der Debatte um Mediengewalt*

Wissenschaftsextern: Mediengewalt als gesellschaftliches Problem
- Laienöffentlichkeit
- Fachöffentlichkeit

Wissenschaftsintern: Sozialgestalt (inter-/ intradisziplinäre Ebene)
- Interdisziplinärer Gegenstand
  ⇨ Forschung in verschiedenen Disziplinen
- Institutionelle Aspekte: Konkurrenz bei Ressourcenverteilung
- Professionelle Aspekte: Reputation, Kampf um Deutungshoheit

Ideengestalt: Analyse des Gegenstands Mediengewalt: theoretische & methodische Zugänge, Ergebnisse

in Anlehnung an: Meyen & Schwer (im Druck)

Weg muss die Struktur der wissenschaftlichen Gewaltdebatte selbst aufgedeckt werden, also inwieweit sich die Disziplinen in ihrem Wissen über den Gegenstand *Mediengewalt* voneinander unterscheiden und in welchen Punkten der Gegenstand einheitlich bzw. kontrovers beurteilt wird.

- FF1: Welche Unterschiede und Gemeinsamkeiten weisen die Disziplinen in ihrem Wissen zum Gegenstand *Mediengewalt* auf?

Die zweite Forschungsfrage stellt die Suche nach Erklärungen in den Mittelpunkt, wie unterschiedliche Ergebnisse und Bewertungen des Gegenstands zustande kommen können. Dahinter steht die Frage, wie wissenschaftliches Wissen produziert wird und welchen Einfluss die disziplinären Perspektiven, Wissenschaftsverständnisse, theoretische und methodische Zugänge auf die Ergebnisse von Forschung haben. Etwas überspitzt formuliert: Ist das Feld der Gewaltforschung von unterschiedlichen disziplinären Traditionen geprägt, die verschiedene, einander vielleicht sogar widersprechende Ergebnisse produzieren? Wenn die gewählte Theorieperspektive Einfluss auf die Ergebnisse haben kann (vgl. Popper, 1973: 85ff.), warum dann nicht auch Methoden? Vor diesem Hintergrund stellt sich die Frage, ob sich in der Gewaltforschung eine solche Methodengetränktheit der Ergebnisse nachweisen lässt.

- FF2: Inwieweit prägen theoretische und methodische Zugänge der Disziplinen deren Forschungsergebnisse?

Die dritte Forschungsfrage hebt den Aspekt der Qualitätsbeurteilung auf die Forschungsagenda. Qualitätsurteile sind Indikatoren dafür, welche Spielregeln der wissenschaftsinternen Gewaltdebatte von den Fachvertretern als wichtig erachtet werden.

- FF3: Welche Diskrepanzen gibt es in den Urteilen über die Qualität einzelner Befunde disziplinintern und -übergreifend?

Mit der vierten Forschungsfrage wird untersucht, ob die an der Gewaltforschung beteiligten Wissenschaftler ihr Forschungsfeld überhaupt als Debatte mit kontroversen Positionen wahrnehmen. Ist dies gegeben, stellt sich die Frage, ob die kontroversen Ergebnisse und Positionen vor dem disziplinären Hintergrund der Forschenden thematisiert werden.

- FF4: Inwieweit wird die Debatte über die Wirkung von Mediengewalt von den beteiligten Forschern selbst thematisiert; in welchen Bereichen sehen die Forschenden kontroverse Positionen? Werden die Ergebnisse, Positionen und Wissenschaftler dabei dem jeweiligen disziplinären Hintergrund zugeordnet?

Ein weiterer notwendiger Erkenntnisschritt, um die Strukturen und Kommunikationsformen der wissenschaftsinternen und öffentlichen Gewaltdebatte miteinander vergleichen zu können, ist die Analyse der öffentlich geführten Diskussion. Dabei muss zum einen unterschieden werden zwischen der Thematisierung von Mediengewalt und der Gewaltforschung betreibenden Institutionen. Zum anderen müssen Fach- und Laienöffentlichkeit getrennt füreinander betrachtet werden, weil diese zwei Mediengattungen unterschiedliche Funktionen erfüllen, verschiedene Zielgruppen ansprechen und unterschiedliche Interessenlagen hinter sich stehen haben.

- FF5: Wie wird das Thema Mediengewalt in der Fach- und Laienöffentlichkeit thematisiert, und wie setzen sich Fach- und Publikumszeitschriften mit der Gewaltforschung auseinander?

Wer in wissenschaftlichen wie öffentlichen Debatten zu Wort kommen will, muss sich sichtbar machen. In der wissenschaftsinternen Kommunikation besitzt Reputation eine wichtige Steuerungsfunktion, die Sichtbarkeit einzelner Wissenschaftler innerhalb des Feldes zu regeln. Dagegen bestimmen in öffentlichen Debatten ganz andere Faktoren über die Sichtbarkeit der beteiligten Akteure. Mit der folgenden Forschungsfrage soll untersucht werden, wie sichtbar die einzelnen Wissenschaftler in beiden Debatten sind, welche Faktoren diese Sichtbarkeit bestimmen und welche Rolle ihre Disziplinzugehörigkeit dabei spielt.

- FF6: Welche Rolle kommt einzelnen Forscherpersönlichkeiten, deren Sozialisation und ihren Netzwerken in der wissenschaftsinternen und öffentlichen Debatte zu?

Sind diese Forschungsfragen beantwortet, kann die übergeordnete Fragestellung nach der Definitionsmacht in der wissenschaftsinternen Debatte in den Blick genommen werden, ob in der wissenschaftsinternen Debatte eine disziplinäre (oder an einzelnen Forscherpersönlichkeiten festzumachende) Definitionsmacht über den Gegenstand der Mediengewalt nachweisbar ist. In diesen Kontext ist auch die Frage nach den Spielregeln einzuordnen, die die Interaktion zwischen wissenschaftsinterner und öffentlicher Gewaltdebatte anleiten.

- FF7: Welche Diskrepanzen bestehen zwischen der gesellschaftlichen und der wissenschaftlichen Debatte um Mediengewalt, und inwiefern berühren sich die Diskurse?

IV. Methode

Die vorliegende Studie setzt sich aus verschiedenen empirischen Teilstudien zusammen. Die *wissenschaftliche Debatte* um Mediengewalt wird anhand einer qualitativen Inhaltsanalyse der neueren deutschen und amerikanischen wissenschaftlichen Publikationen zu Wirkungen von Mediengewalt untersucht. Ziel ist es, die einzelnen Beiträge in Bezug auf ihre theoretischen und disziplingebundenen Prämissen, auf verwendete Theorieansätze und Methoden zu charakterisieren, Ergebnisse nach der Stärke und Richtung der Gewaltwirkung zu klassifizieren sowie verwendete Argumente und das Zitationsverhalten zu untersuchen. Um Ideen- und Sozialgestalt der wissenschaftlichen Gewaltdebatte miteinander in Beziehung setzen zu können, werden die wissenschaftlichen Akteure in einer Personenanalyse auf ihre Feldabhängigkeit hin untersucht. Die *öffentliche Debatte* wird durch eine quantitative Inhaltsanalyse der Leitmedien der allgemeinen Öffentlichkeit und der Fachmedien der Teilöffentlichkeiten aus den Bereichen Medienpolitik, Medienjournalismus, Pädagogik und Lehrerbildung untersucht. Ziel dieser Inhaltsanalyse ist es, die Art der Themensetzung und des Diskursverlaufs sowie die an der Debatte beteiligten wissenschaftlichen und gesellschaftlichen Akteure und die von ihnen ins Feld geführten Argumente zu analysieren. Die in den einzelnen Stufen erhobenen Daten werden zusammengeführt und auf der Ebene von Disziplinen, Personen, Argumentationsmustern und Netzwerken (soziale Faktoren) sowie für die verwendeten Theorien, Methoden und Wissenschaftsverständnisse (kognitive Faktoren) analysiert. Auf dieser Grundlage lassen sich unsere Forschungsfragen beantworten.

Wird die Feldabhängigkeit von Wissenschaft und ihrer Erkenntnisse zum Gegenstand akademischer Forschung gemacht, ist die Frage berechtigt, wie die eigene Feldabhängigkeit reflektiert werden kann, damit die produzierten Forschungsergebnisse nicht unreflektiert den skizzierten Mechanismen unterliegen. Hier können zwei Wege beschritten werden: Zum einen muss die Position der Autoren selbst offengelegt werden. Hierzu gehört beispielsweise der Sachverhalt, dass Hans-Bernd Brosius Psychologie mit dem Schwerpunkt experimentelle Methoden studiert hat, mittlerweile aber Professor der Kommunikationswissenschaft ist. Er hat selbst im Bereich der Mediengewalt geforscht, unter anderem über Wirkungen fiktiver Gewalt (Brosius, 1987; Brosius & Schmitt, 1990), zu fremdenfeindlicher Gewalt (Brosius & Esser, 1995; Esser, Scheufele & Brosius, 2002) sowie zu Terrorismus (Weimann & Brosius, 1989; Brosius & Weimann, 1991). Zum anderen kann die Vergleichbarkeit der unterschiedlichen wissenschaftlichen Zugänge durch den Rückgriff auf die Metaebene (Wissenschaftstheorie und Wissenschaftssoziologie) abgesichert werden. Selbst wenn die meta-theoretische Ebene selbst nie voraussetzungsfrei sein kann (vgl. dazu Poppers Scheinwerfertheorie, Popper, 1973: 85ff.), sichern wissenschaftstheoretische und -soziologische Kategorien die Vergleichbarkeit wissenschaftlicher Ergebnisse aus unterschiedlichen Disziplinen ab und ermöglichen damit, die beschriebenen Mechanismen der Feldabhängigkeit offen zu legen.

Der meta-theoretische Ansatz ist auch deshalb notwendig, weil die Zugangsweisen der oben beschriebenen Disziplinen zunächst inkommensurabel sind (zum Begriff der Inkommensurabilität vgl. Kuhn, 1981) und somit nicht durch eine rein gegenstandsbezogene Herangehensweise verglichen und bewertet werden können. Wissenschaftler arbeiten nach methodologischen Standards, die in der Regel nicht explizit ausformuliert werden, sondern implizit in ihrem Wissenschaftsverständnis verankert sind und allenfalls in der geäußerten Kritik an anderen akademischen Arbeiten explizit erkennbar werden. Gerade in der wissenschaftlichen Debatte um Gewaltwirkungen, die ja stark von der gegenseitigen Kritik an methodischen Standards geprägt ist, braucht es den Rückgriff auf die Metaebene, um die unterschiedlichen wissenschaftlichen Qualitätsstandards der beteiligten Forscher rational rekonstruieren zu können (vgl. Vollmer, 1993: 132). Auf der Metaebene müssen daher Aspekte wie der Umgang mit Begriffen, Erhebungs- und Interpretationsstrategien, die theoretische und methodologische Verankerung, aber auch das zugrundeliegende Menschenbild und die situativ angelegten Gütemaßstäbe analysiert werden. Durch eine solche Gegenüberstellung der konkurrierenden Erklärungsansätze und Ergebnisse können schließlich die zugrundeliegenden Voraussetzungen der Forschung offengelegt werden.

IV.1 Materialauswahl

Der geographische Fokus der Meta-Analyse konzentriert sich auf die wissenschaftliche Diskussion in Deutschland. Dazu ist es aber sinnvoll, die wissenschaftliche Gewaltdebatte in den USA als Vergleichsbasis heranzuziehen, um die Qualität und den Forschungsstand der deutschen Gewaltforschung bewerten zu können. Dass es notwendig ist, die US-amerikanische Gewaltforschung als Referenzpunkt in die vorliegende Analyse mit einzubeziehen, lässt sich aus dem Forschungsstand zum Thema wie auch forschungslogisch begründen. Das US-Forschungsfeld besitzt für die Gewalt- und Medienwirkungsforschung im deutschsprachigen Raum eine Vorreiterfunktion, weil es eine deutlich längere Tradition und eine größere Personaldecke besitzt. Dazu steht die Wiege der empirischen Medienwirkungsforschung in den USA, es ist weltweit das nationale Forschungsfeld mit der längsten Kontinuität in Forschung und Methodenentwicklung im Bereich der Wirkungsforschung. Anders die deutsche Medienforschung, deren Entwicklung durch den mit dem Nationalsozialismus und dem zweiten Weltkrieg einhergehenden Bruch gekennzeichnet ist und erst in den 60er Jahren in einer paradigmatischen Umorientierung empirische Methoden in den Kern des Faches zuließ (vgl. Meyen & Löblich, 2006, Kap. 14). Auch im Hinblick auf zur Verfügung stehende Ressourcen nimmt die US-Medienforschung eine Vorreiterrolle ein, da sie von Geldgebern außerhalb des Wissenschaftssystems systematisch unterstützt wurde und wird. So existieren in der US-Gewaltforschung z.B. mehrere Längsschnittstudien[3] – ein Studiendesign, das für die deutsche Gewaltforschung bislang nur gefordert, aber noch nicht verwirklicht werden konnte. Langzeitstudien sind nötig, um Aussagen über die Richtung von Kausalzusammenhängen treffen zu können – beispielsweise, ob der Konsum von Mediengewalt für ein erhöhtes Aggressionsniveau verantwortlich ist, oder ob tendenziell aggressivere Individuen verstärkt gewalthaltige Medienangebote rezipieren. Dazu braucht es Längsschnittdesigns, um kumulative Medienwirkungen zu untersuchen. Dass die wissenschaftliche Gewaltdebatte der USA hinzugenommen wird, obwohl die Verschränkung von wissenschaftlicher und öffentlicher Gewaltdebatte in Deutschland im Mittelpunkt der Studie steht, hat auch forschungslogische Gründe – ein Aspekt, der bei der Anlage von Studien wie auch bei der Datenauswertung immer wieder vernachlässigt wird: Die reine Häufigkeit, mit der ein Merkmal im Material auftritt, ist für sich alleine noch nicht besonders aussagekräftig. Der Zahlenwert wird erst durch den Vergleich mit einem anderen interpretierbar. Solche Vergleichsmaßstäbe können beispielsweise durch unterschiedliche Messzeitpunkte (Längsschnittdesign) oder durch Stichproben anderer geographischer Räume (komparativer Vergleich) hergestellt werden.

Bei der Materialauswahl für die qualitative Inhaltsanalyse sind wir wie folgt vorgegangen: Da es darum geht, eine Forschungsideologie (Kommunikationswissenschaft, Medienpsychologie, Soziologie, etc.) aufzudecken, die die Analyse der Wirkungen von Gewalt in den Medien bestimmt, scheiden übliche Rechercheverfahren wie Bibliotheksrecherche oder Schneeballprinzip aus, da man schon hier in einen der aufzudeckenden „Zitierkreise" hineingeraten könnte. Daher wurde zur Recherche auf große, überregionale Kataloge (CMMC, PSYCHINFO, ERIC, WISO/SOLIS) sowie einen aktuellen Bericht für das Bundesministerium (Kunczik & Zipfel, 2004) zurückgegriffen. Zur Auswahl wurden dabei folgende Kriterien herangezogen:

- nur Publikationen ab 1984, damit tatsächlich die aktuelle wissenschaftliche Debatte gespiegelt wird;
- nur Publikationen in wissenschaftlichen Publikationsorganen;
- nur Publikationen von deutschen oder US-amerikanischen Autoren (im Zweifelsfall galt der Erstautor);
- nur Publikationen aus den Feldern, die primär die wissenschaftliche Debatte um Mediengewalt bestimmen (sozialwissenschaftliche Disziplinen; im einzelnen Kommunikationswissenschaft, Medienpsychologie, Medienpädagogik).

3 Vgl. etwa Huesmann et al., 2003; Johnson et al., 2002; Slater et al., 2003; NTVS, 1998.

1. Schritt: Zielgröße waren jeweils 25 deutsche und 25 US-amerikanische Publikationen als Gegenstand der qualitativen Inhaltsanalyse. Dafür wurde nach psychologischer, pädagogischer, sozialwissenschaftlicher und kommunikationswissenschaftlicher Literatur zum Thema Gewalt und Medien gesucht. Um die Ergebnisliste nicht von vornherein unnötig einzuschränken, wurde sämtliche Literatur ausgewählt, die im Titel oder in der Verschlagwortung die Kombination „Gewalt und Medien“ bzw. „Violence and Media“ aufwies. Daraus ergibt sich ein Datensatz mit deutsch- und englischsprachigen Artikeln, Büchern und herausgegebenen Büchern zum Thema „Gewalt und Medien“, in der Autoren und Herausgeber zu finden sind, die sich mit dieser Thematik beschäftigen. Hierfür wurden folgende Datenbanken mit einbezogen (in Klammern die Suchworte):

- CMMC (Violence & Media): Kommunikationswissenschaftliche Literatur; vorwiegend englisch;
- ERIC (VIOLENCE & MEDIA): Sozialwissenschaftliche Literatur; vorwiegend englisch;
- PSYCHINFO (Violence & Media): Psychologische und pädagogische Literatur; vorwiegend englisch;
- SOLIS (Gewalt & Medien): Sozialwissenschaftliche Literatur; vorwiegend deutsch.

Zusätzlich wurde noch der von Kunczik und Zipfel (2004) verfasste Bericht für das Bundesministerium für Senioren, Frauen und Jugendliche als Literaturquelle herangezogen. Diese Entscheidung ist anzweifelbar, da der Rückgriff auf diese Literaturquelle die angesprochene Gefahr birgt, in Zitierkreise einer bestimmten Forschungsideologie zu geraten. Allerdings sprechen zwei Gründe für die Verwendung dieser Quelle: Erstens ist in den oben aufgeführten Datenbanken relativ wenig deutschsprachige Literatur aufgeführt; und zweitens verfasst Michael Kunczik bereits seit über 10 Jahren ausführliche Sammelwerke zu Medien und Gewalt, ohne selbst aktiv empirische Forschung auf diesem Gebiet betrieben zu haben.

Für die ermittelten Publikationen wurde verschiedene Kennzeichnungen vergeben:

- eine laufende Nummer, um die Publikation eindeutig zu identifizieren;
- Name und Position des jeweiligen Autors in der Publikation (1=Erstautor; 2=Zweitautor, etc.);
- Funktion der Autoren, (handelt es sich um einen Autor oder um einen Herausgeber);
- Nationalität des Autors (1=deutsch, 2=amerkanisch, 9=sonstige). Zur Feststellung der Nationalität war zunächst die Sprache des Beitrags ausschlaggebend. Als Problem ergab sich, dass der Familienname häufig nichts über die

Nationalität des Autors aussagt. Zweifelsfälle wurden in einer späteren Phase der Auswahl bereinigt.

- Jahr der Publikation;
- Typ der Publikation (1=Monographie; 2=herausgegebenes Buch; 3=Zeitschriftenartikel; 4=Artikel in Sammelband; 5=Bericht; 9=Sonstiges);
- Art der Publikation (1=veröffentlichte, 2=populärwissenschaftliche, 3=unveröffentlichte, graue Literatur);[4]

Insgesamt wurden mit dieser Suche 3276 Publikationen ermittelt. Danach wurden alle Beiträge, die nicht den vier oben definierten Kriterien entsprachen (graue und populärwissenschaftlichen Werke und alle Beiträge, die sich mit politischer Gewalt befassten), aussortiert. Ebenso wurden Dubletten entfernt. Es verblieben 2361 Beiträge.

2. Schritt: Mit Hilfe der Datenbank http://portal.isiknowledge.com/, welche die Zitierhäufigkeit von Autoren ermittelt, wurden die Autoren der verbliebenen Beiträge gesucht. Dabei wurde für jeden Autor die Anzahl der Zitierungen vermerkt.[5] Zunächst erfolgte die Suche nach der Anzahl der Zeitschriftenartikel. Die Logik dahinter war, dass in Artikeln – anders als in Lehrbüchern und herausgegebenen Bänden – die zentralen Beiträge zu einem Fachgegenstand publiziert werden. Für die amerikanischen Autoren wurden die 100 am häufigsten zitierten Wissenschaftler nach dieser Weise ermittelt. Für die deutschen Autoren ergab dieses Verfahren lediglich 16 Namen. Dies ist dadurch begründet, dass deutsche Autoren und deutsche Zeitschriften in den internationalen Datenbanken nicht vollständig enthalten sind und dass deutsche Autoren seltener Primärforschung betreiben. Wir haben daher ab diesem Schritt die Auswahl der wichtigsten Werke in getrennter Weise vorgenommen.

4 Mithilfe von Nachrecherchen im Internet (Aufmachung, Auflistung in UB-Katalog) wurden folgende Publikationen als grau bzw. populärwissenschaftlich eingestuft: tv diskurs; Der Spiegel; Men and Masculinities; medien praktisch; Psychologie heute; Nervenarzt; Kriminologisches Journal; Telepolis; Crisis; Children Today; Minerva Psichiatrica; Homicide Studies; Gazette; Unsere Jugend; Extra! ; MediaWeek; Quill; Media Information Australia; Brill's content; Metro; Our Children; Young Children; TECHNOS Quarterly; School Business Affairs ; Momentum; Quill and Scroll; Women in Higher Education; Signs; time; Media Perspektiven; Funkkorrespondenz; tv diskurs; fernsehinformationen; medien praktisch; epd-medien; Journalist; Bildung + Erziehung; Seminar: Lehrerbildung + Schule; medien + erziehung; Erziehung & Wissenschaft (GEW, Bundesausgabe); VBE-Verbandszeitschrift (Bundesausgabe); Spiegel; Stern; Focus; Zeit; Aus Politik und Zeitgeschichte; Jahresberichte des dt. Presserats; ALM/DLM: Jahrbücher & Berichte; Tendenz. Ebenfalls von der rein wissenschaftlichen Debatte ausgenommen wurden Berichte für Behörden und sonstige Regierungsstellen bzw. Richtlinien für Lehrer, da hier eher der Übergang vom rein wissenschaftlichen Diskurs zum gesellschaftlichen Diskurs beschrieben wird und nicht sicher gestellt ist, dass alle Richtlinien und Berichte in den untersuchten Datenbanken enthalten sind.

5 Dabei wurde das Kriterium „Times Cited: Sorts retrieved records based on the number of times the work was cited in other works." verwendet.

Für die 100 amerikanischen Autoren wurden dann die Stichworte „Violence“ und „Media“ bei ISI in die Suchmaske für inhaltliche Merkmale eingegeben. Als Kriterien dienten die Zeitbeschränkung von 1984 bis 2006 und die Kategorie Zeitschriftenartikel. Als Ergebnis ergab sich eine Liste der am häufigsten zitierten Artikel in der Datenbank. Allerdings waren hier Artikel enthalten, die in unserer Datenbankrecherche nicht enthalten waren, andererseits wurden einige der Autoren nur wenige Male zitiert. Wir haben deshalb aus der Liste der am meisten zitierten Autoren und der Liste der am meisten zitierten Beiträge durch Ausklammern von Doppelungen und Berücksichtigung von mehrfachen Autorenschaften eine Liste von 21 Werken zusammengestellt, die diejenigen Beiträge enthielten, die von den am meisten zitierten Autoren jeweils am häufigsten zitiert wurden (vgl. Anhang). Unter der Maßgabe, dass eine objektive Methode der Materialauswahl nicht existieren kann, kommt diese Liste zumindest dem Kriterium der intersubjektiven Nachvollziehbarkeit nahe.

Die Auswahl der deutschen Beiträge musste anders angegangen werden, weil die Zitierportale keine brauchbaren Auskünfte bereitstellen konnten. Daher wurden aus verschiedenen Bereichen Publikationen ausgewählt, um die verschiedenen Aspekte der Gewaltdebatte abzudecken. Aufgriffskriterium war auch hier, dass die Publikationen fiktive Gewalt untersuchen. Herangezogen wurden

- 11 Publikationen, die aus Projekten für die Landesmedienanstalten hervorgingen. Aus der Liste der 18 Projekte wurden die 7 Berichte, in denen es um politische Gewalt oder juristische Aspekte geht, ausgeklammert.
- 3 Lehrbuchbeiträge aus dem medienpsychologischen Bereich,
- 2 Lehrbücher aus dem kommunikationswissenschaftlichen Bereich,
- 4 Gewalt-Monographien (fiktive Gewalt),
- 2 herausgegebene Werke zum Thema Gewalt, aus denen alle Beiträge zu fiktiver Gewalt analysiert wurden,
- 1 Bericht an das Bundesministerium (Kunczik & Zipfel, 2004).

Diese Werke wurden einer Zitationsanalyse unterzogen, aus der eine Liste mit den meistzitierten Publikationen hervorging. Aus dieser Liste wurden die ersten fünfundzwanzig Publikationen ausgewählt. Analysiert wurden aber insgesamt 38 deutschsprachige Veröffentlichungen, da unter den 25 meistzitierten Publikationen mehrere Sammelbände vertreten waren. Von den 38 ausgewählten Studien der deutschsprachigen Gewaltdebatte sind 19 Veröffentlichungen disziplinär in der Kommunikationswissenschaft, acht in der Medienpsychologie und elf in der Medienpädagogik verortet (Tabelle 1). Damit die einzelnen Autoren den verschiedenen Disziplinen zugeordnet werden können, wurde die berufliche Biographie recherchiert. In einigen Fällen war diese Zuordnung nicht auf den ersten Blick zu treffen, etwa wenn es sich bei Co-Autorenschaften um interdisziplinäre Projekte handelt; oder um Grenzgänger, die zwar dezidiert einer Disziplin zugeordnet werden können, sich aber auch in anderen Fachtraditionen zu Wort melden und dort deutlich sichtbar sind (z.B. der Medienpädagoge Hans-

Dieter Kübler oder der Medienpsychologe Uli Gleich in der Kommunikationswissenschaft); oder wenn einzelne Autoren ihre akademischen Qualifikationsschritte in mehreren Disziplinen geleistet haben (etwa Uwe Hasebrink oder Hans-Bernd Brosius, die beide als studierte Psychologen Professuren in der Kommunikationswissenschaft bekleiden). In solchen Fällen wurden über die untersuchten Studien hinaus die Publikationslisten berücksichtigt und aufgrund einschlägiger programmatischer Schriften neueren Datums entschieden, welcher Disziplin die dort getroffenen Aussagen am deutlichsten zuzuordnen sind. Die 38 untersuchten Publikationen sind im Anhang dokumentiert.

Tabelle 1: *Materialbasis der wissenschaftlichen Gewaltdebatte*

Untersuchte Publikationen nach Disziplinen (gesamt: n=59)	
Dt. Debatte (n=38)	• Kommunikationswissenschaft: 19 • Medienpsychologie: 8 • Medienpädagogik: 11
US Debatte (n=21)	• Kommunikationswissenschaft: 14 • Allgemeine/ Medienpsychologie: 7

Die Auswahl der 38 Publikationen ist keine repräsentative Stichprobe, so dass dies für die Ergebnisinterpretation im Auge behalten werden muss: Zum einen sind die Fallzahlen für die deutschsprachigen Disziplinen sehr unterschiedlich, was auf die beiden einbezogenen herausgegeben Sammelbände zurückzuführen ist (Tabelle 2). Zum anderen haben Monographien mehr Raum für die Entfaltung von Gedanken zur Verfügung als Beiträge in Sammelbänden (deutsche Stichprobe) oder Zeitschriftenartikel (amerikanische Stichprobe). Zum dritten finden sich in der amerikanischen Stichprobe keine Autoren aus der (Medien-)Pädagogik, was mit dem dortigen Wissenschaftssystem zusammenhängen mag.

Tabelle 2: *Deutschsprachige Stichprobe nach Publikationstyp*

	KW	**MPSY**	**MPäd**	**US-KW**	**US-PSY**
Monographien	7	3	7	2	-
Beiträge in Sammelbänden	12	5	4	-	-
Artikel in Fachzeitschriften	-	-	-	12	7
Gesamt	19	8	11	14	7

KW: Kommunikationswissenschaft; MPSY: Medienpsychologie, MPäd: Medienpädagogik; US-KW: US-Kommunikationswissenschaft, US-PSY: US-Psychologie

Ebenfalls bei der Auswertung zu beachten ist das unterschiedlich ausgeprägte Verhältnis von empirischen und nicht-empirischen Studien in der Stichprobe (Tabelle 3).

Tabelle 3: *Verhältnis von empirischer und nicht-empirischer Forschung*

	KW	MPSY	MPäd	US-KW	US-PSY
Empirische Studien	6	5	8	9	6
Nicht-empirische Studien	13	3	3	5	1
Gesamt	19	8	11	14	7

KW: Kommunikationswissenschaft; MPSY: Medienpsychologie, MPäd: Medienpädagogik; KW: US-Kommunikationswissenschaft, US-PSY: US-Psychologie

Die Auswahl der deutschen Publikationen ist diskussionswürdiger als für den amerikanischen Raum, weil sie auf der wahrgenommenen Relevanz der Studien in der deutschsprachigen scientific community basiert. Da die Zitationshäufigkeit ein Indikator für die Bedeutung ist, die Mitglieder einer scientific community einer spezifischen Publikation zuschreiben (vgl. Merton, 1968), erlaubt die Liste der meistzitierten Werke Rückschlüsse darauf, welche Publikationen innerhalb der deutschsprachigen Gewaltforschung als besonders wichtig eingestuft werden. Wir gehen daher davon aus, dass man diese 38 Publikationen als „die kommunikationswissenschaftliche Gewaltforschung“, „die medienpsychologische Gewaltforschung“ und „die medienpädagogische Gewaltforschung“ bezeichnen kann. Diese Argumentation folgt einer Logik, die sich ähnlich auch bei der inhaltsanalytischen Untersuchung der Presse findet: Dort werden meist nur die überregionalen Qualitätszeitungen untersucht, weil sie als Leitmedien den anderen Zeitungen als Orientierung dienen. Somit kann man bei deren Analyse ähnliches erwarten; die Leitmedien dienen als Indikator. Wir argumentieren, dass sich andere Studien zur Gewaltforschung an den häufig zitierten Studien orientieren – sie werden ja sogar direkt zitiert. Somit steht die Auswahl der wichtigsten Studien als Indikator für andere Studien und spiegelt damit in etwa das Bild der tatsächlichen Diskussion wider.

IV.2 Qualitative Inhaltsanalyse der wissenschaftsinternen Debatte

Die wissenschaftsinterne Gewaltdebatte wird anhand einer Meta-Analyse der wichtigsten deutschsprachigen und US-amerikanischen Publikationen der Fächer Kommunikationswissenschaft, Medienpsychologie und Medienpädagogik untersucht. In der Forschung werden Meta-Analysen als Instrumente wissenschaftlicher Selbstreflexion eingesetzt, um der Publikationsflut zum Untersuchungsgegenstand Herr zu werden und die breit gestreuten Forschungsergebnisse zusammenzuführen und einzuordnen. Meta-Analysen können allerdings weit mehr als lediglich Forschungsergebnisse zu systematisieren. Sie können die *sozialen* Zusammenhänge von Forschung zu einem bestimmten Gegenstand erfassen: Welche Anlässe, Motive und Interessenlagen prägen die Entwicklung der Gewaltforschung, was ist der Ertrag wissenschaftlicher Ergebnisse für soziale Problemstellungen? Aus der meta-analytischen Perspektive heraus kann die oft vernachlässigte Frage nach den Entdeckungs- und Verwertungszusammenhängen von Wissenschaft gestellt werden. So können Wirkungszusammenhänge zwischen Forschung und außerwissenschaftlichen Kontexten wie Öffentlichkeit, Politik oder Wirtschaft aufgedeckt werden. Meta-Analysen ermöglichen darüber hinaus einen etwas anderen Blick auf den Begründungszusammenhang selbst: Wie wird wissenschaftliches Wissen produziert und kommuniziert? Welche Standards, Normen und Verhaltensweisen stecken das interdisziplinäre Feld der Gewaltforschung ab? Bonfadelli und Meier (1984: 539) operationalisieren die zunächst abstrakt klingenden Möglichkeiten wissenschaftssoziologischer Meta-Analysen anhand der Lasswell-Formel:

> „Wer? stellt wo? zu welchem Zwecke? welche Fragen? und löst sie mit welchen Mitteln? unter welchen Bedingungen? mit welchen Ergebnissen? und stellt diese wie? in welchen Medien dar?"

Diese an die prominente Formel des amerikanischen Politikwissenschaftlers Harold D. Lasswell (1948) angelehnte Formulierung macht deutlich, worauf es bei Meta-Analysen ankommt: Zusammenhänge und Wechselwirkungen zwischen wissenschaftlichen Ergebnissen und ihrem sozialen Kontext aufzuzeigen. Meta-Analysen können mit verschiedenen Techniken durchgeführt werden: der nicht-empirisch verfahrenden Literatursynopse, der qualitativen und der quantitativen Inhaltsanalyse. In einer Literatursynopse wird das Material ohne theoretisch abgeleitete Kategorien gesichtet und systematisiert. Mit den zwei Formen der Inhaltsanalyse stehen systematische und intersubjektiv nachvollziehbare Formen der Literaturzusammenfassung und -analyse zur Verfügung. In der Gewaltforschung dominieren Literatursynopsen und quantitative Meta-Analysen, letztere vor allem im US-amerikanischen Raum (z.B. Paik & Comstock, 1994; Wood, Wong & Chachere, 1991; Hearold, 1986). Nun soll in der anstehenden Analyse der wissenschaftlichen Debatte aber nicht nur eine weitere Synthese der empirischen Ergebnisse und bloße Zusammenfassung des Forschungsstands geleistet werden. Im Zentrum stehen vielmehr jene Faktoren, die für das Zustandekommen der Erkenntnisse verantwortlich sind: Welche theoretischen Ansätze, welche methodischen Zugänge prägen die Forschungsperspektive, und mit welchen Argumentationsstrategien werden Erkenntnisse wissenschaftsintern kommuniziert sowie in der Öffentlichkeit aufgegriffen und bewertet? Dieser Anspruch geht über die bislang in der Mediengewaltforschung durchgeführten

Meta-Analysen hinaus. Nicht allein die kognitive Struktur des Forschungsfeldes – theoretische Erklärungsansätze, methodische Zugänge und Ergebnisse – sollen untersucht werden, sondern auch deren soziale Bedingtheit.

Die Grundgedanken der theoriegeleiteten qualitativen Inhaltsanalyse[6] überschneiden sich mit denen der quantitativen Variante. In beiden Formen geht es um die systematische Analyse von Textmengen, und in beiden werden die Daten anhand eines vorher ausgearbeiteten Kategoriensystems erhoben. Herzstück beider Varianten ist das Kategoriensystem. Kategorien sind theoretisch begründete Ordnungskriterien, mit denen interessierende Merkmale des Textes systematisch erfasst werden. Früh schreibt Kategorien zwei Funktionen zu: Einerseits bilden sie das theoretische Gliederungsprinzip der Forschungsfrage, andererseits geben sie die Strategie vor, relevante Textmerkmale zu identifizieren (vgl. Früh, 2001: 80). Allerdings unterscheiden sich die Kategorien von qualitativer und quantitativer Inhaltsanalyse in ihrer Konstruktionslogik: Während bei der quantitativen Inhaltsanalyse die eigentliche Codierung erst beginnen kann, wenn für jede Kategorie die entsprechenden Merkmalsausprägungen definiert und genau festgelegt sind, so dass bei der Codierung die empirischen Relative direkt in numerische Relative übersetzt werden, sind die Kategorien der qualitativen Inhaltsanalyse als offene Leitfragen konzipiert, ohne dass die Merkmalsausprägungen vorab genau festgelegt sind. Die Stärke dieser Art der Kategorienbildung für die wissenschaftliche Gewaltdebatte liegt darin, dass die verwendeten Argumente systematisch erfasst werden, die Codierer gleichzeitig aber offen bleiben für auffällige Formulierungen und neue Argumente.

Entwicklung des Kategorienschemas

Wird die Inhaltsanalyse wissenschaftssoziologisch ausgerichtet, müssen zwei analytische Schwerpunkte berücksichtigt werden: die kognitive und die soziale Ebene wissenschaftlichen Handelns. Mit dem folgenden Kategorienschema soll diesen zwei Kontexten Rechnung getragen werden (Tabelle 4). Referenzpunkt für die Entwicklung des Kategorienschemas ist eine Art Idealvorstellung wissenschaftlichen Arbeitens, vor deren Hintergrund Abweichungen im Forschungsalltag – seien sie nun kognitiv oder sozial begründet – sichtbar werden. Der Aufbau des Kategorienschemas folgt dabei dem bereits erläuterten idealtypischen formallogischen Aufbau wissenschaftlicher Publikationen.

6 Innerhalb der qualitativen Sozialforschung herrschen zwei Auffassungen vor, was eine qualitative Inhaltsanalyse ausmacht. Während ein strenger Ansatz die Anwendung eines theoriegeleiteten Kategorienschemas ablehnt, weil dies dem Leitprinzip qualitativer Forschung – der Offenheit – widerspreche, ist die qualitative Inhaltsanalyse im weiteren Verständnis ein Vorgehen, bei dem das Untersuchungsmaterial mit einem deduktiv und theoriegeleitet entwickelten Kategorien strukturiert analysiert wird (z.B. Mayring, 2000).

Tabelle 4: *Kategorienschema zur Analyse der wissenschaftsinternen Debatte*

	Kategorien	Analytische Blöcke
I.	Autor / Jahr / disziplinäre Zugehörigkeit	Studiensteckbrief
	Publikationstyp	
	Zentraler Gegenstand	
	Adressaten der Mediengewalt	
	Generelle Ergebnisse, Fazit zu Mediengewalt	
	Anlass	
	Anwendung der Ergebnisse	
II.	Literaturarbeit	Beschreibung des eigenen Vorgehens
	Theorie	
	Methode	
	Dateninterpretation & Ergebnisse	
III.	Bewertung: Literatur-/ Theoriearbeit	Bewertung der Forschung
	Bewertung: Methoden	
	Bewertung: Auswertung & Ergebnisse	
	Meta-Diskurs	
	Rhetorische Auffälligkeiten bei Bezugnahme auf andere Wissenschaftler	
	Argumentative Verschiebung auf andere Diskursebenen	

Die Kategorien im Studiensteckbrief sollen einen Überblick zur Gewaltforschung und ihren Ergebnissen geben. In diesem Kategorienblock werden Publikationstyp, Anlass der Studie, Adressaten von Mediengewalt, Ergebnisse, deren Bedeutung für die Gewaltforschung und mögliche gesellschaftliche Anwendungsbereiche erfasst. Im ersten Block wird die soziale Ebene wissenschaftlichen Handelns über die Kategorien Anlass und Anwendungsbereiche erhoben. Die anderen zwei Kategorienblöcke sollen den wissenschaftsinternen Kommunikationsprozess erfassen. Im Mittelpunkt des zweiten Blocks steht die Dokumentation des Forschungsprozesses. Mit diesen Kategorien werden Argumentationsmuster, methodologische Standards, Routinen und Faustregeln der Präsentation und Kommunikation von Ergebnissen erfasst. Mit dem Kategorienblock III steht schließlich der diskursive Aspekt der wissenschaftsinternen Gewaltdebatte im Vordergrund. Zum einen gilt es, die Auseinandersetzung und Bewertung des Forschungsstands und der Leistungen anderer Wissenschaftler zu erfassen. Und zum anderen geht es darum, den Blick der Wissenschaftler auf die öffentlich geführte Debatte um Mediengewalt aufzugreifen.

Das Kategorienschema fungiert damit als ein Best-Practice-Leitfaden für Wissenschaftskommunikation, der gleichzeitig die Abweichungen von der Idealvorstellung, wie Wissenschaftskommunikation erfolgen sollte, aufzeichnet. Gleichgültig, ob die weiter oben diskutierten Regeln und Anforderungen an Wissenschaftskommunikation als normatives Gerüst oder als Schema von Faustregeln zur Darstellung wissenschaftlicher Ergebnisse betrachtet werden, ist dies ein konkreter Leitfaden, anhand dessen die Arbeitsschritte des Forschungsprozesses und dessen Dokumentation abgearbeitet werden können. Damit bietet er Ankerpunkte, um Inhalte, Aussagen und Vorgehen der wissenschaftlichen Publikationen miteinander zu vergleichen.

Erhebung und Auswertung

Die Arbeitsschritte *Datenerhebung* und *Auswertung* erfolgen in der qualitativen Inhaltsanalyse parallel. Die qualitative Erhebung erfolgt offen, in jeder Kategorie werden die relevanten Textpassagen herausgegriffen und mit besonders auffälligen Zitaten festgehalten. Nachteil der Textform ist es, dass die dem Material unterliegenden Strukturen und Zusammenhänge nicht so einfach überblickt werden können wie bei der quantitativen Inhaltsanalyse. Dafür können mit qualitativen Auswertungsverfahren typische Muster der Argumentation vor ihrem jeweiligen Kontext berücksichtigt und interpretiert werden (vgl. Diekmann, 2006: 512). Die Auswertung selbst folgt dem Prinzip der induktiven oder empiriegeleiteten Kategorienbildung, die qualitative Sozialforschung verwendet hierfür die Begriffe Zusammenfassung und Strukturierung. Die induktive Kategorienbildung wird in den Inhaltsanalysevarianten auf unterschiedlichen Stufen des Forschungsprozesses angewendet. Bei der quantitativen Inhaltsanalyse werden Kategorien induktiv in der Phase der Instrumententwicklung gebildet. Die qualitative Schwestermethode verwendet das Prinzip empiriegeleiteter Kategorienbildung dagegen primär als Auswertungsschritt, um das Textmaterial auf Merkmalsausprägungen abzusuchen.

Die qualitative Auswertung erfolgt in drei Schritten: Zunächst wird das Material kategorienspezifisch ausgewertet, um Muster *innerhalb* der einzelnen Kategorien herauszuarbeiten. Dann werden diese Muster kategorien*übergreifend* für die einzelnen Studien zusammengefasst, so werden individuelle, autorenspezifische Argumentationsmuster sichtbar. Im dritten Schritt werden die individuellen Muster nach Disziplinzugehörigkeit zusammengefasst.

Um die Argumentationsmuster in den einzelnen Kategorien herauszuarbeiten, wird das Material zusammengefasst und strukturiert (vgl. Mayring, 2007a). Das konkrete Vorgehen dieses Auswertungsschritts beinhaltet

(1) die Selektion relevanter Textpassagen, wobei die Selektion aufgrund theoretisch begründeter Kriterien erfolgt;

(2) sprachliche und inhaltliche Reduktionen (Paraphrasen), um die relevanten Textpassagen auf ein einheitliches Abstraktionsniveau zu bringen und damit vergleichbar zu machen.

Den Selektionskriterien kommt eine ganz entscheidende Rolle zu, sie legen fest, welche Merkmalsausprägungen bei der Durchsicht des Textmaterials gesucht werden. Hier bietet sich das von Bilandzic, Koschel und Scheufele (2001) entwickelte Verfahren der theoretisch-heuristischen Segmentierung an. Die Autoren haben ein Verfahren entwickelt, um den Schritt empiriegeleiteter Kategorienbildung zu systematisieren und damit wissenschaftlich kontrollierbar zu machen, anstatt dies der Intuition der Forschenden zu überlassen. Um die entsprechenden Textpassagen auf das gleiche Abstraktionsniveau zu bringen und damit vergleichbar zu machen, bedarf es theoretisch abgeleiteter Segmentierungskriterien. Diese Kriterien legen fest, welche der Merkmalsausprägungen heuristisch aus dem Textkorpus kondensiert werden. Erst wenn die Aussagen segmentiert sind, können auch solche Studien verglichen werden, die auf den ersten Blick ganz unterschiedliche Gegenstände untersuchen, in ihrer theoretischen Perspektive und Methodenwahl divergieren und möglicherweise auch zu konträren Befunden gelangen.

Für die Auswertung der innerwissenschaftlichen Gewaltdebatte werden solche Segmentierungskriterien aus dem theoretischen Kontext von Wissenschaftstheorie und -soziologie (der kognitiven und sozialen Dimension von Wissenschaft) abgeleitet:

- Den theoretischen Kontext auf *kognitiver* Ebene bilden die idealtypischen Standards der empirisch-analytischen Forschungslogik. Da die Analyse der wissenschaftsinternen Debatte von der Frage geleitet wird, wie die einzelnen Disziplinen zu ihren Erkenntnissen über Mediengewalt gelangen, werden auf dieser Ebene idealtypische Segmentierungskriterien herangezogen, um mögliche Klüfte zwischen Forschungsideal und Umsetzung im Forschungsalltag sichtbar zu machen.
- Der theoretische Kontext der *sozialen* Ebene lenkt den Blick weg von der idealtypischen Vorstellung wissenschaftlichen Handelns, Segmentierungskriterien werden hier aus der Wissenschaftssoziologie abgeleitet, welche wissenschaftliches Handeln primär als soziales Handeln begreift. Diese Segmentierungskriterien schließen insofern an die kognitive Ebene an, weil sie genau in der Kluft zwischen idealtypischem Forschungsideal und oftmals strategischem Verhalten und interessengeleitetem Vorgehen ansetzen.

Das Vorgehen der theoretisch-heuristischen Segmentierung sei zunächst an einem Beispiel der Kategorie *Beschreibung des eigenen Vorgehens: Methode* (Kategorienblock II) erklärt.

Erhebung: Zunächst wurde offen codiert, welche methodischen Schwächen und Stärken des gewählten Vorgehens diskutiert werden. In diesem Schritt ist das Vorgehen der Erhebung eng an die Originalformulierungen der Autoren angelehnt, paraphrasiert diese dann und ergänzt sie durch beispielhafte Zitate. Ergebnis des Erhebungsschritts ist ein Textkorpus, der pro Kategorie relevante Textelemente und Zitate enthält. Tabelle 5 verdeutlicht das Vorgehen.

Tabelle 5: *Zusammenfassung des Untersuchungsmaterials (Kategorie Beschreibung des eigenen Vorgehens: Methode*)

Lfd Nr.	Textkorpus (offen codiert, paraphrasiert)
10	Methode: Einzelfallinterviews und Schulaufsätze Methodische Stärken thematisiert; Schwächen dagegen selten, allenfalls oberflächlich reflektiert. Bsp.: „Nur, das müssen wir selbstkritisch anmerken: der Aufsatz ist nicht die beste Methode, Schulkinder zur Reflexion zu motivieren." (S. 216)
16,5	Kaum Stärken und Schwächen beleuchtet; Ausführungen zum methodischen Vorgehen sehr allgemein gehalten, wenig Informationswert. Bsp.: „Einzelfallanalyse kann nuancenreiche und komplexe Ergebnisse liefern." (S. 150)
16,4	Stärken und Schwächen gleichermaßen beleuchtet, Bsp.: Schwäche der eigenen Studie: „Abschließend sei kritisch angemerkt, dass die verwendeten kausalanalytischen Methoden gegenüber Fehlspezifikationen im Modell sehr anfällig sind und auf fundierte empirische und theoretische Vorarbeit angewiesen sind." (S. 146)

Theoretische Ableitung des Segmentierungskriteriums (Auswertung): Für den Textkorpus wird ein Segmentierungskriterium abgeleitet, in diesem Fall aus der idealtypischen Funktion methodischer Beschreibungen. Die kritische Reflexion des methodischen Vorgehens sollte idealtypisch Möglichkeiten und Grenzen der Studie aufzeigen und es dem Leser damit erleichtern, die Ergebnisse daraufhin zu überprüfen, ob der gewählte methodische Zugang den Untersuchungsgegenstand adäquat erheben kann. Deshalb sollte das methodische Vorgehen nicht nur deskriptiv beschrieben werden, sondern auch Stärken und Grenzen der gewählten Methode aufzeigen. Das Segmentierungskriterium ist also die zur Beschreibung des methodischen Vorgehens gewählte Sorgfalt. Tabelle 6 zeigt die verschiedenen Muster der Methodenreflexion in den erhobenen Passagen.

Ist das Abstraktionsniveau durch das Segmentierungskriterium festgelegt, können die Textpassagen den einzelnen Ausprägungen zugeordnet werden. Erst wenn die individuellen Formulierungen in dieser Form verallgemeinert sind, können valide Vergleiche der einzelnen Merkmalsausprägungen angestellt werden, da sie auf denselben Maßstab rekurrieren. Das offen erhobene Material wird so Schritt für Schritt inventarisiert (Tabelle 7).

Tabelle 6: *Segmentierungskriterium und relevante Merkmalsausprägungen (Kategorie Beschreibung des eigenen Vorgehens: Methode)*

Segmentierungskriterium: Sorgfalt bei der Beschreibung des methodischen Vorgehens
• Keine empirische Studie • Keine Methodenreflexion: Stärken/ Schwächen nicht thematisiert • Nur Deskription des Vorgehens, ohne Reflexion der Stärken/ Schwächen der gewählten Methode • Nur/ fast ausschließlich Stärken der gewählten Methode diskutiert • Nur/ fast ausschließlich Schwächen der gewählten Methode diskutiert • Stärken und Schwächen der gewählten Methode ausgewogen diskutiert

Tabelle 7: *Klassifikation der Textpassagen anhand des Segmentierungskriteriums (Kategorie Beschreibung des eigenen Vorgehens: Methode)*

Lfd Nr.	Textkorpus (offen codiert)	Merkmalsausprägung
10	Methode: Einzelfallinterviews und Schulaufsätze Methodische Stärken thematisiert; Schwächen dagegen selten, allenfalls oberflächlich reflektiert. Bsp.: „Nur, das müssen wir selbstkritisch anmerken: der Aufsatz ist nicht die beste Methode, Schulkinder zur Reflexion zu motivieren.“ (S. 216)	nur/ fast ausschließlich Stärken der gewählten Methode diskutiert
16,5	Kaum Stärken und Schwächen beleuchtet; Ausführungen zum methodischen Vorgehen sehr allgemein gehalten, wenig Informationswert. Bsp.: „Einzelfallanalyse kann nuancenreiche und komplexe Ergebnisse liefern.“ (S. 150)	Keine Methodenreflexion: Stärken/ Schwächen nicht thematisiert
16,4	Stärken und Schwächen gleichermaßen beleuchtet, Bsp.: Schwäche der eigenen Studie: „Abschließend sei kritisch angemerkt, dass die verwendeten kausalanalytischen Methoden gegenüber Fehlspezifikationen im Modell sehr anfällig sind und auf fundierte empirische und theoretische Vorarbeit angewiesen sind.“ (S. 146)	Stärken und Schwächen der gewählten Methode ausgewogen diskutiert

Die folgenden Tabellen geben einen Überblick über die kategorienspezifischen Muster. Für jeden Kategorienblock wird expliziert, unter welchen Gesichtspunkten die Segmentierungskriterien aus dem Material kondensiert wurden. Die Bezeichnung der jeweiligen Kategorie gibt das Segmentierungskriterium wieder (Spalte *Kriterium*), mit dem die einzelnen Textpassagen in Merkmalsausprägungen auf einheitlichem Abstraktionsniveau übersetzt wurden (Spalte *Ausprägungen*). Segmentierungskriterien und Merkmalsausprägungen zusammengenommen zeigen die Bezugspunkte auf, aus denen sich individuelle und (die im nächsten Schritt kondensierten) disziplinbezogene Argumentationsmuster zusammensetzen. Sie sind damit ein erster wichtiger Bestandteil der argumentativen Strategien in der wissenschaftlichen Gewaltdebatte.

Kategorienspezifische Auswertung

Die Kategorien des ersten Blocks haben eine primär deskriptive Funktion. Mit ihnen kann die kognitive Struktur der wissenschaftlichen Gewaltdebatte beschrieben werden: Welche Gegenstände werden besonders intensiv untersucht, mit welchen Methoden wird vorzugsweise gearbeitet, was sind die wichtigsten Ergebnisse, und was ist der Nutzwert derselben. Mit ihnen kann die Auswertung der in den folgenden Kategorienblöcken erhobenen Textpassagen strukturiert werden. Wichtiges Strukturierungsmerkmal ist die disziplinäre Zuordnung der Autoren. Aber auch für andere Forschungsfragen helfen diese Kategorien, das erhobene Material zu strukturieren. Beispielsweise kann anhand dieser Kategorien nachgezeichnet werden, ob sich für einzelne Gegenstände, eine bestimmte Mediengattung, einen präferierten methodischen Zugang oder für die verschiedenen Publikationsarten spezifische argumentative Muster erkennen lassen. Solche Kategorien besitzen somit eine Filterfunktion.

Ähnliches gilt für den *Publikationstyp*, auch diese Kategorie hilft, die Befunde zu strukturieren. Für den disziplinären und internationalen Vergleich spielt diese Kategorie eine wichtige Rolle, weil die Publikationstypen unterschiedlich auf die Disziplinen und nationalen Forschungskulturen verteilt sind (Tabelle 8). Die US-Stichprobe setzt sich fast ausschließlich aus Fachzeitschriftenbeiträgen zusammen, während die deutsche Stichprobe keinerlei Fachzeitschriftenbeiträge enthält, dafür aber umso mehr Monographien und Sammelbände. Diese ungleiche Verteilung ist dem der Stichprobenziehung zugrundeliegenden Aufgreifkriterium geschuldet: Die Studien wurden nach ihrer Relevanz und Beachtung in der Fachdiskussion ausgewählt. Als weiteres Filterkriterium ist zwischen empirischen und nicht-empirischen Studien zu unterscheiden, weil diese Studientypen, wie weiter oben bereits beschrieben, formallogisch unterschiedlich aufgebaut sind. Nicht-empirische Studien enthalten beispielsweise selten Ausführungen zum Vorgehen, entscheidende Kriterien der Textstruktur sind logische und theoretische Überlegungen, und nicht methodische. Deshalb können für nicht-empirische Studien einige Kategorien aus Block II nicht erhoben werden.

Tabelle 8: *Disziplinäre Zuordnung der Autoren, Publikationstyp*

Kategorie	Kriterium	Ausprägungen
Autor / Jahr	Disziplinäre Zuordnung	• Kommunikationswissenschaft • Medienpsychologie • Medienpädagogik • Allg./ klinische Psychologie
Publikationstyp	--	• Monographie • Beitrag in einem Sammelband • Zeitschriftenaufsatz
	--	• Empirische Studie • Nicht-empirische Studie

Die zentralen Untersuchungs*gegenstände* der Stichprobe unterscheiden sich in ihrem Fokus auf das soziale Phänomen der Mediengewalt (Primärgegenstände) sowie auf die Gewaltforschung selbst (Tabelle 9). Sekundärgegenstände sind also meta-analytische Gegenstände. Die wichtigsten *Ergebnisse* werden nach ihrem Bezugspunkt im Wirkprozess strukturiert. Aus dieser Logik fallen allerdings zwei Ergebnisschwerpunkte des Untersuchungsmaterials heraus: zum einen die Befunde zur Regulierung gewalthaltiger Medienangebote, zum anderen die meta-analytischen Erkenntnisse über die Gewaltforschung selbst (etwa zu deren Qualität und zu Verbesserungsmöglichkeiten derselben). Letztere sind dem Qualitätsdiskurs zuzurechnen und werden deshalb unter anderen Segmentierungskriterien strukturiert. Sie sind daher auch in weiter unten folgende Kategorien eingeordnet. Die Ergebnisse zur Regulierung im Bereich Mediengewalt sind ebenfalls einem anderen Kriterium zuzuordnen und sind daher in die Kategorie *Anwendung* aufgenommen. Als Segmentierungskriterium der Kategorie *Ergebnisse* bieten sich die Bezugspunkte der Forschungslogik zur Wirkungsforschung an: Idealtypisch müssen sowohl der Stimulus als auch die Rezipientenseite und der Rezeptionsprozess untersucht werden, um Aussagen über die Wirkung eines bestimmten Phänomens treffen zu können. Daher werden die Ergebnisse für die Faktorenbündel Medieninhalt, Nutzung und Rezeption sowie für Wirkungsaussagen differenziert. Die Wirkungsaussagen lassen sich wiederum nachdem differenzieren, wie eindeutig die Autoren die Aussagekraft der Befunde zum Gegenstand insgesamt beurteilen. Dementsprechend werden die Studien nach ihren Einschätzungen der Befundlage insgesamt klassifiziert.

Tabelle 9: *Merkmalsausprägungen der Kategorien Gegenstand und Ergebnisse*

Kategorie	Kriterium	Ausprägungen
Gegenstand	-	• Primärgegenstände • Sekundärgegenstände
Ergebnisse	Medieninhalt	• Inhaltliche Merkmale • Darstellung von Gewalt
	Nutzung & Rezeption	• Zielgruppenspezifische Nutzung • Psychologische Einflussfaktoren • Einfluss des Medienangebots
	Wirkung	• Monokausales Wirkkonzept • Multikausales Wirkkonzept
	Befundlage der Gewaltforschung	• Eindeutige Befundlage • Grundkonsens: Eindeutig negatives Wirkpotential, uneindeutige Befundlage zu den intervenierenden Variablen • Uneindeutige Befundlage

Gewalthaltige Angebote sollten nach der *Mediengattung* unterschieden werden, weil die Gewaltdarstellungen und Vermittlungsformen von Medium zu Medium beträchtlich variieren und gattungsspezifischen Präsentationslogiken unterworfen sind (Tabelle 10). Die *Adressaten* von Mediengewalt, also jene Rezipienten, bei denen Wirkungen vermutet und nachgewiesen werden, werden nach dem Segmentierungskriterium der Reichweite klassifiziert. Aussagen über Medienwirkungen müssen daraufhin unterschieden werden, ob sie auf die Gesellschaft insgesamt bezogen oder auf einzelne soziale Gruppen wie z.B. Kinder, Jugendliche oder Studenten begrenzt sind.

Tabelle 10: *Merkmalsausprägungen der Kategorien Mediengattung, Adressaten*

Kategorie	Kriterium	Ausprägungen
Mediengattung	-	• Medien allgemein • TV / Film • Internet • Computerspiele
Adressaten	Reichweite der Wirkung	• Gesellschaft allgemein • Kinder und Jugendliche • Andere soziale Gruppen

Um die erhobenen Aussagen in der Kategorie *Anwendung* zu klassifizieren, wird der Verwendungszusammenhang von Wissenschaft (context of evaluation) als Segmentierungskriterium herangezogen (Tabelle 11). Zum einen kann ein rein wissenschaftsinterner Beitrag der Ergebnisse ausgewiesen werden, um Forschungslücken und -defizite in den einzelnen Bereichen (Theorie, Methode, Interpretation) zu schließen. Zum anderen zeigt der praktische Nutzwert wissenschaftlichen Wissens den zweiten Anwendungsbereich auf. Eine auffällige thematische Klammer wissenschaftsexterner Anwendungsbereiche ist der Jugendschutz. Die konkreten Vorschläge für eine Anwendung in diesem Bereich unterscheiden sich in Bezug auf die Akteure des Jugendschutzes: Auf politischer Ebene werden Empfehlungen für die Gesetzgebung und Medienaufsicht ausgesprochen. Auf wirtschaftlicher Ebene werden die Ergebnisse im Hinblick auf die Filmindustrie und Programmanbieter zur effektiveren Organisation der Indizierung diskutiert. Und auf gesellschaftlicher Ebene werden Möglichkeiten einer stärkeren Förderung von Medienkompetenz durch Erziehung und Medienpädagogik durchgespielt.

Tabelle 11: *Merkmalsausprägungen der Kategorien Anlass, Anwendung*

Kategorie	Kriterium	Ausprägungen
Anlass	-	• Wissenschaftsinterner Anlass • Externer Anlass: Auftragsforschung
Anwendung	-	Wissenschafts*intern*: Überwindung von Forschungsdefiziten • Forschungsdefizit Theorie • Forschungsdefizit Methode & Dateninterpretation • Forschungsdefizit Gegenstand Wissenschafts*extern*: Jugendschutz • Medienpolitik & -aufsicht • Industrie, Programmanbieter & FSK • Medienpädagogik & Erziehung

Im zweiten Block des Kategorienschemas steht das individuelle Vorgehen im Forschungsprozess und die dabei verwendeten Kommunikationsstrategien im Vordergrund. Im Gegensatz zur Deskriptions- und Filterfunktion der Auswertungskategorien für Block I, die entsprechend durch gegenstandsbezogene Ordnungskriterien definiert sind, beziehen sich die Auswertungskategorien von Block II auf die Art und Weise der Argumentation, das Vorgehen im Forschungsprozess und die Beschreibung desselben.

Für den erhobenen Textkorpus zur *Theorie*arbeit wurden zwei Segmentierungskriterien gewählt (Tabelle 12). Das erste Kriterium ist gegenstandsbezogen: So wurden die Studien nach der dominanten Theorieperspektive klassifiziert, ob sie primär Wirkungs-, Nutzungstheorien oder Ansätze beider theoretischer Perspektiven verwendet haben. Diese Unterscheidung ist vor allem deshalb wichtig, weil die gewählte Theorieperspektive den Blick auf den konkreten Untersuchungsgegenstand und das methodische Design entscheidend prägt (vgl. Popper, 1973; Mayntz, 1985). Das zweite Segmentierungskriterium klassifiziert verschiedene Formen der Theoriearbeit entsprechend der Sorgfalt, mit der die idealtypischen Standards der analytisch-empirischen Wissenschaftstheorie im Text umgesetzt wurden. Die Bandbreite der Muster reicht von der völligen Vernachlässigung der Theoriearbeit über die rein deskriptive Darstellung von Theorien bis hin zu einer ausführlichen und tiefgehenden Theoriediskussion, in der auch die damit gewählte Perspektive auf den Gegenstand reflektiert wird.

Tabelle 12: *Merkmalsausprägungen der Kategorie Theoriearbeit*

Kategorie	Kriterium	Ausprägungen
Theorie	Theoretische Perspektive	• Wirkungstheorien • Nutzungstheorien • Wirkungs- und Nutzungstheorien
	Formen der Theoriearbeit	• Keine Theoriearbeit geleistet • Deskription empirischer Studien • Theoriedeskription • Theoriediskussion

Die Kategorie *Bezug zur US-Literatur* gilt nur für die deutschsprachige Gewaltdebatte. Die Gewaltforschung in den USA besitzt eine längere Tradition, basiert auf einer größeren Personaldecke und ist finanziell besser ausgestattet. In diesem Raum wurde das Gros der Längsschnittstudien und quantitativen Meta-Analysen produziert. Anhand der Referenzen auf US-Literatur kann der internationale Wissenstransfer im Bereich der Gewaltforschung untersucht werden.

Die Argumentationsstruktur des erhobenen Materials zur Kategorie *Methode* ist so komplex, dass gleich fünf Segmentierungskriterien herangezogen wurden, um den Textkorpus zu klassifizieren (Tabelle 13). Nachdem das methodische Vorgehen zunächst für die Meta-Analysen getrennt untersucht wurde (hier wurde unterschieden zwischen nicht-empirischen Literatursynopsen, qualitativen und quantitativen Inhaltsanalysen), haben wir für die folgenden Auswertungsschritte nur die empirischen Studien der Stichprobe berücksichtigt – aus dem einfachen Grund, dass nicht-empirische Literatursynopsen keine Ausführungen zum methodischen Vorgehen enthalten. Im zweiten Segmentierungsdurchgang wurde der Textkorpus anhand der Forschungsperspektive klassifiziert, welche den Zugang, die Messung und die Auswertung prägt. Obwohl vor allem in qualitativen und in älteren Methodenhandbüchern häufig ein Gegensatz zwischen der quantitativen und der qualitativen Forschungslogik aufgemacht wird (vgl. dazu

Lamnek, 2005; Mayring, 2002), lassen sich die einzelnen Studien nicht so eindeutig einer der beiden Forschungspositionen zuordnen. Diese Feststellung spiegelt die verstärkte Forderung der jüngeren Methodenliteratur, quantitative und qualitative Forschungsschritte zu verbinden und stärker im Forschungsalltag umzusetzen (vgl. Treumann, 2005; Flick, 2004). Dementsprechend wurden die Forschungsprogramme entsprechend der erkennbaren quantitativen respektive qualitativen Perspektive, der Kombination dieser beiden Perspektiven sowie in unsystematische Forschungsperspektiven klassifiziert.

Als drittes Segmentierungskriterium diente die Untersuchungsanlage der Studien. Experimentelle Designs erlauben es, Personenmerkmale und Rezeptionsbedingungen durch Auswahl der Probanden und die konstant gehaltene Laborsituation zu kontrollieren und sind damit geeignete Instrumente, sich an äußerst schwer nachzuweisende Kausalzusammenhänge anzunähern, die dafür aber mit externen Validitätsproblemen zu kämpfen haben. Nicht-experimentelle Designs wie Befragungen oder die Verwendung von Tagebüchern sind die besser handhabbaren Instrumente für Längsschnittanalysen. Dementsprechend wurde das Methodenrepertoire der empirischen Studien in diese zwei Kategorien eingeteilt und dabei nochmals unterteilt in Mono- und Mehrmethodendesigns. Das fünfte Segmentierungskriterium basiert auf den idealtypischen Standards der empirisch-analytischen Wissenschaftstheorie, um das methodische Vorgehen im Forschungsprozess möglichst transparent und intersubjektiv nachvollziehbar darzustellen, es aber auch möglicher Kritik zugänglich zu machen (vgl. Kapitel III.1). Ähnlich wie für die Kategorie *Theorie* sind auch hier im analysierten Material verschiedene Grade der Ausführlichkeit und Sorgfältigkeit auszumachen, mit der die Autoren ihr methodisches Vorgehen offenlegen und reflektieren. Dem Ideal am nächsten kommen jene Autoren, die methodische Stärken und Schwächen gleichermaßen reflektieren und sich nicht nur auf eine reine Deskription des Vorgehens beschränken oder nur Stärken hervorheben.

Für die folgenden Kategorien wurden auch die nicht-empirischen Literatursynopsen wieder in die Auswertung einbezogen. Der in der Kategorie *Ergebnisse (Dateninterpretation)* zusammengefasste Textkorpus wurde durch zwei Segmentierungskriterien strukturiert (Tabelle 14). Diese stammen aus der besonderen Qualität wissenschaftlicher Aussagen im Gegensatz zu alltagslogischen Aussagen: Während Alltagsaussagen nicht zwangsweise begründet werden müssen oder auch durch subjektive Meinungen gestützt werden können, bedürfen wissenschaftliche Aussagen einer logischen, theoretischen Begründung (Prinzip der Wertneutralität innerhalb des Forschungsprozesses). Um diesem Forschungsideal im Material nachzuspüren, wurden die relevanten Passagen danach klassifiziert, ob die Gewaltforscher aufgestellte Thesen sowie Aussagen empirisch belegen und durch einen theoretischen Rückbezug absichern.

Tabelle 13: *Merkmalsausprägungen der Kategorie Methode*

Kategorie	Kriterium	Ausprägungen
Methode	Designs der Meta-Analysen	• Nicht-empirische Literatursynopse • Qualitative Inhaltsanalyse • Quantitative Inhaltsanalyse
	Forschungs-programm	• Qualitativer Zugang • Quantitativer Zugang • Kombination beider Zugänge • Unsystematischer Zugang
	Untersuchungs-anlage	• Experimentaldesign: gewählte Methode(n) • Nicht-experimentelles Design: gewählte Methode(n)
	Methoden-repertoire	• Monomethodendesign • Mehrmethodendesign
	Formen der Methodenarbeit	• Ausgewogene Beschreibung von Stärken und Schwächen • Einseitige Beschreibung der Stärken • Einseitige Beschreibung der Schwächen • Beschreibung ohne Methodendiskussion • Keine Methodenbeschreibung

Tabelle 14: *Merkmalsausprägungen der Kategorie Ergebnisse*

Kategorie	Kriterium	Ausprägungen
Ergebnisse	Beleg von Thesen/ Hypothesen	• Keine empirischen Belege • Beleg durch eigene und fremde Ergebnisse
	Theoretische Verankerung	• Kein Rückbezug auf Theorien • Rückbezug auf Theorien

Im dritten Block des Kategorienschemas steht die Qualitätsbewertung der Forschung durch die Wissenschaftler selbst im Mittelpunkt. Erhoben wurden alle Passagen, in denen sich die einzelnen Autoren mit dem Forschungsstand auseinandersetzen, Leistungen von Kollegen bewerten und sich selbst innerhalb des Forschungsfelds positionieren. Die Kriterien, mit denen der Textkorpus in den folgenden Kategorien segmentiert wurde, sind nicht mehr alleine aus der kognitiven Ebene abgeleitet, sondern stammen großteils aus den wissenschaftssoziologischen Überlegungen zur Sozialität von Wissenschaft.

Auffällig ist der kritische Impetus, den Gewaltforscher bei der Bewertung ihres Feldes an den Tag legen. Herausragende Leistungen werden zwar durchaus positiv gewürdigt, aber Kritik dominiert die Bewertung des Forschungsstands. Welche Funktionen hat dieser kritische Impetus der wissenschaftsinternen Kommunikation? Kritik wird einerseits angebracht, um auf Schwachstellen und Grenzen der Forschung aufmerksam zu machen, sie hat damit eine qualitätssichernde Funktion. Kritische Äußerungen werden aber auch strategisch eingesetzt. Damit können Wissenschaftler den Boden bereiten, auf dem das eigene Vorgehen gerechtfertigt und dessen besondere Qualität herausgestrichen wird. Für den Textkorpus der Kategorie *Bewertung: Literatur- und Theoriearbeit* wurden die relevanten Passagen unterteilt in kritische Äußerungen zur Theoriearbeit, Aussagen mit positiver Konnotation waren deutlich seltener zu finden (allenfalls wurde einigen Ansätzen eine beachtliche Theorieentwicklung konstatiert) (Tabelle 15).

Tabelle 15: *Merkmalsausprägungen der Kategorie Bewertung: Theoriearbeit*

Kategorie	Kriterium	Ausprägungen
Bewertung: Theorie- & Literaturarbeit	Defizite & Fortschritte	• Vielfältig definierter Gewaltbegriff • Wirkungsarten nicht differenziert • Dominante Theorieperspektive • Unausgereifte Theoriearbeit • Fortschritte in der Theorieentwicklung • Keine Bewertung

Eine ernsthafte Manöverkritik am methodischen Vorgehen sollte auf methodologischer und verfahrenstechnischer Ebene gleichermaßen erfolgen, da diese Ebenen forschungslogisch aufeinander aufbauen: Konkrete Methoden im Sinne von Forschungstechniken basieren auf der gewählten Methodologie (vgl. Mayntz, 1985: 66): Auf der methodologischen Ebene werden die Regeln und Verfahrensvorschriften der konkreten Forschungstechniken festgelegt und begründet. Eine profunde Methodenkritik evaluiert deshalb die einzelnen Verfahrensschritte auch vor dem Hintergrund der methodologischen Begründungen. Die in der Kategorie *Bewertung des methodischen Vorgehens* zusammengefassten Textpassagen und Paraphrasen werden deshalb anhand der analytischen Ebene, auf der die Evaluation stattfindet, segmentiert (Tabelle 16). In den verfahrenstechnischen Bereich fallen Bewertungen von Datenerhebung und -auswertung, z.B. konkrete Fragen des Designs und der Operationalisierung, mögliche Fehlerquellen wie Antwortmuster-Effekte, soziale Erwünschtheit und Einflüsse der Stichprobe auf die Ergebnisse. Auf methodologischer Ebene sind beispielsweise Beurteilungen der Methoden selbst (Stärken und Schwächen, adäquate Methodenwahl) zu verorten, oder Reflexion zum generellen Problem, Kausalzusammenhänge nachweisen zu können.

Tabelle 16: *Merkmalsausprägungen der Kategorie Bewertung: Methodisches Vorgehen*

Kategorie	Kriterium	Ausprägungen
Bewertung: Methodisches Vorgehen	Analytische Ebene der Argumentation	• Kritik auf verfahrenstechnischer Ebene • Kritik auf methodologischer Ebene • Kritik auf verfahrenstechnischer & methodologischer Ebene • Keine Methodenbewertung

Der Textkorpus der Kategorie *Bewertung der Ergebnisinterpretation* wurde vor dem Hintergrund der These der Theorie- und Methodengetränktheit von wissenschaftlichen Ergebnissen segmentiert (vgl. Popper, 1973) (Tabelle 17). Allerdings hat die Vielfalt der Aussagen zur Qualität der Ergebnisinterpretation es erforderlich gemacht, dieses kognitive Kriterium um ein soziales zu ergänzen. Die Dateninterpretation steht nicht nur im Zusammenhang mit der theoretischen Perspektive, der Methodenwahl und der angewandten Verfahrenstechnik; auch die Kompetenz der Forschenden und andere soziale Einflüsse wie eine interessengeleitete Interpretation (sei es durch den Auftraggeber oder das individuelle Erkenntnisinteresse) werden als Einflussfaktoren der allgemeinen Interpretationspraxis thematisiert. Einige Autoren verbinden die Kritik gleichzeitig mit Verbesserungsvorschlägen zur Qualitätssicherung der Gewaltforschung. Damit wurden für die Kategorie *Bewertung der Ergebnisinterpretation* jene Aussagen aufgegriffen, die über eine Kritik hinausgehen und Verbesserungsbedarf der Forschungspraxis anmelden.

Tabelle 17: *Merkmalsausprägungen der Kategorie Bewertung: Ergebnisinterpretation*

Kategorie	Kriterium	Ausprägungen
Bewertung: Ergebnis-interpretation	Einflussfaktoren auf die Ergebnis-interpretation	Interpretation geprägt durch: • Theoretische Perspektive • Methodenwahl & verfahrenstechnische Umsetzung • Vereinfachende Dateninterpretation • Wissenschaftsexterne Einflüsse auf die Ergebnisinterpretation
	Verbesserungs-vorschläge	• Verbesserung der Interpretationspraxis • Verbesserung des methodischen Vorgehens

Einen für die Fragestellung zentralen Bereich bilden die meta-analytischen Aussagen. In der Kategorie *Meta-Diskurs* wurden explizite selbstreflexive Aussagen erfasst (Tabelle 18). Wissenschaftliche Selbstreflexion hat verschiedene

Funktionen. Erstens ist es eine Möglichkeit, die nötige Distanz zur eigenen Arbeit zu wahren und damit auf intra-personaler Ebene Qualitätssicherung zu betreiben. Selbstreflexion erfolgt aber auch im Kollektiv, damit ist das Nachdenken über den Forschungsbereich innerhalb der scientific community gemeint. Dann setzt Selbstreflexivität da an, wo Probleme der Forschungspraxis sichtbar werden. Aus der Konzentration meta-analytischer Aussagen auf einen bestimmten Forschungsschritt innerhalb einer scientific community lässt sich darauf schließen, welche Probleme die Forschenden selbst wahrnehmen. Selbstreflexivität kann damit ein Zeichen wissenschaftlicher Kontroversen sein. Thomas S. Kuhn hat für Phasen der außerordentlichen Wissenschaft Selbstreflexivität als eine der möglichen Strategien ausgewiesen, wie Anhänger des etablierten Paradigmas die Angriffe von Konkurrenzparadigmen parieren – anstatt sich mit den konkreten Angriffen auseinanderzusetzen, gehen sie intensiv auf die Prämissen und Positionen des eigenen Paradigmas ein und entwickeln diese dabei weiter. Neben der indirekten Reaktion auf herausfordernde Paradigmen hat diese Form der Selbstreflexivität auch eine soziale Funktion, indem sich die Paradigmenanhänger gegenseitig ihrer Positionen und kollektiven Identität versichern (vgl. Kuhn, 1981:196).

Die selbstreflexiven Textpassagen zur Gewaltforschung wurden anhand von zwei Forschungsfragen nochmals unterteilt, die Segmentierungskriterien wurden entsprechend aus den Forschungsfragen abgeleitet. Der erste Schwerpunkt lag auf jenen Aussagen, mit denen die Gewaltforscher die öffentlich geführte Gewaltdebatte und die Kommunikation der eigenen Profession mit der Öffentlichkeit bewerten. Um die Perspektive der Gewaltforschung zum Verhältnis von Wissenschaft und Öffentlichkeit zu erfassen, wurden diese zwei Punkte als Segmentierungskriterien gewählt. Die wissenschaftliche Wahrnehmung der öffentlich geführten Gewaltdiskussion ist ein erster Schritt, um zu klären, welche Diskrepanzen zwischen der gesellschaftlichen und der wissenschaftlichen Debatte um Mediengewalt bestehen (Forschungsfrage 6).

Ein zweiter Schwerpunkt in der Auswertung der Kategorie *Meta-Diskurs* lag auf der Sichtbarkeit der Disziplinen in der interdisziplinären Gewaltdebatte. Mit den vorhergehenden Kategorien wurde erfasst, ob sich überhaupt dezidiert disziplinäre Positionen in der Gewaltforschung ausmachen lassen. Mit dem Textkorpus der meta-analytischen Aussagen rückt die Frage in den Mittelpunkt, inwieweit die Debatte über die Wirkung von Mediengewalt von den beteiligten Forschern selbst thematisiert wird und inwieweit sie eventuelle disziplinär unterschiedliche Positionen überhaupt wahrnehmen (Forschungsfrage 4). Als Segmentierungskriterium wurde die Ursachenzuschreibung zu solch disziplinären Differenzen herangezogen, der Textkorpus dementsprechend daraufhin abgesucht, ob Autoren disziplinäre Differenzen thematisieren und wie diese gegebenenfalls begründet werden.

Tabelle 18: *Merkmalsausprägungen der Kategorie Meta-Diskurs*

Kategorie	Kriterium	Ausprägungen
Meta-Diskurs	Die öffentliche Gewaltdebatte aus wissenschaftlicher Perspektive	• Einfaches Wirkverständnis • Unsachlichkeit der öffentlichen Debatte • Ereignisgesteuerte Debatte
	Interaktion von Wissenschaft und Öffentlichkeit aus wissenschaftlicher Perspektive	• Undifferenzierte öffentliche Wahrnehmung der Gewaltforschung • Unterschiedliche Motive der an der Gewaltdebatte beteiligten sozialen Systeme • Verbesserung der Kommunikation zwischen Wissenschaft und Öffentlichkeit
	Ursachen disziplinärer Differenzen	• Disziplinäre Differenzen - kognitiv (z.B. unterschiedliche Methoden / Methodenkompetenzen) • Disziplinäre Differenzen - sozial (z.B. Grabenkämpfe, Zitationszirkel, interessengeleitete Forschung)

Kategorienübergreifende Auswertung: Interpretation der Argumentationsmuster

Nach dieser kategorienspezifischen Auswertung, die *innerhalb* der einzelnen Kategorien wiederkehrende Muster kondensiert hat, folgt ein zweiter Interpretationsschritt, mit dem die Muster kategorien*übergreifend* für die einzelnen Fälle (in unserem Fall für die einzelnen Studien) zusammengefasst werden. Damit werden die individuellen Argumentationsmuster der untersuchten Texte sichtbar. Im dritten Schritt werden die kategorienübergreifenden Muster entsprechend der Forschungsfragen nach Disziplinen unterteilt interpretiert. Erst dann werden die disziplinspezifischen Gemeinsamkeiten und Unterschiede greifbar. Die kategorienübergreifenden Auswertungsschritte produzieren die eigentlichen Ergebnisse, die in Kapitel V vorgestellt werden.

Die kategorienübergreifende Auswertung hält einige Fallen bereit, die sich aus der geringen Fallzahl der qualitativen Inhaltsanalyse ergeben. Wann können wir tatsächlich von einem disziplinspezifischen Muster sprechen, wann sind die Fallzahlen dagegen so klein, dass Muster nur auf individueller Ebene erkennbar sind und lediglich einen persönlichen Stil einzelner Autoren nahe legen? Diese Fragen berühren das Generalisierungsproblem in der qualitativen Forschung (vgl. Mayring, 2007b). Für Interview- und Gesprächsprotokolle, die häufig durch qualitative Inhaltsanalysen ausgewertet werden, wird das Prinzip des theoretical samplings verwendet (vgl. Glaser & Strauss, 1967). Nach diesem Prinzip wertet man so lange Protokolle vergleichbarer Befragter aus, bis sich im Material keine neuen Antworten mehr finden und damit genügend empirische Belege zusammengekommen sind, um den Verallgemeinerungsschritt rechtfertigen zu können (Prinzip der Sättigung). Untersucht man beispielsweise die Mediennutzung spezifischer Berufsgruppen, so müssten idealerweise so viele Interviews mit Berufspolitikern ausgewertet werden, bis die Aussagen der einzelnen Interviewpartner keine neuen Informationen mehr bringen, das Antwortmuster also gesättigt ist. Dieses Prinzip ließe sich aber nur dann auf unsere Fragestellung übertragen, wenn das Aufgreifkriterium der Stichprobe – die Relevanz der Studien innerhalb der Gewaltforschung – aufgegeben und durch die Ähnlichkeit der Studien in Bezug auf Gegenstand, Theorien und Methoden ersetzt würde. Deshalb greifen wir zur Einschätzung der Aussagekraft von Argumentationsmustern auf andere Kriterien zurück:

- Theoretische Anbindung der Interpretation: Hinter den ermittelten Gemeinsamkeiten und Unterschieden im Material stehen Regelmäßigkeiten und Zusammenhänge. Diese zu erkennen, ist jedoch Sache der Interpretation. Deshalb binden wir die Interpretation strikt an den theoretischen Kontext.
- Moderate Generalisierung: Die Befundlage erlaubt es nicht, generelle theoretische Sätze zu formulieren, wohl aber, Aussagen über regelhafte Zusammenhänge zu treffen. Regeln beschreiben Gleichförmigkeiten und Ähnlichkeiten, können Ausnahmen zulassen und erlauben damit eine moderate Generalisierung der Befunde (vgl. Mayring, 2007b).
- Alle Muster werden zusätzlich durch Fallzahlen belegt. Diese sind aufgrund der Stichprobenzusammensetzung zwar nicht direkt vergleichbar, erlauben es aber, sich an einer „Hausnummer“ zu orientieren.

IV.3 Quantitative Inhaltsanalyse der öffentlichen Debatte

Um die Gewaltdebatte in der öffentlichen und fachöffentlichen Debatte nachvollziehen zu können, haben wir insgesamt 14 Medien im Zeitraum von 1990 – 2005 inhaltsanalytisch untersucht. Es handelt sich dabei um vier Publikumszeitschriften (Der Spiegel, Focus, Stern, Die Zeit) und zehn Medien der fachöffentlichen Debatte.

01 Funk Korrespondenz Archiv
02 Tendenz
03 tv diskurs
04 Medien und Erziehung
05 medien praktisch
06 Bildung und Erziehung
07 Fernseh-Informationen
08 Aus Politik und Zeitgeschichte
09 Journalist
10 Presserat Jahrbuch

Aufgrund der unterschiedlichen Menge der Berichterstattung haben wir bei den zehn Fachzeitschriften eine Vollerhebung aller relevanten Artikel durchgeführt, bei den vier Publikumszeitschriften hingegen eine 50%-Stichprobe gezogen. Aus dem Zeitraum wurden alle Berichte analysiert, die sich in der Überschrift oder dem Lead erkennbar mit dem Thema „Wirkung der Darstellung von Gewalt in den Medien" beschäftigten. Wir haben dabei auch Pseudonyme berücksichtigt, etwa Aggressivität. Wir haben uns dabei auf fiktionale Medieninhalte beschränkt. Darunter verstehen wir im weiteren Sinne neben Fernsehen auch Kinofilme, Computerspiele, Musik oder Beiträge in Printmedien. Artikel, die sich mit realer Gewalt befassen, zum Beispiel mit Terrorismus oder Anschlägen, wurden nicht berücksichtigt.

Die Beiträge, die dem Zugriffskriterium entsprachen, wurden auf zwei Ebenen analysiert. Auf der Beitragsebene wurden zunächst die formalen Merkmale erfasst. Hier wurde erhoben, ob der Beitrag tatsächlich einen inhaltlichen Bezug zum Thema hatte oder die Überschrift irreführend war. Die Beiträge erhielten eine laufende Nummer, das Medium, das Erscheinungsdatum und der Berichtsanlass wurden codiert. Beim Berichtsanlass haben wir erhoben, ob es sich um ein tatsächliches Gewaltereignis, eine präsentierte technologische Neuerung, eine medienpolitische Initiative von einzelnen Personen oder um wissenschaftliche Erkenntnisse handelte. Darüber hinaus wurde erfasst, um welches Medium es im einzelnen ging, welche Zielgruppe angesprochen war (z.B. Kinder und Jugendliche). Wir haben dann auch erhoben, wie die wissenschaftliche Gewaltforschung in dem Artikel dargestellt wird. Dabei haben wir vier Kontroversen identifiziert, über die im Artikel gesprochen werden konnte. Hier handelt es sich zunächst um die Thematisierung von Einmütigkeit (alle Wissenschaftler sind sich über den Zusammenhang zwischen Medien und Gewalt einig), die Kontroverse über die Schädlichkeit von Mediengewalt, die Kontroverse über verschiedene Theorien der Wirkung und die Kontroverse über methodische Aspekte des Wirkungsnachweises (Kausalität). Mit einer offenen Liste haben wir dann erfasst, ob bestimmte Metaphern verwendet wurden. Hier sei gleich vorweggenommen, dass sich keine deutlich erkennbaren Schwerpunkte fanden. Zwar wurden Computerspiele häufig im Zusammenhang mit der Metapher „Killerspiel" diskutiert, besondere Schwerpunkte oder Verteilungen ließen sich aber nicht erkennen. Schließlich haben wir noch erhoben, ob der Beitrag dem Thema Mediengewalt eine hohe (die gesamte Gesellschaft ist betroffen) oder eine geringe Reichweite (es sind nur einzelne Individuen betroffen) zuschrieb. Wir haben auch erhoben, wem für problematische Entwicklungen in diesem Bereich Verantwortung zugeschrieben wurde. Hier haben wir unterschieden zwischen der Gesellschaft allgemein, Familie, Bildungssystem, Politik und einigen weiteren Größen. Zum Schluss wurde noch erhoben, ob die Mediengewalt als eher problematisch oder eher unproblematisch angesehen werden muss, wenn man den Artikel als Ganzes bewertet. Die Codierer wurden explizit angehalten, dies erst *nach* dem Lesen des Artikels zu codieren.

Auf der zweiten Ebene wurden Merkmale auf der Aussagenebene erfasst. Aussagen beinhalten danach immer einen Aussageträger und ein Argument. Als relevant gelten dabei alle Aussagen, welche die Darstellung von Gewalt in den Medien behandeln, Ursachen oder Folgen thematisieren oder Aussagen zu Ursachen und Konsequenzen von Gewalt im Allgemeinen behandeln. Neue Aussagen ergeben sich immer dann, wenn der Gegenstand der Aussage oder der Aussageträger sich ändern. Macht beispielsweise ein Aussageträger zwei Aussagen, die unterschiedliche Gegenstände betreffen, sind dies zwei einzelne Aussagen. Treffen zwei unterschiedliche Aussageträger die gleiche Aussage, werden ebenfalls zwei Aussagen codiert. Aussagen ohne Bezug zur Mediengewalt werden nicht weiter erfasst. Wir haben auch solche Aussagen codiert, die Verantwortung zu- oder abschreiben bzw. Forderungen und Konsequenzen beschreiben.

Jede Aussage erhielt zunächst eine laufende Nummer, so dass man die Anzahl der Aussagen in einem Beitrag identifizieren kann. Danach wurde festgehalten, ob eine einzelne Person, eine Institution oder der Autor des Beitrages eine Aussage traf. Im ersten Fall wurde die Person zusätzlich offen mit Nachname und Vorname codiert. Des Weiteren wurde die Zugehörigkeit des Aussageträgers zu einem System (z.B. Wissenschaft und diverse Unterdisziplinen, Politik, Wirtschaft oder Medien) erfasst. Im Kern der Aussage stand dann deren Tendenz. Dabei wurde erfasst, ob die Darstellungen als schädlich oder unschädlich bezeichnet wurden, ob die Aussage sich auf Medieninhalte, deren Nutzung oder deren Wirkung bezieht. Dazu wurde differenziert erfasst, ob der Bezugsrahmen positiv oder negativ war. Ebenso wurde erhoben, ob sich Aussagen über die Wirkung auf einzelne Subgruppen (z.B. auf Jugendliche) oder auf die Gesellschaft allgemein bezogen. Der Beleg des Arguments (z.B. durch eine wissenschaftliche Aussage) wurde ebenfalls erfasst. Desgleichen wurde erhoben, ob auf eine bestimmte wissenschaftliche Theorie Bezug genommen wurde. Die Liste der Theorien orientierte sich dabei im Wesentlichen an dem Lehrbuch von Kunczik und Zipfel (2006) und unterschied zehn verschiedene Wirkungsansätze. Zu guter Letzt wurde erhoben, ob bestimmte Verantwortungen zu- bzw. abgesprochen wurden und wenn ja, in welcher Instanz. Ebenso wurden Forderungen erhoben. Dabei wurde festgestellt, an wen diese Forderungen adressiert waren.

Die Codierung wurde von vier Codierern vorgenommen, die intensiv geschult wurden. Der gesamte Codiervorgang wurde unter Aufsicht der beteiligten Wissenschaftler vorgenommen. Insofern haben wir auch darauf verzichtet, einen Reliabilitätstest zu rechnen, da Zweifelsfälle während der gesamten Codierung in der Gruppe besprochen wurden. Hierdurch haben wir sichergestellt und stichprobenartig überprüft, ob die Codierungen in der von uns vorgesehenen Art und Weise vorgenommen wurden. Dies bedeutet, dass wir nicht nur *vor,* sondern *während* des gesamten Codiervorganges eine permanente Codiererschulung durchgeführt haben. Wir haben dies auch gewählt, da in der Literatur nicht eindeutig beschrieben wird, wie mit hierarchischen Codiervorgehensweisen umzugehen ist. Wenn beispielsweise zwei Codierer eine unterschiedliche Anzahl von

Aussagen in einem Beitrag finden, dann stimmen natürlich alle Codierungen nicht überein, bei der ein Codierer eine Aussage identifiziert hat, die ein anderer nicht identifiziert hat. Problematisch wird es vor allem dann, wenn ein Codierer zwei Aussagen zu einer zusammengefasst hat, da ihm die beiden Aussageträger gleich zu sein schienen. Dies führt zwangsläufig zu notwendigen Folgefehlern, da dann für zusätzliche Aussagen lauter Codierungen vorgenommen werden, die im anderen Fall nicht vorliegen. In solchen Fällen kann keine zufriedenstellende Reliabilität ausgewiesen werden, da die Gesamtzahl aller Codierungen nicht bestimmt werden kann, so dass auch die Anzahl der übereinstimmenden Codierungen nicht feststellbar ist. Die regelmäßige Überprüfung der Codierungen ist zwar für die beteiligten Wissenschaftler sehr zeitaufwendig, erfordert es doch das parallele Lesen der gesamten Beiträge, führt aber nach unserer Einschätzung zu einem befriedigenden Ergebnis, das durch einfache Test-Retest-Reliabilität nicht sichergestellt werden kann.

In den vier Publikumsmedien (50%-Stichprobe) und den zehn Fachmedien wurden mit unserem Zugriffskriterium insgesamt 467 Artikel identifiziert, die sich auf den Zusammenhang zwischen Medien und Gewalt bezogen. Von diesen 467 Artikeln waren 133 ohne codierbare Aussage. Dies lag zum größten Teil daran, dass es sich um relativ kurze Beiträge handelte oder dass die Beiträge zwar in der Überschrift das Thema Mediengewalt enthielten, sich dann aber im Wesentlichen über technische, politische oder wirtschaftliche Erscheinungsformen ausließen, die keinen direkten Bezug zum Thema hatten. Für die folgenden Analysen gibt es also insgesamt drei Basiszahlen: (1) die gesamte Anzahl der Artikel (n=467); (2) die Gesamtzahl der Artikel mit codierbaren Aussagen (n= 334); (3) die Anzahl der codierten Aussagen (n=1669). Daraus ergibt sich im Wesentlichen, dass ein codierter Artikel etwa vier themenbezogene Aussagen enthielt. Die Anzahl der Aussagen variierte natürlich entsprechend der Länge der Artikel und der Fokussierung auf das Thema.

V. Die wissenschaftsinterne Debatte

In den folgenden beiden Kapiteln werden die Ergebnisse der Inhaltsanalysen zunächst getrennt für die wissenschaftsinterne und öffentliche Gewaltdebatte dargestellt. Damit soll die jeweilige Logik der Diskussion offen gelegt werden. Sind die angeführten Argumente, tonangebenden Akteure, Mechanismen, Strukturen und Verläufe der zwei Debatten identifiziert, werden die Verschränkungen, Gemeinsamkeiten und Unterschiede von wissenschaftlicher und öffentlicher Gewaltdiskussion deutlich. Auf dieser Basis kann dann die Frage nach der Deutungshoheit für das gesellschaftliche Problem der Mediengewalt beantwortet werden. Es sei noch einmal daran erinnert, dass die ausgewählten Studien aufgrund des oben beschriebenen Relevanzkriteriums ausgewählt wurden. Dadurch gehen aus den drei näher zu untersuchenden Disziplinen unterschiedlich viele Studien in die folgende Analyse ein. Wir werden daher im Folgenden darauf zu achten haben, ob die gefundenen Erklärungs- und Argumentationsstrukturen verschiedener Wissenschaftler tatsächlich als disziplinspezifische Muster gelten, oder ob die Fallzahlen so klein sind, dass zwar Muster auf individueller Ebene erkennbar sind, diese aber auf disziplinärer Ebene geringe Aussagekraft haben.

Dabei konzentriert sich der geographische Fokus auf die wissenschaftliche Diskussion in Deutschland, die amerikanische Gewaltdiskussion mit ihren 21 ausgewählten Studien wird als Vergleichsbasis herangezogen, um die Qualität und den Forschungsstand der deutschen Gewaltforschung bewerten zu können. Wird nicht explizit der internationale Vergleich angesprochen, beziehen sich Text und Tabellen auf die deutschsprachige Gewaltdebatte. Die Befunde zur US-amerikanischen Gewaltdebatte werden nicht so ausführlich wie die Befunde zum deutschsprachigen Raum dargestellt, sondern nur dann herangezogen, wenn sich auffällige Übereinstimmungen respektive Differenzen finden, die helfen, Argumentationsmuster und -tendenzen als disziplinenspezifische oder nationenspezifische Muster und Tendenzen zu erklären.

V.1 Disziplinäre Perspektiven auf den Untersuchungsgegenstand

Ein erster Schritt, um die Frage nach der Deutungshoheit in der Gewaltdebatte klären zu können, besteht darin, zunächst einmal die Struktur der Debatte aufzudecken: Welche Gegenstände werden untersucht, was ist der Wissensstand der Gewaltforschung und inwieweit unterscheiden sich Kommunikationswissenschaft, Medienpsychologie und Medienpädagogik in ihrem Wissen und den Bewertungen der Wirkungen von Mediengewalt?

Befunde zu den Gegenständen der Gewaltforschung: Die Disziplinen unterscheiden sich in ihrem Fokus auf Primär- respektive meta-analytische Gegenstände (Tabelle 19). Als Primärgegenstände sind die sozialen Phänomene zu verstehen, also die Wirkungen von Mediengewalt. Wird die Forschung zu den sozialen Phänomenen selbst zum Gegenstand der Forschung gemacht, handelt es sich um meta-analytische Gegenstände. Im Mittelpunkt solcher Studien steht der Status quo des Forschungsfelds: Mittels Sekundäranalysen und Literatursynopsen werden Einzelergebnisse systematisiert. So können theoretische wie methodische Stärken und Schwächen aufgedeckt werden. Eine weitere Funktion von Meta-Analysen ist es, soziale Einflussfaktoren der Wissensproduktion wie interessengeleitete Forschung, mögliche Quellen der Einflussnahme oder der Instrumentalisierung wissenschaftlicher Ergebnisse herauszuarbeiten. Damit fungiert diese Art der Forschung neben dem primären Ziel, einen Überblick zum Status quo zu geben und das vorhandene Wissen zu systematisieren, als Maßnahme zur Selbstreflexion und Qualitätssicherung.

Tabelle 19: *Verhältnis von Primär- und meta-analytischen Gegenständen*

	KW (n= 19)	**MPSY** (n= 8)	**MPäd** (n= 11)	**US-KW** (n= 14)	**US-PSY** (n= 7)
Primärgegenstände	10	7	10	9	6
Meta-analytische Gegenstände	9	1	1	5	1

Die medienpsychologischen und medienpädagogischen Studien haben fast ausschließlich das Thema *Mediengewalt* zum zentralen Gegenstand erhoben, also Primärgegenstände gewählt. Davon unterscheiden sich die kommunikationswissenschaftlichen Publikationen deutlich, sowohl im deutschen als auch im US-amerikanischen Raum. Sie betreiben am häufigsten meta-analytische Forschung, in der die Gewaltforschung selbst zum zentralen Gegenstand gemacht wird. Das Verhältnis von Primär- und meta-analytischen Gegenständen ist hier fast gleich. Wichtige meta-analytische Gegenstände sind die theoretischen und methodischen Zugänge der Gewaltforschung, wie auch die Systematisierung und Evaluation von Einzelergebnissen (kognitive Dimension von Wissenschaft). Lediglich eine Studie macht explizit die soziale Dimension zum zentralen Gegenstand: Hans J. Wulff (1995) diskutiert, inwieweit wissenschaftliches Denken über Mediengewalt gesellschaftlich und alltagslogisch geprägt sein könnte. Diese Studie ist die einzige der deutschsprachigen Stichprobe, in der soziale Aspekte von Forschung tatsächlich zum zentralen Gegenstand gemacht werden. In den anderen beiden Disziplinen findet sich jeweils ein Sekundärgegenstand, hier handelt es sich um Beiträge in Sammelbänden, deren Ziel es ist, den Wissenstand zu systematisieren und zu bewerten (Kübler, 1995; Lukesch, 1990).

An der Häufigkeit, mit der die Gewaltforschung selbst zum zentralen Gegenstand der Publikationen erhoben wird, lässt sich ablesen, welche Bedeutung die Disziplinen der meta-analytischen Forschung beimessen. Offenbar diskutiert die Kommunikationswissenschaft intensiver nach innen als die anderen zwei

Fächer. Der ausgeprägte Fokus der Kommunikationswissenschaftler auf meta-analytische Gegenstände bestätigt sich auch im internationalen Vergleich: Auch in der US-amerikanischen Stichprobe sind meta-analytische Gegenstände vor allem in den kommunikationswissenschaftlichen Texten zu finden. Anders als die deutschsprachigen Kommunikationswissenschaftler stellen die US-Autoren die kognitive Ebene nicht exklusiv in den Mittelpunkt, sondern problematisieren häufig die Kommunikation zwischen Wissenschaft und Öffentlichkeit. Die US-Psychologen widmen der Gewaltforschung als Gegenstand dagegen nur wenig Aufmerksamkeit.

Wie lässt sich dieser Unterschied zwischen Kommunikationswissenschaft und den beiden anderen Disziplinen erklären? Der Gegenstand selbst legt nahe, dass die eigentliche Forschung zu Mediengewalt in der Psychologie und Pädagogik angesiedelt ist. Für die Medienpsychologie sind experimentelle Studien, wie sie für dieses Fach typisch sind, leichter zu realisieren als große Feldstudien. Die Medienpädagogik hat hingegen einen besseren Zugang zu der relevanten Zielgruppe der Kinder und Jugendlichen. Daher produzieren diese beiden Fächer das Gros der Ergebnisse zur Mediengewalt. Die Kommunikationswissenschaft als interdisziplinär ausgerichtetes Fach greift die Ergebnisse der anderen Fächer auf, trägt allerdings selbst wenig zum Fundus von empirischen Ergebnissen bei. Exemplarisch wird dieser Zugang in dem am häufigsten zitierten Lehrbuch von Michael Kunczik und Astrid Zipfel (2006) deutlich.

Die vergleichsweise hohe Zahl deutschsprachiger kommunikationswissenschaftlicher Metastudien ist primär dem Sammelband von Friedrichsen und Vowe (1995) geschuldet – einer Publikation, die den Stand der Gewaltforschung evaluiert und darum den Löwenanteil der Metastudien ausmacht. Im Übrigen ist auch die einzige medienpädagogische Metastudie in diesem Band veröffentlicht (Kübler, 1995). Das ist aber keine Stichprobenverzerrung, weil der Sammelband per Zitationsanalyse als eines der meistzitierten Werke der kommunikationswissenschaftlichen Gewaltforschung ermittelt wurde. Die Zitationshäufigkeit ist ein Indikator für die Bedeutung und Relevanz einer Publikation innerhalb eines wissenschaftlichen Feldes. Insofern lässt sich schon an der häufigen Zitation des Sammelbands die Bedeutung ablesen, die der Metadiskussion über die Gewaltforschung innerhalb der Kommunikationswissenschaft zugesprochen wird. Da Sekundärforschung zur Selbstreflexion und Qualitätssicherung dient, werden die meta-analytischen Ergebnisse in den Kapiteln V.3 und V.4 detailliert diskutiert.

Um die Forschungslogik der Wirkungsforschung idealtypisch umzusetzen, sind in der Regel zwei Analyseschritte notwendig (vgl. hierzu auch die methodischen Ansätze von Agenda-Setting, Kultivierungsforschung, Wissenkluft-Forschung oder Schweigespirale): Zum einen muss der Stimulus, also das Medienangebot untersucht werden. Gleichzeitig muss in Rezeptions- und Wirkungsstudien untersucht werden, wie Rezipienten den Stimulus aufnehmen und verarbeiten. Erst auf dieser Basis sind dann Aussagen über Wirkungen des

Medienangebots möglich. Daher werden die Ergebnisse zu Inhalt, Nutzung bzw. Rezeption und Wirkung gewalthaltiger Medienangebote getrennt ausgewiesen.

Ergebnisse zum Medieninhalt: Die beschriebene idealtypische Forschungslogik der Wirkungsforschung scheint in der Gewaltforschung nicht mit der Forschungsrealität überein zu stimmen (Tabelle 20). Nur elf von 59 Studien enthalten überhaupt Aussagen zum Medieninhalt. Am stärksten ist der Fokus auf Medieninhalte in den Gewaltstudien der Medienpädagogik ausgeprägt, und nicht etwa in der Kommunikationswissenschaft, wie man es vielleicht vor dem Hintergrund des kommunikationswissenschaftlichen Materialobjekts vermuten könnte. Sowohl in der Medienpädagogik als auch in der Kommunikationswissenschaft werden die Art und Form der Gewaltdarstellung genauso wie der gewalthaltige Inhalt selbst untersucht. Die Analyse von inhaltlichen *und* Darstellungsmerkmalen spiegelt die generelle Auffassung nicht nur der deutschen, sondern auch der US-amerikanischen Wirkungsforschung wider: Wirkungen hängen nicht nur vom Inhalt der Botschaften, sondern auch von ihrer Darstellungsweise ab. Davon unterscheiden sich die medienpsychologischen Studien. Diese stellen ausschließlich inhaltliche Aspekte in den Mittelpunkt, die Art der Darstellung wird nicht thematisiert. Allerdings ist hier insgesamt zu berücksichtigen, dass die Analyse des gewalthaltigen Medieninhalts in allen Disziplinen generell eine untergeordnete Rolle spielt.

Zumindest für den ersten Schritt der idealtypischen Forschungslogik zur Wirkungsforschung kann festgehalten werden, dass diese nicht durchgängig im Forschungsalltag der Gewaltforschung verankert ist. Für jene Studien, die Ergebnisse zum Medieninhalt ausweisen, lässt sich ein gradueller Grenzverlauf feststellen: Medienpädagogik und Kommunikationswissenschaft sind sich in diesem Punkt ähnlich. Diese Einschätzung spiegelt sich auch in den Befunden der US-Stichprobe. Auch hier werden Inhalt wie Darstellung von Mediengewalt als wirkrelevante Faktoren ausgewiesen (vgl. Potter & Smith, 2000; Wilson, et al., 2002). Dagegen spiegelt sich in den psychologischen Studien der geringe Stellenwert des Medieninhalts: Keine der Studien diskutiert den Medieninhalt und seine Darstellung als wirkrelevanten Faktor.

Tabelle 20: *Ergebnisse zum Medieninhalt (Mehrfachnennungen)*

	KW (n= 2)	**MPSY** (n= 3)	**MPäd** (n= 4)	**US-KW** (n= 2)	**US-PSY** (n= 0)
Inhalte	1	3	4	1	-
Darstellungsmerkmale	1	-	4	2	-

Ergebnisse zur Mediennutzung bzw. Rezeption gewalthaltiger Medienangebote: Forschungslogisch betrachtet sind Aussagen über Medienwirkungen erst dann möglich, wenn die Mediennutzung zuvor erhoben wurde. Denn nur wenn Medieninhalte genutzt werden – also ausgewählt, wahrgenommen und in welcher Form auch immer verarbeitet werden – können sie wirken. So wird der (frühen) Gewaltforschung immer wieder vorgeworfen, vom Medienangebot uniform auf mögliche *negative* Wirkungen auf Rezipientenseite zu schließen, ohne das tatsächliche Nutzungsverhalten, dahinter stehende Motive und das Rezeptionserleben (etwa bei der Rezeption empfundenes Vergnügen oder Angst) zu kennen (vgl. Kunczik & Zipfel, 2006: 250).

Die folgenden Befunde zeigen, dass – ähnlich wie für den Medieninhalt – das Mediennutzungsverhalten zur Analyse von Medienwirkungen nicht so systematisch erhoben wurde wie es aufgrund der skizzierten Forschungslogik zu erwarten wäre. Insgesamt führen die Studien aber mehr Ergebnisse zum Umgang mit dem Medienangebot als zum Stimulus selbst an. In den kommunikationswissenschaftlichen Ergebnissen zur Nutzung gewalthaltiger Medienangebote werden als mögliche Einflussfaktoren die Zielgruppenzugehörigkeit, psychische Prädispositionen sowie Eigenschaften des Medieninhalts benannt. In den anderen zwei Disziplinen ist das Spektrum möglicher Einflussfaktoren auf die Mediennutzung gewalthaltiger Medienangebote enger gefasst (Tabelle 21): In den medienpsychologischen Studien werden Medieninhalte als Determinante des Nutzungsverhaltens gar nicht thematisiert, dafür aber umso stärker psychische Prädispositionen hervorgehoben. Eine mögliche Erklärung kann das Materialobjekt der Medienpsychologie liefern – im Mittelpunkt stehen Individuen und deren Umgang mit den Medien; Medieninhalte als Untersuchungsgegenstände sind zweitrangig (vgl. Winterhoff-Spurk, 1999). Diese Einschätzung muss aber relativiert werden, wenn die Befunde der US-amerikanischen Stichprobe zum Vergleich herangezogen werden: Die amerikanischen Psychologen beziehen auch die soziologische Perspektive in ihre Fragestellungen mit ein und beschränken sich nicht exklusiv auf psychische Prädispositionen wie dies in der deutschen Medienpsychologie der Fall ist.

Die medienpädagogischen Studien stellen dagegen den zielgruppenspezifischen Einfluss auf das Nutzungsverhalten heraus. Dieser Befund kann ebenfalls durch das Materialobjekt der Medienpädagogik erklärt werden. Ein Fach, das seine Legitimation aus dem Edukationsgedanken bezieht, bringt diesen Zielgruppen generell großes Forschungsinteresse entgegen.

Tabelle 21: *Ergebnisse zur Mediennutzung/ Rezeption (Mehrfachnennungen)*

	KW (n= 5)	MPSY (n= 3)	MPäd (n= 3)	US-KW (n= 3)	US-PSY (n= 2)
Zielgruppenspezifische Nutzung	4	-	3	1	2
Psychische Prädispositionen	2	3	-	2	-
Einfluss des Medieninhalts	1	-	1	1	-

Einschätzung des Phänomens Mediengewalt: Der eindeutigste Befund bezieht sich auf die Aussagen zu den Wirkungen, die aus der Rezeption gewalthaltiger Medienangebote resultieren können: Alle Autoren teilen die generelle Einschätzung, dass gewalthaltige Medienangebote *negative* Wirkungen bei Individuen und der Gesamtgesellschaft bedingen können (Tabelle 22). Die von Mediengewalt ausgehende prinzipielle Gefahr wird von allen drei Disziplinen gleichermaßen postuliert. Darüber hinaus machen die referierten Befunde deutlich, dass alle Disziplinen in ihren Wirkaussagen in der Metatheorie der selektiven Medienwirkungen verankert sind: Die Gewaltforschung stellt nicht in Abrede, dass Mediengewalt negative gesellschaftliche wie individuelle Effekte haben kann, sondern konzentriert die Forschungsbemühungen nationen- und disziplinenübergreifend auf die Untersuchung, *unter welchen Bedingungen* auf Seiten der Medien und der Rezipienten Wirkungen zustande kommen. Bis auf eine singuläre medienpädagogische Studie (Glogauer, 1990), der eine einfache Ursache-Wirkungs-Logik zugrunde liegt, basieren alle analysierten Publikationen auf einem multifaktoriellen Kausalitätsverständnis. Eine solche Ursache-Wirkungs-Logik geht von der *Interaktion* der verschiedenen Faktorenbündel aus. Zusammenhänge zwischen Persönlichkeitsvariablen und Wirkungen von Mediengewalt werden beispielsweise auf Basis einer multiplen Kausallogik untersucht, in der das Entstehen von Effekten als ein Zusammenspiel von Stimuluseigenschaften und Personeneigenschaften verstanden wird (vgl. Brosius, 2003a).

Nimmt man an dieser Stelle die Befunde der vorherigen zwei Forschungsblöcke dazu, zeigt sich, dass sich alle drei Disziplinen gleichermaßen aus kommunikatzentrierter und rezipientenorientierter Perspektive mit dem Phänomen Mediengewalt befassen. Offensichtlich sind weder die kommunikationswissenschaftlichen Studien ausschließlich kommunikatzentriert, noch kann der medienpsychologischen und medienpädagogischen Gewaltforschung eine exklusive Fokussierung auf den Rezipienten nachgewiesen werden, wie es vielleicht aus dem Fachverständnis heraus zu vermuten wäre.

Tabelle 22: *Aussagen zu Medienwirkungen*

	KW (n= 19)	MPSY (n= 8)	MPäd (n= 11)	US-KW (n= 14)	US-PSY (n= 7)
Multikausales Wirkkonzept	19	8	10	14	7
Negatives Wirkpotenzial	19	8	10	14	7
Monokausale Wirkung von Medieninhalten	-	-	1	-	-

Das negative Wirkpotenzial gewalthaltiger Inhalte wird in der deutschen Stichprobe also disziplinenübergreifend nicht in Frage gestellt. Das ist ein interessanter Befund, bewerten doch alle analysierten Studien unisono die Ergebnislage als uneindeutig. Alle deutschsprachigen Studien betonen die Uneindeutigkeit der bislang zusammengetragenen Ergebnisse (mit einer Ausnahme, Glogauer, 1990), obwohl gleichzeitig das negative Wirkpotenzial von Mediengewalt nicht in Abrede gestellt wird. Auf den ersten Blick mögen sich diese Befunde der Meta-Analyse widersprechen; ein zweiter Blick in die Texte zeigt aber, dass sich die disziplinenübergreifend als uneindeutig eingeschätzte Ergebnislage der Gewaltforschung auf die Gewichtung der wirkrelevanten Drittvariablen bezieht, und nicht auf die generelle Einschätzung des Wirkpotenzials. Das kann als weiterer Hinweis dafür gewertet werden, dass die deutschsprachige Gewaltforschung offensichtlich im Paradigma der selektiven Medienwirkungen verankert ist, das nicht mehr die Frage, *ob* Medien wirken, in den Mittelpunkt stellt, sondern sich mit den empirisch weitaus schwerer greifbaren Fragen beschäftigt, welche Stärke und Reichweite welchen Faktoren im Wirkprozess zukommen (vgl. Schenk, 2002; Brosius, 2003a). Einigkeit herrscht in der deutschsprachigen Gewaltforschung also darin, dass negative Gewaltwirkungen selektiv unter bestimmten Bedingungen zustande kommen. Uneinig sind sich die Forscher darüber, wie einzelne intervenierende Variablen zu gewichten sind. In diesem Punkt setzen sie sich deutlich von der US-amerikanischen Gewaltforschung ab: Die amerikanischen Forscher schätzen die Ergebnislage zum Gegenstand Mediengewalt disziplinenübergreifend eindeutiger ein. Der Konsens der amerikanischen Gewaltforschung gilt nicht nur für die Bewertung des generellen Wirkpotenzials von Mediengewalt, auch zu den einzelnen Faktorenbündeln scheint die Ergebnislage der US-amerikanischen Forschung klarer zu sein als im deutschsprachigen Raum.

Untersuchte Mediengattung: Das Gros der Publikationen untersucht Medienwirkungen am Beispiel einer ausgewählten Mediengattung. Disziplinübergreifend rangieren audiovisuelle Medien an erster Stelle (Tabelle 23). In der medienpädagogischen und kommunikationswissenschaftlichen Gewaltforschung (begründet durch deren Metacharakter) wird daneben noch die Frage nach Medienwirkungen allgemein gestellt, ohne dass Wirkungen anhand einer bestimmten Gattung untersucht werden. PC- und Videospiele wurden in den wichtigsten Studien der deutschen Gewaltforschung hingegen nicht zum Gegenstand gemacht. Erst in den letzten Jahren mehren sich empirische Studien, die das Gewaltpotenzial von PC-Spielen in den Fokus ihrer Bemühungen nehmen (vgl. etwa Doelle-Weinkauff, et al., 2007, Ladas, 2003; Klimmt & Trepte, 2003). Diese konnten aber aufgrund ihres Erscheinungsdatums und der damit verbundenen seltenen Zitation nicht in die vorliegende Analyse aufgenommen werden. Dieser Befund gilt auch für die US-amerikanische Gewaltforschung, nur zwei psychologische Studien untersuchen PC-Spiele (Funk & Buchman, 1996; Kirsh, et al., 2005). Inzwischen sind im US-amerikanischen Raum empirische Meta-Analysen der Einzelstudien zur Wirkung von Computerspielen durchgeführt worden (Anderson, 2004), im Vergleich zu den anderen Mediengattungen ist die Computerspieleforschung aber noch nicht so weit gediehen, was auch an dem vergleichsweise jungen Gegenstand der Computerspiele liegen mag.

Tabelle 23: *Analysierte Mediengattung*

	KW (n= 19)	MPSY (n= 8)	MPäd (n= 11)	US-KW (n= 14)	US-PSY (n= 7)
Medien allgemein	6	-	3	3	1
Fernsehen / Film	9	7	7	9	3
Internet	1	-	-	-	-
Comupterspiele	-	-	-	-	2
Keine Angabe	3	1	1	2	1

Adressaten gewalthaltiger Medienangebote: Sehr einheitlich zeigen sich die deutschen Publikationen im Hinblick auf den Betroffenenkreis von Mediengewalt. In allen drei Disziplinen dominiert der Fokus auf Kinder und Jugendliche als Konsumenten gewalthaltiger Medienangebote (Tabelle 24). Am deutlichsten richtet die Medienpädagogik ihr Interesse auf Medienwirkungen bei Kindern und Jugendlichen. Auch Medienpsychologie und Kommunikationswissenschaft legen den Schwerpunkt ihrer Forschung auf diesen Adressatenkreis. Sie thematisieren aber auch Wirkungen auf die Gesellschaft insgesamt, wenn auch in geringerem Umfang. Interessant ist die häufige Adressierung der Gesellschaft insgesamt von Seiten der Medienpsychologie; ein Schwerpunkt, der sich auch im internationalen Vergleich abzeichnet. Dieser Befund ist vor allem deshalb bemerkenswert, weil (medien-)psychologische Gewaltforschung primär auf der Mikroebene ansetzt, also vor allem individuelle psychische Prozesse der Gewaltrezeption und die daraus folgenden Wirkungen untersucht. Offenbar lässt sich hier eine Tendenz erkennen, vom Untersuchungsobjekt auf Mikroebene Aussagen für die Gesellschaft allgemein abzuleiten.

Tabelle 24: *Adressaten*

	KW (n= 19)	**MPSY** (n= 8)	**MPäd** (n= 11)	**US-KW** (n= 14)	**US-PSY** (n= 7)
Gesellschaft allgemein	2	4	-	2	3
Kinder und Jugendliche	8	3	10	8	4
Männer	-	-	-	1	-
Kein expliziter Adressatenbezug	9	1	1	3	-

Der Fokus der Forschung auf Kinder und Jugendliche in der deutschsprachigen Kommunikationswissenschaft und Medienpädagogik spiegelt sich auch in der Auftragsvergabe von Seiten der Medienpolitik und -aufsicht, deren Auftragsvolumen ungleich auf die drei Fächer verteilt ist (Tabelle 25). Von den untersuchten Publikationen entfällt der Löwenanteil der Auftragsstudien auf die Medienpädagogik, gefolgt von der Kommunikationswissenschaft, die vermehrt in der jüngeren Vergangenheit Gutachten für Auftraggeber aus dem politischen System erstellt hat (Brunn, et al., 2007; Grimm & Rhein, 2007; Grimm, et al., 2005; Volpers, 2004; Kunczik & Zipfel, 2004). Dagegen ist die Auftragslage der Medienpsychologie auffällig dünn, nur eine medienpsychologische Auftragsstudie ist in der Stichprobe vertreten (Groebel & Gleich, 1993); eine weitere Publikation wurde durch politische Institutionen finanziell unterstützt, aber nicht von diesen in Auftrag gegeben (Weiss, 1990).

Vor diesem Hintergrund lässt sich auch der ausschließliche Fokus der medienpädagogischen Gewaltforschung auf Kinder und Jugendliche interpretieren. Zum einen ist dies dem Materialobjekt der Medienpädagogik selbst geschuldet, das unter anderem auch die Förderung von Medienkompetenz vorsieht. Die Medienpädagogen beschränken ihre Forschung zwar nicht ausschließlich auf Kinder und Jugendliche, die Forschungspraxis wird aber häufig auf diese Zielgruppe reduziert (vgl. Schorb, 2003: 305). Zum anderen korrespondiert der Befund mit der hohen Zahl an Auftragsstudien, die von diversen Institutionen der Medienaufsicht und -politik vergeben wurden: Alle sechs Auftragsstudien der Medienpädagogik thematisieren die Gefahr von Gewaltdarstellungen auf die Zielgruppe der Kinder und Jugendlichen. Ein erklärungsbedürftiges Bild liefert das völlige Fehlen von Auftragsstudien in der US-Stichprobe. Das ist eine Konsequenz des dominanten Publikationstyps, die US-Stichprobe setzt sich fast ausschließlich aus Beiträgen hochkarätiger Zeitschriften („peer reviewed journals") zusammen – ein nicht unbedingt geeigneter Ort zur Veröffentlichung von Auftragsstudien.

Tabelle 25: *Anlass - Verteilung der Auftragsstudien*

	Deutsche Gewaltforschung (n= 12)	**US-Gewaltforschung** (n= 0)
KW	4	-
MPSY	2	-
MPäd	6	-

In den Befunden zum Auftragsvolumen und zum Adressatenkreis spiegelt sich ein vorrangiges Interesse medienpolitischer Akteure, allen voran der Medienaufsicht. Fast alle Auftragsstudien der Stichprobe benennen Kinder und Jugendliche als Adressaten von Mediengewalt, was auf den Interessenschwerpunkt von Medienpolitik und -regulierung schließen lässt. Die Auftragsvergabe an die Wissenschaft ist in diesem Bereich offensichtlich primär durch das Ziel eines verbesserten Jugendschutzes motiviert. Die Jugendschutzvorschriften im privaten Rundfunksektor sind gesetzlich der Aufsicht und Regulierung der Landesmedienanstalten unterstellt (vgl. Eisermann, 2001). Eine weitere Erklärung für das hohe Auftragsvolumen aus dem Bereich Medienaufsicht findet sich auch in den gesetzlichen Grundlagen der Landesmedienanstalten: Der Rundfunkstaatsvertrag sowie viele Landesmediengesetze halten fest, dass Landesmedienanstalten Forschung in ihren Interessensbereichen fördern dürfen und sogar sollen (vgl. etwa RStV § 40, Abs. 1,2; BayMG § 11, Abs. 12 & 15). Es liegt nahe, dass politisches Handeln im Bereich Jugendschutz entsprechend durch Auftragsforschung abgesichert wird (vgl. Eisermann, 2001). Dadurch entsteht eine Verknüpfung des (medien-)politisch-administrativen Systems mit der Wissenschaft. Dies wiederum deutet auf die interessengeleitete Verknüpfung von Auftrag und Forschung in diesem Bereich hin. Wissenschaftler können hier durch Drittmittel ihre Arbeitsbedingungen und ihre Reputation verbessern.

Anwendungspotenzial der Ergebnisse: Wissenschaftliche Ergebnisse sollten idealtypisch vor dem Hintergrund diskutiert werden, welchen Wert sie für die Forschung besitzen (wissenschaftsinternes Anwendungspotenzial) und inwieweit sie zur Lösung gesellschaftlicher Probleme beitragen können (wissenschaftsexterne Anwendungsgebiete). Wie Tabelle 26 zeigt, lokalisieren die Disziplinen das Anwendungspotenzial ihrer Ergebnisse in unterschiedlichen Bereichen. Kommunikationswissenschaft und Medienpsychologie sehen den Wert häufiger im Beitrag zur Forschungsentwicklung, während die medienpädagogischen Studien das wissenschaftsexterne Potenzial der Ergebnisse betonen.

Tabelle 26: *Wissenschaftsinternes und -externes Anwendungspotenzial (Mehrfachnennungen)*

	KW (n= 19)	MPSY (n= 8)	MPäd (n= 11)	US-KW (n= 14)	US-PSY (n= 7)
Internes Anwendungspotenzial	9	4	1	13	4
Externes Anwendungspotenzial	4	2	6	4	4
Kein Anwendungspotenzial	6	2	5	-	-

In den medienpsychologischen Publikationen steht das wissenschafts*interne* Potenzial der Ergebnisse im Vordergrund, kaum untersuchte Gegenstände zu durchleuchten. Möglichkeiten der externen Anwendung spielen eine untergeordnete Rolle. Dies hängt mit der starken Orientierung an Primärforschung, die nicht durch öffentliche Aufträge gefördert wird, zusammen. Davon unterscheiden sich die Texte der Kommunikationswissenschaft: Wissenschafts*interne* Anwendungsbereiche werden ebenso wie *-externe* diskutiert; den internen Anwendungsmöglichkeiten wird allerdings mehr Raum beigemessen. Dieser Befund bestätigt sich auch im internationalen Vergleich, auch in den kommunikationswissenschaftlichen Publikationen der US-Stichprobe wird die wissenschaftsinterne Anwendung von Ergebnissen intensiv diskutiert. Eine Rolle spielt in der deutschen Debatte sicher der hohe Anteil an meta-analytischen Studien in der Kommunikationswissenschaft. Nochmals ein anderes Bild zeichnen die medienpädagogischen Veröffentlichungen, in denen das wissenschaftsexterne Potenzial der Ergebnisse im Vordergrund steht. Der wissenschaftsinterne Gebrauch der Ergebnisse wird nur in einer Studie angesprochen, diese Aussagen postulieren aber nur auf einem abstrakten Niveau einen Beitrag zur Überwindung des generellen Forschungsdefizits in der Gewaltforschung (Theunert, et al., 1992).

Wird ein wissenschaftsexterner Anwendungsbezug konstatiert, ist das in medienpädagogischen wie kommunikationswissenschaftlichen Studien der Bereich des Jugendschutzes. Allerdings setzen die zwei Disziplinen unterschiedliche Akzente, für welchen Akteurskreis ihre Erkenntnisse hilfreich sein könnten: In den medienpädagogischen Publikationen werden alle am Jugendschutz beteiligten Akteure als potenzielle Anwender angesprochen (politische Akteure, Medienakteure, Pädagogen und Eltern); an erster Stelle stehen die Medienindustrie und Programmanbieter. Akteure im Bereich Erziehung und Pädagogik werden selten genannt. Wenig Anwendungspotenzial sehen die Medienpädagogen auch im Bereich der Medienpolitik und -aufsicht. Dagegen steht in der kommunikationswissenschaftlichen Literatur die Anwendung der Ergebnisse im Bereich der Medienpolitik und -aufsicht im Vordergrund, ebenso wie Empfehlungen für Maßnahmen von Seiten der Industrie und Programmanbieter (Tabelle 27).

Die Befunde verdeutlichen einen disziplinären Grenzverlauf zwischen Medienpsychologie und Kommunikationswissenschaft auf der einen, und Medienpädagogik auf der anderen Seite. Die ersten zwei Fächer kommunizieren nach innen: Die Frage nach dem Beitrag der eigenen Studie zur Qualitätssicherung der Forschung ist in der kommunikationswissenschaftlichen Gewaltforschung sogar noch häufiger zu finden als bei den Medienpsychologen. In den medienpädagogischen Studien wird die wissenschaftsinterne Anwendung der Ergebnisse als Beitrag zur Qualitätssicherung nur einmal explizit thematisiert. Diese disziplinären Unterschiede korrelieren mit den Grenzverläufen in Bezug auf den wissenschaftsexternen Anwendungsbezug. Der ausgeprägte Fokus der medienpädagogischen Publikationen auf eine wissenschaftsexterne, anwendungsorienterte Ergebnisdarstellung und -diskussion geht einher mit der hohen Zahl der Auftragsstudien. Auftragsstudien stehen in der Bringschuld, Ergebnisse liefern zu müssen, mit denen Auftraggeber tatsächlich etwas anfangen können. Darüber hinaus passt der Fokus auf externe Anwendungsbereiche zum Fachverständnis der Medienpädagogen, die ihre Disziplin primär als Anwendungswissenschaft verstehen (vgl. Baacke, 1999: 220).

Wie sehen die Befunde im internationalen Vergleich aus? Für diese Kategorie zeigen sich nationenspezifische Charakteristika. Zum einen diskutieren alle US-amerikanischen Studien intensiv mögliche Anwendungsgebiete; im Gegensatz zur deutschen Gewaltdebatte, in denen etliche Studien überhaupt keine Anwendungsfelder benennen (Tabelle 27). Darüber hinaus formulieren US-Autoren häufiger ausgeprägt ihren Willen, zur Lösung des *gesellschaftlichen* Problems der Mediengewalt beizutragen. Die wissenschaftsexternen Handlungsvorschläge der US-Forschung sind konkreter formuliert als die des deutschen Forschungsfelds (vgl. Walsh & Gentile, 2001; Huesmann, et al., 2003; Eron, 1995). Während die kommunikationswissenschaftlichen US-Vertreter ihre Handlungsvorschläge mit einem vorsichtigen Sprachduktus präsentieren, formulieren einige psychologische Autoren ihre Handlungsvorschläge sehr energisch, sie fordern deren Umsetzung sogar regelrecht ein. Zum anderen macht der internationale Vergleich deutlich, dass die nationalen Felder der Gewaltforschung den Handlungsbedarf tendenziell bei unterschiedlichen gesellschaftlichen Akteuren lokalisieren. Im deutschsprachigen Diskurs werden häufiger Vorschläge für die Bereiche Medienpolitik und Medienregulierung gemacht, in der US-Forschung werden dagegen verstärkt Vorschläge für das Feld der Medienpädagogik und Erziehung angebracht.

Tabelle 27: *Wissenschaftsexterne Anwendungsgebiete (Mehrfachnennungen)*

	KW (n= 4)	MPSY (n= 2)	MPäd (n= 6)	US-KW (n= 4)	US-PSY (n= 4)
Medienpolitik & -regulierung	3	1	1	1	-
Industrie, Programmanbieter, FSK	3	1	4	2	1
Medienpädagogik & Erziehung	1	2	2	5	3

Einordnung und Bewertung der Befunde

Betrachtet man die Befunde zur deutschsprachigen Gewaltdebatte vor dem Hintergrund der Forschungsfrage nach disziplinären Grenzverläufen respektive Gemeinsamkeiten, zeichnet sich auf Gegenstandsebene folgendes Bild ab: Für die Primärforschung zum Gegenstand lassen sich keine durchgängigen disziplinären Grenzverläufe erkennen; die drei Disziplinen sind in ihrem Wissen über den Gegenstand gar nicht so weit voneinander entfernt. Wenn überhaupt, lassen sich allenfalls graduelle disziplinäre Differenzen, nicht aber fundamentale Gräben erkennen. Kommunikationswissenschaft, Medienpsychologie und Medienpädagogik unterscheiden sich im Hinblick auf die Fragestellungen und die Bewertung der von Mediengewalt ausgehenden Gefahr nicht grundsätzlich, allenfalls graduell. Alle drei Disziplinen sind im *Paradigma der selektiven Medienwirkungen* verortet. Sie gehen mit einer Ausnahme nicht von einem monokausalen Wirkverständnis aus, sondern konstatieren ein Wirkungsrisiko von Mediengewalt: Medieninhalte verursachen nicht zwingend negative Wirkungen auf Rezipientenseite, besitzen aber das Potenzial, im Zusammenspiel mit intervenierenden Variablen negative Effekte bei Rezipienten hervorzurufen. Keine der Disziplinen konzentriert sich nur auf singuläre intervenierende Variablen, alle drei Fächer sprechen sowohl personalen, sozialen und situativen Variablen als auch Botschaftsmerkmalen Einflusspotenzial zu. Ebenso wenig sind disziplinäre Präferenzen für bestimmte Zugänge zum Gegenstand sichtbar. In diesem Bereich lassen sich also keine fundamentalen Unterschiede erkennen, die aus der Disziplinzugehörigkeit der Autoren heraus erklärbar wären.

Diese Übereinstimmung zeigt sich auch in der generellen Einschätzung des Wirkpotenzials von Mediengewalt. Disziplinenübergreifend sind sich die Forschenden einig: Die Ergebnislage zu den einzelnen Wirkfaktorenbündeln ist so uneindeutig, dass Stärke und Reichweite der Effekte (noch) nicht eindeutig bestimmbar sind. In diesem Punkt setzt sich die deutschsprachige Gewaltforschung von der US-amerikanischen ab. Die amerikanischen Forscher schätzen die Ergebnislage zum Gegenstand Mediengewalt disziplinenübergreifend eindeutiger ein. Der Konsens der amerikanischen Gewaltforschung gilt nicht nur für die Bewertung des generellen Wirkpotenzials von Mediengewalt, auch zu den einzelnen Faktorenbündeln scheint die Ergebnislage für die US-amerikanische Forschung klarer zu sein als im deutschsprachigen Raum. Allerdings gilt dies nur für die geäußerte Sicherheit, welche Faktoren verantwortlich sind, nicht für die tatsächliche Befundlage. Amerikaner gehen forscher an die Interpretation ihrer Befunde heran, Deutsche sind deutlich zögerlicher und vorsichtiger. Erklärbar ist diese internationale Diskrepanz auch durch unterschiedliche Forschungsbedingungen in den USA und Deutschland. In den USA steht deutlich mehr Geld für die Gewaltforschung zur Verfügung, um Längsschnittstudien zu finanzieren; darüber hinaus weisen beide Fächer aufgrund ihrer Größe eine stärkere Personaldecke auf. In Deutschland fehlen solche Längsschnittdesigns bislang; was wohl auch auf das Problem der Finanzierung solcher Studien zurückzuführen ist. Empirische Langzeitstudien zu diesem Gegenstand sind komplex und teuer. Bislang setzt sich die Forschungsfinanzierung in Deutschland aus vergleichsweise kleinen Töpfen für akademische Grundlagenforschung an den Universitäten sowie aus einzelnen, punktuellen Aufträgen von Medienpolitik und -regulierung zusammen. Damit ist aber eine kontinuierliche Forschungsfinanzierung nicht gewährleistet, wie es für Längsschnittdesigns notwendig wäre.

Ein auffälliger Grenzverlauf zeichnet sich dagegen für den Umgang mit meta-analytischen Gegenständen ab. Die Kommunikationswissenschaft führt den intensivsten Diskurs nach innen, hier ist das Verhältnis zwischen Primär- und meta-analytischer Forschung anders als in der medienpsychologischen und -pädagogischen Gewaltforschung. Wie lässt sich dieser Grenzverlauf erklären? In der deutlichen Ausrichtung der kommunikationswissenschaftlichen Gewaltforschung auf meta-analytische Gegenstände spiegelt sich das generelle Problem der deutschsprachigen Kommunikationswissenschaft, als Integrationsfach auf Theorie- und Methodenimporte aus anderen Disziplinen angewiesen zu sein und bis heute mit einem Theoriedefizit, aber auch mit Qualitätsproblemen im Bereich der empirischen Forschung zu kämpfen. Der geringere Stellenwert, den die medienpsychologische und -pädagogische Gewaltforschung der meta-analytischen Reflexion beimessen, heißt allerdings nicht, dass diese Disziplinen mit keinerlei theoretischen und methodischen Defiziten zu kämpfen hätten. Allerdings nutzen diese Fächer Sekundärgegenstände zur Gewaltforschung weniger ausgeprägt als Forum der Qualitäts- und Selbstverständnisdiskussion.

Beachtenswert sind auch die Befunde zur Auftragsvergabe in der deutschsprachigen Gewaltforschung. Dass gerade die Medienpädagogen einen großen Teil der von den Landesmedienanstalten vergebenen Auftragsstudien durchgeführt haben, mag auch an deren Nähe zu den zentralen Aufgabenfeldern der Medienaufsicht für den privaten Rundfunk liegen. Negative Regulierungsmaßnahmen zum Jugendschutz fallen ebenso wie positive Maßnahmen zur Förderung von Medienkompetenz in den Kompetenzbereich der Landesmedienanstalten[7]. Damit bedient die Medienpädagogik mit ihrem Fokus auf Kinder und Jugendliche und dem Forschungsschwerpunkt auf Medienkompetenz zwei zentrale Interessensgebiete der Medienaufsicht in Deutschland. Hier lässt sich eine Verbindung erkennen zwischen der medienpolitischen Interessenlage und der disziplinübergreifend auffälligen Fokussierung auf a) Kinder und Jugendliche als Zielgruppe von Mediengewalt, und b) auf das Fernsehen als Vermittler gewalthaltiger Medienangebote. Die erkennbare Verknüpfung des politisch-administrativen Systems mit der Wissenschaft deutet auch auf die interessengeleitete Verknüpfung von Auftrag und Forschung in diesem Bereich hin.

Spiegeln sich diese disziplinären Unterschiede der deutschsprachigen Gewaltforschung auch in den Befunden des US-amerikanischen Raums? Ein 1:1-Vergleich der Disziplinen über die Ländergrenzen hinweg ist nur begrenzt möglich, da die US-Stichprobe keine medienpädagogischen Publikationen enthält. International vergleichende Aussagen sind damit nur für die kommunikationswissenschaftliche und psychologische Gewaltforschung möglich. Die Befunde lassen sich in folgende Kategorien teilen:

- Nationenspezifische und disziplinspezifische Befunde
- Nationenspezifische, disziplinenübergreifende Befunde
- Nationenübergreifende, disziplinenspezifische Befunde
- Nationenübergreifende und disziplinübergreifende Befunde

Zwei Ergebnisse des internationalen Vergleichs sind besonders aussagekräftig: erstens die nationenspezifische, disziplinenübergreifende Einschätzung der Ergebnislage zum Gegenstand *Mediengewalt*. Während die Ergebnislage zum Gegenstand in der deutschsprachigen Gewaltforschung als uneindeutig eingeschätzt wird, was vor allem der unklaren Befundlage zu den einzelnen intervenierenden Variablen geschuldet ist, zeigt sich die US-amerikanische Gewaltforschung deutlich einheitlicher in der Bewertung der Ergebnislage, auch wenn keine konkreten Aussagen zur Stärke der intervenierenden Variablen getroffen werden. Aussagen wie von Bushman und Anderson (2001) sind in der deutschsprachigen Gewaltforschung selten zu finden.

> „Since 1975, the scientific confidence and statistical magnitude of this link [der nachgewiesene Zusammenhang zwischen Mediengewalt und Aggression, Anm. d. Verf.] have been clearly positive and have consistently increased over time. (…) By 1975, the effect was clear." (Bushman & Anderson, 2001: 477, 486)

Die US-amerikanische Sicherheit, mit der die Ergebnislage der Gewaltforschung bewertet wird, wird durch Ergebnisse aus Längsschnitt- und Meta-Analysen untermauert (beispielsweise Paik & Comstock, 1994; Wood, et al., 1991).

7 Zu den Aufgaben der Landesmedienanstalten im Bereich Jugendschutz sowie Förderung von Medienkompetenz vgl. etwa JMStV § 20; RStV § 40, Abs. 1,2; LMG § 42 sowie § 46, Abs. 1; BayMG § 11, Abs. 12 & 15.

Als zweites tragfähiges Ergebnis des internationalen Vergleichs ist der Blick nach innen zu nennen, den kommunikationswissenschaftliche Studien im deutschsprachigen Raum wie in den USA bevorzugt pflegen. Der nach innen gerichtete Diskurs liefert einen weiteren Baustein zur These, dass sich die Kommunikationswissenschaft als transdisziplinäres Integrationsfach deutlich stärker an Fragen der Forschungsqualität reibt. Dieser Diskurs läuft nicht nur in einschlägigen Selbstverständnisdebatten (DGPuK, 2001) oder Publikationen zur Fachentwicklung ab, sondern wird auch in einzelnen Forschungsfeldern des Faches systematisch geführt. Damit erscheint das von Ruhrmann und seinen Kollegen (2000: 295) kritisierte Muster, kommunikationswissenschaftliche Selbstreflexion erfolge „zumeist fragmentarisch und (...) als Ad-hoc-Operation, die die weitgehend empirische Forschungspraxis kaum irritiert hat", in einem anderen Licht: Im Vergleich zur Medienpädagogik und zur Medienpsychologie widmet sich die Kommunikationswissenschaft auf dem Feld der Gewaltforschung systematisch und intensiv der Frage nach dem eigenen Selbstverständnis und Qualitätsstandards.

V.2 Vorgehen und Dokumentation des Forschungsprozesses

Dieses Unterkapitel umfasst die Befunde zum konkreten wissenschaftlichen Handeln. Dazu gehört nicht nur die schrittweise Produktion wissenschaftlichen Wissens, wie es im Forschungsprozess entsteht, sondern auch die Kommunikation des Wissens. Damit gerät die Darstellungsebene in den Blick: Wie präsentieren die Autoren ihre Ergebnisse, wie dokumentieren sie den Forschungsprozess? Zunächst mag der Zweck dieses Kapitels trivial erscheinen. Seine Brisanz entwickelt sich aber vor dem Hintergrund der übergeordneten Fragestellung: Wie unterscheiden sich die Disziplinen in ihrem Wissen über den Gegenstand, wie generieren sie dieses Wissen, und welche Rolle spielen dabei disziplinspezifische Perspektiven, theoretische Ansätze und methodische Zugänge? Das gilt es zu klären.

Der internationale Vergleich ist in diesem Unterkapitel nur bedingt möglich, unterscheiden sich die nationalen Stichproben doch beträchtlich in der Zusammensetzung der Publikationstypen. In der deutschen Stichprobe sind überhaupt keine Aufsätze aus Fachzeitschriften enthalten, dafür finden sich umso mehr Monographien. Dagegen sind in die US-Stichprobe fast ausschließlich Fachzeitschriftenbeiträge, nur wenige Monographien und gar keine Sammelbände eingeflossen. Die unterschiedliche Zusammensetzung ist etwas problematisch, weil sich Zeitschriftenbeiträge von Monographien in ihrem formallogischen Aufbau unterscheiden: Zeitschriftenaufsätze sind auf ein striktes Zeichenkontingent beschränkt, damit steht den Autoren empirischer Studien wenig Raum zur Verfügung, theoretische Kontroversen, methodische Schwächen und Stärken sowie Probleme bei der Datenauswertung ausführlich darzustellen ohne dass die Ergebnisdarstellung beeinträchtigt würde. Die internationale Gegenüberstellung sollte daher den Publikationstyp der Studien berücksichtigen. Eine möglicherweise deskriptive Theoriedarstellung in den Zeitschriftenbeiträgen der US-Stichprobe sollte nicht einfach als mangelnde Sorgfalt der Theoriearbeit interpretiert werden.

Theoriearbeit: Die theoretische Perspektive bestimmt den Blick auf den Untersuchungsgegenstand ganz entscheidend (vgl. Popper, 1973: 85ff.). Um das an einem Beispiel zu verdeutlichen: Es macht einen Unterschied, ob die Medienberichterstattung vor dem Hintergrund der Nachrichtenwerttheorie oder aus der Gatekeeper-Forschung heraus untersucht wird. In der Perspektive der Nachrichtenwerttheorie rücken die Eigenschaften des Medieninhalts selbst in den Mittelpunkt; gefragt wird dann nach den Merkmalen, die Ereignisse besitzen müssen, um nachrichtenwürdig zu werden (z.B. Negativismus, Überraschung, Bezug zu Elitepersonen). In der Tradition der Gatekeeper-Forschung stehen dagegen die Journalisten und deren Arbeitsroutinen, redaktionelle Zwänge und externe Einflüsse auf die Nachrichtenproduktion im Vordergrund. Je nach Ansatz werden entweder die Medieninhalte oder die Medienschaffenden zum Untersuchungsobjekt, mit allen Konsequenzen, die sich aus diesen Gegenständen für die Methodenwahl ergeben. Die Einordnung des zu untersuchenden Phänomens in den theoretischen Kontext ist also eine notwendige Vorarbeit, um den Untersuchungsgegenstand überhaupt erst der empirischen Analyse zugänglich zu machen (vgl. Mayntz, 1985: 70; Heintz, 1993: 534f.).

Ein Blick auf die verwendeten Theorien konstatiert der Gewaltforschung zunächst einen Theorienpluralismus. Die Wirkungstheorien der Gewaltforschung lassen sich in drei Kategorien klassifizieren:

(1) Hemmend: Theorien, die von einer hemmenden Wirkung medialer Gewaltdarstellungen bei Rezipienten ausgehen (Katharsisthese, Inhibitionsthese)

(2) Neutral: Theorien ohne Aussage über eine eindeutige Wirkungsrichtung (Habitualisierungsthese, Desensibilisierungsthese, These der Wirkungslosigkeit)

(3) Fördernd: Theorien, die von einer fördernden Wirkung medialer Gewaltdarstellungen bei Rezipienten ausgehen (Lerntheorie, Nachahmungsthese, Stimulationsthese, Erregungsthese)

Bei weitem nicht alle Studien spannen ein theoretisches Fundament auf; vor allem die medienpädagogischen Gewaltstudien stechen durch ihre Theorie-Enthaltsamkeit besonders hervor (Tabelle 28). Diejenigen Studien mit theoretischem Fundament bauen in der Regel nicht auf einem singulären theoretischen Ansatz auf, sondern verknüpfen verschiedene Theorien. Sie basteln sich eine maßgeschneiderte theoretische Basis für die eigene Fragestellung. Häufig vertreten ist ein Mix aus Medienwirkungs- und Nutzungstheorien.

Tabelle 28: *Theoretische Perspektive*

	KW (n= 12)	MPSY (n= 5)	MPäd (n= 1)	US-KW (n= 9)	US-PSY (n= 4)
Wirkungstheorien	4	2	-	6	3
Nutzungstheorien	2	-	-	-	-
Wirkungs- und Nutzungstheorien	6	3	1	3	1

Obige Annahme, dass die Theorieperspektive den Blick auf den konkreten Untersuchungsgegenstand und das methodische Design entscheidend prägt, lässt sich nur teilweise durch die vorliegenden Befunde bestätigen. Ein unscharfes Bild zeichnet sich für den Einfluss der Theorieperspektive auf Gegenstand und Methodenwahl ab: Tendenziell ziehen kommunikatzentrierte Studien und Literatursynopsen häufiger exklusiv Wirkungstheorien heran als rezipientenorientierte Studien, in denen Wirkungs- und Nutzungstheorien gleichermaßen verwendet werden. Dies ist aber allenfalls eine Tendenz und daher als Befund wenig aussagekräftig. Ein aussagekräftiges Muster manifestiert sich dagegen im Einfluss der Theorieperspektive auf die Einschätzung des generellen Wirkpotenzials von Mediengewalt. Hier zeigen die Daten eine nationen- und disziplinübergreifende Regel: Über alle Disziplinen hinweg verwenden Gewaltforscher primär solche Wirkungstheorien, die von einer aggressionsfördernden Wirkungsrichtung ausgehen. Prominente Grundlage ist die sozial-kognitive Lerntheorie, die dann mit weiteren, gewaltspezifischen Ansätzen wie auch Mediennutzungstheorien verknüpft wird. Dieser Befund deckt sich mit der Einschätzung, dass Mediengewalt generell ein negatives Wirkpotenzial zugesprochen wird (vgl. Kapitel V.1).

Neben diesen nationen- und disziplinenübergreifenden Befunden zeigt sich im Vorgehen der Gewaltforscher bei der Theoriearbeit ein disziplinärer Grenzverlauf. Die Bandbreite der Theoriearbeit reicht dabei von der völligen Ausblendung des theoretischen Fundaments über die bloße Deskription einzelner Ansätze bis hin zur profunden Diskussion der Ansätze und ihrer wissenschaftstheoretischen Prämissen. Die unterschiedliche Sorgfalt, mit der die einzelnen Autoren ihr theoretisches Fundament gelegt und begründet haben, unterscheidet sich in der Tat von Disziplin zu Disziplin (Tabelle 29). In Punkto Sorgfalt der theoretischen Grundlagenarbeit stehen die medienpsychologische und kommunikationswissenschaftliche Gewaltforschung näher beieinander als die Medienpädagogik. Mit einer Ausnahme (Zeitter, et al., 1997) lassen die medienpädagogischen Studien ein sauber erarbeitetes und beschriebenes theoretisches Fundament vermissen. Davon unterscheidet sich die Theoriearbeit der kommunikationswissenschaftlichen und medienpsychologischen Gewaltforschung. Hier ist der wissenschaftliche Standard, das eigene Vorgehen theoretisch zu verankern und entsprechend zu kommunizieren, stärker institutionalisiert. Allerdings gibt es auch in diesen Fächern Publikationen ohne theoretisches Fundament; der Standard der Theoriearbeit ist also auch hier nicht völlig akzeptiert. Dabei weisen die Publikationen der Medienpsychologie einen höheren theoretischen Anspruch auf als die der Kommunikationswissenschaft, weil es mehr kommunikationswissenschaftliche Studien mit deskriptiven theoretischen Ausführungen gibt. Legt man einen strengen Maßstab an die Theoriearbeit an, so verfehlen die meisten Studien den Standard. Theorie*überprüfung*, also die explizite Ausrichtung der Studie an der Bestätigung oder Falsifizierung einer konkreten Theorie, findet sich kaum. Dadurch fällt es auch schwer, zwischen den verschiedenen Theorien der Förderung von Aggression durch Mediengewalt eine Differenzierung zu erreichen.

Der internationale Vergleich macht zudem sichtbar, dass die US-amerikanischen Kommunikationswissenschaftler das theoretische Fundament ihrer Arbeiten auffällig intensiv diskutieren. Das ist ein überraschender Befund, wäre doch aufgrund des dominanten Publikationstyps in der US-Stichprobe (primär Zeitschriftenbeiträge) zu erwarten, dass das theoretische und methodische Vorgehen aufgrund der beschränkten Zeichenmenge eher deskriptiv ausfallen würde. Im Vergleich zur deutschen Stichprobe finden sich unter den US-amerikanischen Texten deutlich weniger Studien *ohne* jegliches theoretisches Fundament. Darüber hinaus lassen die Ergebnisse im internationalen Vergleich nur noch die Interpretation zu, dass die deutschen Texte von Medienpsychologie und Kommunikationswissenschaft sichtbar vom idealtypischen Standard der Theoriearbeit abweichen.

Tabelle 29: *Theoriearbeit*

	KW (n= 19)	**MPSY** (n= 8)	**MPäd** (n= 11)	**US-KW** (n= 14)	**US-PSY** (n= 7)
Tiefgehende Diskussion theoretischer Ansätze	7	4	-	6	1
Bloße Deskription theoretischer Ansätze	5	1	1	6	4
Kein theoretisches Fundament	7	3	10	2	2

Der schon für die Sorgfältigkeit der Theoriearbeit konstatierte Grenzverlauf zwischen der Medienpädagogik und den anderen beiden Disziplinen gilt auch für den *Bezug zur US-Literatur*. Verweise auf US-amerikanische Literatur können als Indikator für die Qualität der Studien gewertet werden, weil die Gewaltforschung jenseits des Atlantiks in ihrem Wissen über den Gegenstand *Medienge-*

walt weiter fortgeschritten ist. Der Vorsprung der US-Gewaltforschung gegenüber dem deutschsprachigen Raum wird verständlich, wenn die unterschiedlichen Situationen der Fachdisziplinen diesseits und jenseits des Atlantiks in den Blick genommen werden. Die Gewaltforschung in den USA besitzt eine deutlich längere Tradition und größere Personaldecke und wird finanziell von Geldgebern außerhalb des Wissenschaftssystems systematisch gefördert. Anhand der Referenzen aus der amerikanischen Gewaltforschung kann dem internationalen Wissenstransfer innerhalb des Forschungsfelds nachgespürt werden.

Während sich unter den medienpädagogischen Studien etliche Publikationen finden, in denen US-Referenzen fehlen, geht das Gros der kommunikationswissenschaftlichen und medienpsychologischen Studien über den nationalen Horizont hinaus und bezieht Literatur aus dem US-amerikanischen Forschungsraum mit ein (Tabelle 30). Im Falle der Medienpsychologie wird der Blick auf die andere Seite des Atlantiks durch die enge Anbindung an den Theorie- und Methodenkanon der Mutterdisziplin verständlich. Viele neuere Theorieentwicklungen, die auch für die Medien- und Rezeptionsforschung fruchtbar sind, stammen aus dem US-amerikanischen Raum. Referenzen auf die US-amerikanische Literatur sind nicht alleine auf die Pioniere der Gewaltforschung oder Klassiker der Psychologie wie Gerbner, Feshbach, Bandura und Berkowitz beschränkt, sondern berücksichtigen auch neuere Theorieentwicklungen, z.B. Zillmanns Erregungsübertragungs-These oder den Mood-Management-Ansatz. Der psychologische Theorieimport erklärt auch die häufige Zitation der entsprechenden Studien in den kommunikationswissenschaftlichen Publikationen. Darüber hinaus wohnt der Orientierung deutscher Gewaltforscher an den USA noch ein fachhistorisches Moment inne: Die US-amerikanische Schwesterdisziplin nimmt eine Vorreiterrolle für das deutsche Fach ein. Forscherpersönlichkeiten wie Elisabeth Noelle-Neumann oder Gerhard Maletzke (beide haben in den USA promoviert) haben in den 60er Jahren die Methoden der Wahl-, Umfrage- wie auch Wirkungsforschung in das damals hermeneutisch-geisteswissenschaftliche Fach importiert und damit die Öffnung der Disziplin zur empirischen Sozialforschung entscheidend vorangetrieben (vgl. Meyen & Löblich, 2006). Seitdem wird der Blick auf die Kommunikationsforschung in den USA mit großer Vehemenz gefordert und drückt sich in der Präsenz deutschsprachiger Wissenschaftler in US-dominierten Fachgesellschaften wie der International Communication Association (ICA) oder in Forschungs- und Lehraufenthalten im vermeintlichen „kommunikationswissenschaftlichen Paradies“ (Vorderer, 2005) aus.

Ein Großteil der Referenzen in beiden Disziplinen bezieht sich auf theoretische Konzepte psychologischer Provenienz. US-Literaturverweise sind auch im Abschnitt zum methodischen Vorgehen zu finden, aber in geringerem Maße. Hier ist es häufig das methodische Vorgehen Gerbners und seiner Kollegen, das als „early steps“ der Gewaltforschung beschrieben wird. Häufig wird auch auf US-amerikanische Meta-Analysen verwiesen, um die generelle Einschätzung des Wirkpotenzials von Mediengewalt zu untermauern (z.B. Paik & Comstock,

1994; Wood, et al., 1991). Ein andauernder Wissenstransfer vom US-Forschungsfeld in den deutschsprachigen Raum hinein kann also zumindest im Bereich der Theoriearbeit für die kommunikationswissenschaftliche und medienpsychologische Gewaltforschung nachgewiesen werden.

Tabelle 30: *Studien mit Bezug zu US-Literatur*

	KW (n= 19)	MPSY (n= 8)	MPäd (n= 11)
Bezug zu US-Literatur	14	6	4
Kein Bezug zu US-Literatur	5	2	7

Methodische Designs: Tabelle 31 gibt zunächst einen Überblick über die methodischen Designs der Meta-Analysen, von denen die meisten theoretische Literatursynopsen sind. Empirische Meta-Analysen greifen entweder auf die Methode der qualitativen oder quantitativen Inhaltsanalyse zurück. Die einzige als qualitative Inhaltsanalyse angelegte Metastudie der Stichprobe evaluiert den Forschungsprozess; dagegen sind die quantitativen Meta-Analysen darauf ausgerichtet, die empirisch nachgewiesenen Effekte von Mediengewalt besser einschätzen zu können (Potter & Smith, 2000; Bushman & Anderson, 2001; Potter, 1997). Der geringe Anteil empirischer Meta-Analysen überrascht eher, vor allem weil die Anzahl der Studien im Bereich Mediengewalt immer wieder mit mehreren Tausend angegeben wird (vgl. beispielhaft Kunczik & Zipfel, 2006: 11). Die bloße Menge an Einzelbefunden bietet sich doch eigentlich als ideale Grundlage für Meta-Analysen an.

Tabelle 31: *Methodische Designs der Meta-Analysen*

	KW (n= 10)	MPSY (n= 1)	MPäd (n= 1)	US-KW (n= 5)	US-PSY (n= 2)
Literatursynopsen	9	1	1	3	1
Qualitative Inhaltsanalysen	1	-	-	-	-
Quantitative Inhaltsanalysen	-	-	-	2	1

Die folgenden Befunde zu Vorgehen und Dokumentation des Forschungsprozesses konzentrieren sich auf die empirischen Studien insgesamt, d.h. auch die empirisch vorgehenden Meta-Analysen werden einbezogen. Nicht-empirische Literatursynopsen werden für diesen Abschnitt zurückgestellt, weil Vorgehen und Dokumentation formallogisch nicht so deutlich strukturiert sind wie das der empirischen Studien. Damit würde ihr Einbezug die Vergleichbarkeit der Befunde zu den einzelnen Forschungsschritten erschweren. Insgesamt wurden für die folgenden Befunde 19 empirische Studien des deutschsprachigen Raums und 16 Studien der US-Stichprobe berücksichtigt.

Zu den Befunden: Die empirischen Studien lassen keine dominanten disziplinären Präferenzen für bestimmte methodische Zugänge, Untersuchungsanlagen und Methoden der Datenerhebung erkennen. Anders sieht das für die Beschreibung und Dokumentation des methodischen Vorgehens aus, hier lassen die Fachvertreter unterschiedliche Sorgfalt walten. Die Befunde werden im Folgenden für (1) Forschungslogik sowie für (2) Untersuchungsanlagen und methodische Designs referiert.

(1) Insgesamt ist keines der disziplinären Forschungsfelder ausschließlich der quantitativen respektive qualitativen Forschungslogik verschrieben (Tabelle 32). Viele Studien beinhalten sowohl qualitative als auch quantitative Komponenten. Dieser Befund passt zu der Feststellung Winterhoff-Spurks (1999: 25), dass die Gegenüberstellung von quantitativer und qualitativer Forschungslogik in der empirischen Forschung so klar gar nicht existiere. Dieser Befund beinhaltet auch eine positive Botschaft: Auch wenn Mehrmethodendesigns in der Gewaltforschung nicht flächendeckend etabliert sind, scheint der Grundsatz der Triangulation[8] offenbar nicht nur bloßes Lippenbekenntnis zur Verbesserung der Forschungsqualität zu sein, sondern in Ansätzen in den Forschungsalltag der Wirkungsforscher einzukehren.

Die nicht eindeutige Zuordnung der Studien zu einer qualitativen respektive quantitativen Forschungslogik mag auch darin begründet sein, dass sich die Disziplinen in der Sorgfalt unterscheiden, mit der die einzelnen Autoren ihre Verortung in einem qualitativen respektive quantitativen Zugang sehen. Hier grenzen sich die medienpädagogischen Gewaltstudien erneut von den anderen beiden Disziplinen ab: Während die empirischen Studien der Kommunikationswissenschaft und Medienpsychologie klar und deutlich offen legen, welche Komponenten qualitativ respektive quantitativ sind, beschreiben einige medienpädagogische Studien ihren methodischen Zugang so oberflächlich, dass sich für den Leser die dahinter liegende Forschungslogik nicht offenbart (Glogauer, 1990, 1994 & 1996). Da sich dieser Befund aber nur auf einen prominenten Vertreter der Medienpädagogik bezieht, ist hier mit der Verallgemeinerung vorsichtig zu verfahren.

8 Triangulation ist die Kombination von qualitativen und quantitativen Forschungstechniken, ein Konzept, das sich in den Sozialwissenschaften zunehmend verbreitet (vgl. Flick, 2004).

Tabelle 32: *Forschungsprogramm: Art des Zugangs, der Messung und Auswertung*

	KW (n= 6)	MPSY (n= 5)	MPäd (n= 8)	US-KW (n= 9)	US-PSY (n= 6)
Qualitativer Zugang	1	1	2	-	5
Quantitativer Zugang	3	3	2	9	1
Kombination qualitativer & quantitativer Zugänge	2	1	2	-	-
Unsystematischer oder nicht erkennbarer Zugang	-	-	2	-	-

Basis: empirische Studien

(2) Über alle Disziplinen hinweg wird das Standardrepertoire empirischer Methoden der Sozialforschung gleichermaßen in experimentellen wie nicht-experimentellen Anlagen angewendet. Vor allem Inhaltsanalysen und verschiedene Befragungsformen (quantitativ und qualitativ) sind in allen drei Disziplinen zu finden (Tabelle 33). Nicht-experimentelle Designs kommen über alle Disziplinen hinweg häufiger zum Einsatz als experimentelle Designs, sie bilden offenbar die wichtigste Untersuchungsanlage der empirischen Gewaltforschung. Auffällig ist der fast ausschließlich in medienpädagogischen Studien zu findende Einsatz von Inhaltsanalysen in Experimentaldesigns. Rein forschungslogisch kommen die Medienpädagogen mit ihren Untersuchungsanlagen dem idealtypischen Vorgehen zur Erforschung von Wirkungen am nächsten. Dass gerade die Medienpädagogen Inhaltsanalysen stärker in ihre Experimentaldesigns einbauen als die anderen Disziplinen, könnte durch die hohe Zahl der Auftragsstudien erklärt werden. Von den medienpädagogischen Publikationen sind es gerade die Auftragsstudien, die durch die verwendeten Mehrmethodendesigns und die Kombination qualitativer und quantitativer Methoden hervorstechen. Die Kombination von qualitativen und quantitativen Methoden kann im Falle dieser Studien dadurch erklärt werden, dass qualitative Zugänge kleinerer Stichproben bedürfen und damit den Finanzbedarf im Vergleich zu rein quantitativen Studien deutlich senken.

Weniger häufig werden rezeptionsbegleitende Messverfahren und Reaktionstests eingesetzt, ebensowenig wie psychophysiologische Messverfahren (Ausnahmen: Zeitter, et al., 1997, Kirsh, et al, 2005; Grimm, 1999). Dieser Befund wirft zumindest für die (medien-)psychologische Gewaltforschung diesseits und jenseits des Atlantiks Fragen auf, zählt doch die Medienpsychologie gerade diese Messverfahren zu ihrem genuinen Methodenkanon. Aber auch den anderen Disziplinen kann dieses Defizit angekreidet werden, da mit psychophysiologischen Messverfahren Medienwirkungen prozessbegleitend analysiert werden können. Zudem kann durch solche Messverfahren die Selbsteinschätzung der Befragten besser kontrolliert werden, weil Eigenauskünfte den physiologischen Messungen gegenübergestellt werden können. Ein weiteres Manko ist das Fehlen von Langzeitstudien in der Stichprobe (mit einer Ausnahme: Huesmann, et al., 2003). Die Stichprobe spiegelt in diesem Punkt die Forschungsrealität der deutschsprachigen Gewaltforschung, nicht aber der US-amerikanischen Forschung, dort werden Langzeitstudien deutlich häufiger durchgeführt.

Tabelle 33: *Untersuchungsanlagen (Mehrfachnennungen, da z. T. Mehrmethodendesigns)*

Experimentaldesigns	**KW** (n= 1)	**MPSY** (n= 1)	**MPäd** (n= 4)	**US-KW** (n= 2)	**US-PSY** (n= 2)
Inhaltsanalyse (qualitativ/ quantitativ)	-	-	3	1	-
Befragung (qualitativ/ quantitativ)	1	1	4	2	3
Rezeptionsbegleitende Verfahren	-	-	-	-	-
Psychophysiologische Messung	1	-	-	-	-
Reaktionstest	-	-	1	-	1
Beobachtung	-	-	1	-	-
Nicht-experimentelle Designs	**KW** (n= 5)	**MPSY** (n= 4)	**MPäd** (n= 4)	**US-KW** (n= 7)	**US-PSY** (n= 4)
Inhaltsanalyse (qualitativ/ quantitativ)	3	3	-	2	3
Befragung qualitativ: Einzelinterviews, Gruppendiskussionen;	1	1	1	-	2
Befragung quantitativ: schriftlich, mündlich, telefonisch	2	3	1	4	1
Sekundäranalysen	1		-	1	-
Einzelfallanalysen	-	-	2	-	-
Gesamt	6	5	8	9	6

Basis: empirische Studien

Interessant sind auch die Befunde zur Kategorie *Präferenzen und Kritik spezifischer Methoden*: Disziplinenübergreifend werden rein kommunikatzentrierte

Inhaltsanalysen ohne Rezeptionsstudien als ungeeignet eingeschätzt, Aussagen über Wirkungen gewalthaltiger Medienangebote treffen zu können. Selbst indirekte Inferenzen, also der Schluss auf das Wirkpotenzial von Medienangeboten auf der Basis von Rezeptions- und Wirkungsstudien anderer Wissenschaftler, werden kritisch bewertet. Ebenso werden in allen drei Disziplinen Einzelfallanalysen bemängelt. Vereinzelt werden die Motivkataloge von quantitativen Befragungen kritisiert. Dagegen sprechen sich – ebenfalls disziplinenübergreifend – viele Autoren für Längsschnitt- und Mehrmethodendesigns aus. Die häufig geäußerte Präferenz stimmt nicht mit der Forschungsrealität überein: Alle Fächer greifen nur in begrenztem Maße auf Mehrmethodendesigns zurück. Monomethodendesigns sind durchgängig häufiger zu finden als Mehrmethodendesigns, mit Ausnahme der psychologischen Studien der US-Stichprobe (Tabelle 34). Gleiches gilt für die Konzentration auf Querschnittstudien.

Tabelle 34: *Verhältnis von Mono- und Mehrmethodendesigns*

	KW (n= 6)	MPSY (n= 5)	MPäd (n= 8)	US-KW (n= 9)	US-PSY (n= 6)
Monomethodendesigns	4	3	5	7	2
Mehrmethodendesigns	2	2	3	2	4

Basis: empirische Studien

Beschreibung des methodischen Vorgehens: Das methodische Design und Vorgehen transparent darzustellen, gehört zu den wichtigsten Standards der sozialwissenschaftlichen Methodenliteratur. Nur so können Ergebnisse tatsächlich intersubjektiv nachvollziehbar gemacht werden, ein wesentliches Merkmal wissenschaftlicher Arbeit. In der Darstellungspraxis der Gewaltforschung ist dieser Standard jedoch nicht so institutionalisiert wie es aufgrund der Methodenhandbücher zu erwarten wäre. Obwohl in allen drei Disziplinen wissenschaftstheoretisches Ideal und forschungspraktische Umsetzung des Standards auseinanderklaffen, lässt sich für einen Punkt ein gradueller disziplinärer Grenzverlauf zwischen der Medienpädagogik und den anderen beiden Disziplinen nachweisen, die Fachvertreter beschreiben die methodische Anlage und deren verfahrenstechnische Umsetzung unterschiedlich sorgfältig (Tabelle 35).

Auf den ersten Blick beschreiben alle kommunikationswissenschaftlichen und medienpsychologischen Studien das eigene Vorgehen transparent und intersubjektiv nachvollziehbar. Allerdings heben manche Autoren nur die Stärken der gewählten Methode hervor, Schwächen und Grenzen des eigenen Vorgehens werden ausgeblendet. Das macht es aber für den Leser schwierig, das methodische Vorgehen zu bewerten. Noch weniger etabliert scheint die Norm transparenter Methodendarstellung in den medienpädagogischen Studien. Einige Autoren beschreiben ihr methodisches Vorgehen überhaupt nicht, in den restlichen Studien herrscht dasselbe Muster vor wie in der Kommunikationswissenschaft und Medienpsychologie (Vorzüge und Stärken des methodischen Vorgehens werden dargelegt, mögliche Grenzen der Verfahren werden aber nur selten aufgezeigt).

Dieser Befund deckt sich mit der von Kriz (1985: 83) geäußerten Kritik, dass im Abschnitt *Methode* nicht mehr argumentiert, sondern lediglich über Durchführung und Ergebnis der eingesetzten Methode berichtet werde. Er moniert, dass Sozialwissenschaftler ihre Methodenwahl und die damit getroffenen inhaltlichen Entscheidungen als nicht zur Disposition stehende Instanzen verstünden, die zwar referiert, nicht aber diskutiert und schon gar nicht in Frage gestellt werden müssten. Damit sei das methodische Vorgehen der idealtypischen Anforderung entzogen, sich im Diskurs der scientific community Gegenargumenten und Kritik stellen zu müssen. Die von Kriz angeprangerte Praxis, das methodische Vorgehen lediglich zu beschreiben ohne Vor- und Nachteile tatsächlich zu diskutieren, ist auch häufig in den US-Publikationen zu finden. Dies könnte allerdings in der Tat ein Effekt der Stichprobenzusammensetzung sein (nur Fachzeitschriften).

Tabelle 35: *Beschreibung des methodischen Vorgehens in empirischen Studien*

	KW (n= 6)	**MPSY** (n= 5)	**MPäd** (n= 8)	**US-KW** (n= 9)	**US-PSY** (n= 6)
Ausgewogene Beschreibung: Stärken und Schwächen	2	2	2	2	3
Einseitige Beschreibung: Stärken	3	1	3	3	-
Einseitige Beschreibung: Schwächen	1	1	-	-	1
Beschreibung ohne Methodendiskussion	-	-	-	2	1
Keine Methodenbeschreibung	-	1	3	2	1

Basis: empirische Studien

Die folgenden Ergebnisse beinhalten auch die nicht-empirischen Literatursynopsen, die wie oben ausgeführt z.T. mit anderen Maßstäben gemessen werden müssen.

Untermauerung der Thesen durch empirische Ergebnisse und Theorien: Forschungslogisch folgt auf die theoretische Verankerung und das Beschreiben der gewählten Methode der Ergebnisteil. Bei dieser zunächst einmal trivialen Feststellung steckt der Teufel aber im Detail. In diesem Forschungsabschnitt sind drei wissenschaftstheoretisch begründete Anforderungen zu erfüllen: (1) So sollten die aus der Theoriearbeit entwickelten Thesen und Forschungsfragen beantwortet und wenn möglich durch empirische Belege untermauert werden. Wissenschaftliche Aussagen müssen logisch oder empirisch begründet sein, das grenzt sie von Alltagsaussagen ab, welche auch durch subjektive Meinungen begründbar sind. (2) Darüber hinaus sollte die Ergebnisinterpretation vor dem theoretischen Hintergrund erfolgen, d.h. in den theoretischen Rahmen eingeordnet werden. Erst mit Hilfe von Theorien können Forscher kontrolliert entscheiden, welche der unübersichtlich vielen Faktoren, die das zu untersuchende Phänomen in der Realität ausmachen, empirisch untersucht werden sollen (vgl. Popper, 1973: 85ff.). Der Theorierahmen legt damit auch bestimmte Methoden und Messinstrumente nahe und gibt vor, wie die erhobenen Daten zu interpretieren sind (vgl. Mayntz, 1985: 70; Heintz, 1993: 534f.). (3) Und schließlich sollten die eigenen Ergebnisse vor dem Hintergrund des aktuellen Forschungsstands diskutiert werden. Werden eigene Erkenntnisse mit denen anderer Forscher verknüpft, entspricht dies zum einen dem idealtypischen Fall des hypothesentestenden Vorgehens, wie es das analytisch-empirische Wissenschaftsverständnis vorsieht: Eine Theorie wird an der Realität überprüft. Solche Verknüpfungen sind aber auch dann notwendig, wenn von den eigenen Ergebnissen auf mögliche Wirkungen bei Rezipienten geschlossen werden soll (indirekte Inferenz). Diese Praxis wird gerne für Inhaltsanalysen von Medienangeboten verwendet. In solchen Fällen werden Nutzungsdaten anderer Studien herangezogen, um auf die potenzielle Wirkung der Inhalte bei bestimmten Publika schließen zu können (zum Vorgehen der prognostischen Inhaltsanalyse vgl. Schulz, 2007; Früh, 2004). Die Verknüpfung eigener Ergebnisse mit anderen Studien besitzt schließlich auch noch eine soziale Funktion: Indem die eigenen Aussagen in den Forschungsstand eingeordnet werden, verleiht man ihnen mehr Gewicht und vergrößert das Potenzial, mit der eigenen Forschungsarbeit Anschlusskommunikation auszulösen und so zur Wissensakkumulation beizutragen – diese Norm steckt auch im Merton'schen Imperativ des Kommunismus (Merton, 1972: 51).

In Bezug auf diese Punkte zeichnen die Befunde ein heterogenes Bild: Fast alle Studien der drei Disziplinen sichern ihre Thesen durch empirische Ergebnisse aus eigenen und fremden Studien ab. Nur aus der medienpädagogischen Literatur stechen zwei Veröffentlichungen heraus, die gegen genau diese Norm verstoßen; vage alltagslogische Argumente und populärwissenschaftliche Belege häufen sich, eigene Thesen sind nur unsystematisch durch Einzelfallanalysen empirisch unterfüttert (Glogauer, 1990; 1996).

> Beispiel: (These ohne empirischen oder theoretischen Beleg): „Die Fälle mehren sich in letzter Zeit auch bei uns, bei denen Vorgaben in den Medien Jugendliche zu Morden und Selbstmorden veranlasst haben." (Glogauer, 1994: 54)

Während die Praxis, Thesen durch empirische Belege zu unterfüttern, als gut institutionalisiert bezeichnet werden kann, scheint das nicht auf den Standard zuzutreffen, sie auch an den theoretischen Kontext anzubinden (Tabelle 36). Am nächsten kommen die medienpsychologischen Studien dieser Forderung. Aber auch hier fehlen theoretische Verweise im Ergebnisteil einiger Studien komplett. In den kommunikationswissenschaftlichen Publikationen ist der Standard selten anzutreffen, noch disparater ist die Befundlage im Falle der medienpädagogischen Publikationen; sie kommen allesamt ohne eine theoretische Verankerung ihrer Ergebnisse aus. Allerdings stimmen diese Befunde nicht mit den Ergebnissen aus der US-Stichprobe überein; dort ist der Standard der theoretischen Rückbindung zwar ebenfalls nicht durchgängig implementiert, die kommunikationswissenschaftlichen Studien sind aber im Vergleich zu den deutschsprachigen Publikationen der Kommunikationswissenschaft stärker um eine theoretische Einordnung der Ergebnisse bemüht. Unter ebenfalls umgekehrten Vorzeichen präsentieren sich die psychologischen Gewaltstudien, hier ist die deutschsprachige Medienpsychologie konsequenter in ihrer theoretischen Einbindung von Ergebnissen als die entsprechenden psychologischen Studien der US-Stichprobe.

Tabelle 36: *Untermauerung der Thesen (empirische und nicht-empirische Studien)*

	KW (n= 19)	MPSY (n= 8)	MPäd (n= 11)	US-KW (n= 14)	US-PSY (n= 7)
Theoretische Verankerung	4	5	-	7	2
Keine theoretische Verankerung	15	3	11	7	5

Damit verläuft die disziplinäre Grenze der Ergebnisdarstellung ähnlich wie in den bereits vorgestellten Befunden zur Beschreibung des methodischen Vorgehens: Medienpsychologie und Kommunikationswissenschaft sind sich in den Beschreibungen des methodischen Vorgehens und den dabei berücksichtigten Standards ähnlich. Medienpsychologie und Medienpädagogik bilden damit die Endpunkte des Kontinuums, auf dem sich die praktische Implementierung des Ideals von Transparenz und theoriegeleitetem Vorgehen bewegt. Die kommunikationswissenschaftliche Gewaltforschung rangiert zwischen diesen beiden Positionen. Allerdings wird dieser Grenzverlauf nicht von den Befunden aus dem internationalen Vergleich gestützt.

Einordnung und Bewertung der Befunde

Während sich die Disziplinen in ihren Ergebnissen zum Gegenstand *Mediengewalt* unwesentlich unterscheiden und man allenfalls einen disziplinspezifischen

Schwerpunkt auf meta-analytische Gegenstände in der kommunikationswissenschaftlichen Gewaltforschung konstatieren kann (vgl. Kapitel V.1), zeichnet das Vorgehen im Forschungsprozess und dessen Dokumentation ein mehrschichtiges Bild.

Erstens belegen die Befunde zur Theoriearbeit eine nationen- und disziplinübergreifende Dominanz solcher Theorieansätze, die im Konsum gewalthaltiger Medienangebote das Potenzial zur Förderung von Effekten sehen. Dieser Befund deckt sich mit der nationen- und disziplinübergreifenden Einschätzung der generellen Gefahr von Mediengewalt für Individuen und Gesellschaft. Disziplinäre Unterschiede offenbaren sich dagegen in der Sorgfalt der Theoriearbeit und in ihrer Dokumentation. In diesem Punkt verläuft die disziplinäre Grenze zwischen Medienpsychologie und Kommunikationswissenschaft auf der einen, und Medienpädagogik auf der anderen Seite. Der Abstand zwischen Medienpsychologie und Kommunikationswissenschaft ist aber größer, da der Standard einer profunden und transparenten Theoriediskussion in der kommunikationswissenschaftlichen Gewaltforschung weniger ausgeprägt ist. Dieser Befund wird durch den internationalen Vergleich allerdings nicht gestützt.

Zweitens lassen sich für den Bereich der methodischen Designs keine disziplinären Präferenzen für bestimmte methodische Zugänge und Untersuchungsanlagen nachweisen. Fachübergreifend verwenden die Studien die gängigsten Methoden der Sozialforschung. Ein weiterer disziplinenübergreifender Befund ist das beinahe vollständige Fehlen psychophysiologischer Messverfahren. Obwohl prozessbegleitende Verfahren ganz neue Möglichkeiten eröffnen, kognitive und affektive Abläufe während des Rezeptionsvorgangs zu erheben und damit auch in der Gewaltforschung neue Wege ermöglichen, die Mikroebene genauer zu erforschen, scheinen sie nationen- und disziplinenübergreifend in der Gewaltforschung noch nicht angekommen zu sein. Alle drei Disziplinen verzichten im Forschungsfeld Mediengewalt weitestgehend auf ihren Einsatz. Dieser Befund mag vor dem Hintergrund überraschen, dass psychophysiologische Verfahren zum etablierten Methodenrepertoire der Medienpsychologen zählen und auch in der Kommunikationswissenschaft in verschiedenen Forschungsbereichen bereits seit einigen Jahren Einzug halten (vgl. Kapitel II). Erklärbar ist er damit, dass jüngere Studien noch nicht ihren Platz in der Wissenschaft gefunden haben und entsprechend seltener zitiert werden.

Disziplinäre Unterschiede sind dagegen wiederum in der Sorgfalt auszumachen, mit der das methodische Vorgehen beschrieben wird. Ähnlich wie bei der Theoriearbeit grenzen sich Kommunikationswissenschaft und Medienpsychologie hier vom gängigen Dokumentationsverhalten der Medienpädagogik ab. In allen drei Disziplinen ist allerdings der Standard, das methodische Vorgehen vollständig und transparent zu beschreiben, nicht vollständig verankert. Grenzen und Schwächen des gewählten Vorgehens werden in allen Disziplinen nur selten ausgewiesen, Vorzüge der gewählten Methoden dagegen hervorgehoben. Ähnliches gilt für die Forderung, verstärkt Mehrmethodendesigns in der Wirkungsforschung einzusetzen: Mehrmethodendesigns haben sich bislang in der Gewaltforschung, die ja ein Feld der Medienwirkungsforschung darstellt, nicht voll etabliert. Der internationale Vergleich bestätigt diese Einschätzung. Ein ähnlicher Grenzverlauf ist für die Forschungspraxis auszumachen, mit der Ergebnisse auf die theoretische Basis rückbezogen werden. Wiederum stellen Medienpsychologie und Medienpädagogik die Endpunkte auf der Skala dar, inwieweit dieser wissenschaftstheoretische Standard umgesetzt wird; die Kommunikationswissenschaft rangiert zwischen diesen Positionen, aber mit deutlichem Abstand zur medienpsychologischen Gewaltforschung, auch wenn diese Befunde nicht durch den internationalen Vergleich gestützt werden. In der US-Stichprobe steht der Theoriebezug unter umgekehrten Vorzeichen. Die kommunikationswissenschaftlichen Studien kommen diesem Ideal näher als die psychologischen Publikationen, obwohl in beiden Disziplinen auch Ergebnisse ohne jeglichen Theoriebezug präsentiert werden. Auch für diesen Standard gilt also nationen- wie disziplinenübergreifend, dass wissenschaftstheoretischer Anspruch und Forschungspraxis in der Gewaltforschung auseinanderklaffen.

Aus dem Vergleich der deutschsprachigen Disziplinen lässt sich schlussfolgern, dass methodologische Standards, wie sie durch den kritischen Rationalismus festgelegt sind, in der Gewaltforschung von Medienpsychologie und Kommunikationswissenschaft zur Qualitätssicherung der empirischen Forschung und Absicherung der Ergebnisse stärker institutionalisiert sind als im medienpädagogischen Forschungsfeld zu Mediengewalt. Das bestätigt schließlich noch der Stellenwert, den diese Fächer der Literatur aus dem US-amerikanischen Forschungsfeld beimessen: Der Abstand zwischen Medienpädagogik und den anderen beiden Disziplinen ist größer als der Abstand zwischen Medienpsychologie und Kommunikationswissenschaft.

Die Frage nach dem Einfluss der Methoden auf das Forschungsergebnis ist also verkürzt gestellt: Methoden sind stets Teil des Fach- und Wissenschaftsverständnisses. Die vorfindbaren graduellen Unterschiede beziehen sich auch weniger auf die Ergebnisse zur Mediengewalt, sondern auf die Qualitätssicherung und den wissenschaftlichen Habitus, mit dem Forschung präsentiert wird. Welche Antworten geben die Befunde dieses Unterkapitels auf die Frage, inwieweit theoretische und methodische Zugänge die Ergebnisse prägen können? Die These, dass wissenschaftliche Ergebnisse nicht nur von theoretischen sondern auch von methodischen Erwägungen und Überlegungen geprägt sind, ist brisant. Sie stellt die Verlässlichkeit und Sicherheit wissenschaftlichen Wissens in Frage – ein gewichtiges Argument, das gerne zur Begründung herangezogen wird, warum wissenschaftliches Wissen anderen Wissensformen überlegen sei. Wenn es Wissenschaftlern nicht möglich ist, gesicherte Aussagen über die soziale Realität zu treffen, ohne dass diese durch die gewählte theoretische Perspektive, den methodischen Zugang oder die disziplinspezifische Perspektive auf den Untersuchungsgegenstand verzerrt wird, stellt das die Legitimation der Wissenschaft gegenüber der sie subventionierenden Gesellschaft in Frage.

Die zusammengetragenen Befunde entlasten die Gewaltforschung aber dennoch erst einmal: Als wichtiges Ergebnis bleibt festzuhalten, dass sich die untersuchten Disziplinen in den Fragestellungen, dem theoretischen Fundament und methodischen Zugängen sowie in ihren Befunden nicht grundsätzlich voneinander unterscheiden. Die auffindbaren Differenzen sind allenfalls graduelle disziplinäre Unterschiede. Bemerkenswert ist in diesem Kontext eine auffällige Korrelation zwischen theoretischer Basis und den Einschätzungen der Forscher zum generellen negativen Wirkpotenzial von Mediengewalt: Nationen- wie disziplinübergreifend findet sich die Tendenz, empirische Studien auf gewaltfördernden Theorien zu begründen. Gleichzeitig schätzen die Gewaltforscher das Wirkpotenzial von gewalthaltigen Medienangeboten als durchaus reell und dysfunktional für Individuen und Gesellschaft ein. Inwieweit diese Einschätzung aber auf die theoretische Verankerung der Studien zurückzuführen ist, bleibt ungeklärt, da keine Vergleichsfälle herangezogen wurden, die von anderen Theoriekonzepten ausgehen und zu einer anderen Einschätzung des generellen Wirkpotenzials gelangen. Die Befunde zum methodischen Vorgehen liefern ebenfalls keinen Beweis für die These der starken Methodenabhängigheit wissenschaftlicher Ergebnisse. Zumindest für die empirische Gewaltforschung darf die These, dass Studien zu ein und demselben Untersuchungsgegenstand zu konträren Ergebnissen gelangen, abgelehnt werden.

V.3 Qualitätsbewertung in der Gewaltforschung

Die Öffentlichkeit erwartet von Wissenschaft eine widerspruchsfreie Darstellung ihrer Erkenntnisse. Mehr als allen anderen Wissensformen haftet wissenschaftlichem Wissen das Image an, exakt und objektiv zu sein. Tatsächlich produziert die Forschung aber selten solch eindeutiges Wissen. Das zeigt sich auch an der Gewaltforschung, einem kontroversen Forschungsfeld ohne eindeutige Befundlage. Spannend wird es nun, den Ursachen dieser Ambiguität als Kennzeichen von Wissenschaft nachzuspüren. Können Ergebnisse und Positionen eines Feldes auch einmal konträr auseinander gehen, sollte die Qualität der Forschung in den Blick genommen werden: Wenn verschiedene Disziplinen ein und denselben Gegenstand untersuchen, die Ergebnislage aber trotzdem disziplinenübergreifend als uneindeutig beurteilt wird und die Theorie- und Methodenabhängigkeit als mögliche Ursache dieser Differenzen aufgrund der Befunde aus Kapitel V.2 beiseite gelassen werden kann; dann wären mögliche Ursachen dieser uneindeutigen Befundlage im Gegenstand selbst oder in der Qualität der Forschung zu vermuten. Dieses Unterkapitel nimmt daher die Qualität der Gewaltforschung in den Blick. Indem die Qualitätsbewertungen der Wissenschaftler in unserer Stichprobe einander gegenüber gestellt werden, sollten die angelegten Qualitätsmaßstäbe an die Gewaltforschung zu ermitteln sein.

In Aussagen zur Qualität von Forschungsleistungen steht der diskursive Aspekt der Gewaltdebatte im Vordergrund; hier setzen sich Wissenschaftler mit dem Forschungsstand und den Leistungen anderer Wissenschaftler auseinander und bewerten diese. Kurz, es geht um die Auseinandersetzung mit den Produkten der eigenen Profession, um Selbstreflexivität. Der Stellenwert solcher Aussagen zur Qualitätssicherung lässt sich nicht nur an der Häufigkeit ablesen, mit der die Gewaltforschung selbst zum zentralen Gegenstand der Forschung gemacht wird. Die meisten Autoren treffen Aussagen zur Qualität und machen Verbesserungsvorschläge für die Forschungspraxis, selbst wenn die Auseinandersetzung mit wissenschaftlichem Handeln nicht zum zentralen Gegenstand gemacht wird wie in den Metastudien (vgl. Kapitel V.1).

Die Bandbreite der Aussagen zur Qualität der Gewaltforschung lässt sich in kognitive und soziale Problembereiche unterteilen.

- Auf *kognitiver* Ebene sind beispielsweise Einschätzungen zu Stärken und Schwächen der Theoriearbeit, zur methodischen Umsetzung oder der Qualität der Ergebnisse anzusiedeln.
- Aussagen zu *sozialen* Einflussfaktoren der Forschung können nochmals klassifiziert werden in wissenschafts*intern* produzierte Problemlagen (beispielsweise Deutungsmonopole aufgrund von Zitationszirkeln, unwissenschaftliche Argumentation im Begründungszusammenhang), und Problemlagen, die aus der Interaktion von Wissenschaft mit ihrer Umwelt entstehen (etwa aus Finanzierungsvorgaben erwachsende Zwänge oder die alltagsverständliche Vermittlung wissenschaftlicher Ergebnisse).

Vor allem Einleitung und Fazit bieten sich an, über theoretische und methodische Mängel sowie soziale Einflüsse auf die Ergebnisproduktion zu räsonieren. Während Einschätzungen zu sozialen Einflussfaktoren auf das Forschungsergebnis verstärkt in Einleitung und Fazit zu finden sind, sind Aussagen zur kognitiven Dimension der Gewaltforschung über alle Abschnitte und Kapitel der wissenschaftlichen Texte verteilt. Die Ergebnisdarstellung folgt deshalb der idealtypischen Dokumentation des Forschungsprozesses (Theorie – Methode – Ergebnisinterpretation).

Bewertung des theoretischen Vorgehens: Aufgrund des großen Stellenwerts, den die theoretische Basis für den gesamten Forschungsprozess besitzt, wird auch die Theoriearbeit selbst evaluiert. Häufig wird die Vielfalt der verwendeten Gewaltdefinitionen sowie der dominante Fokus auf Aggressionen kritisiert, ohne dass verschiedene Wirkungsarten differenziert betrachtet wurden. Einige Studien betonen auch, wie stark die Gewaltforschung durch eine dominante Theorieströmung geprägt sei (am häufigsten wird dabei auf die Lerntheorie verwiesen).

> Beispiel 1: „Betrachtet man den Zusammenhang zwischen theoretischer Verankerung der Forscher und Forschungsvorhaben und den von ihnen verwendeten Forschungsdesigns, so lässt sich schlussfolgern, dass die Rezeption verwandter Studien aus anderen theoretischen Perspektiven nur in geringem Maße erfolgt." (Friedrichsen & Jenzowski, 1995: 324)

Weiterhin werden die unausgereifte Theoriearbeit, Theorielosigkeit, eine ungenügende Weiterentwicklung bestehender Theorieansätze und Theorieneuschöpfungen kritisiert, die den Namen „Theorie“ nicht verdienten.

Beispiel 2: „Es ist allerdings auch zu beachten, dass auf der einen Seite viele Arbeiten nicht eindeutig in eine dieser Kategorien einzusortieren sind und auf der anderen Seite auch diverse neue ‚Theorien' ins Leben gerufen werden, die diesen Namen nicht verdienen und bei denen eine neue Begriffskreation v.a. der Profilierung der Autoren dient.“ (Vowe, 1995: 11)

Beispiel 3: „Veraltete und widerlegte Theorien (...) [werden] immer noch wiederholt, aktuelle Theorien aber häufig ohne Berücksichtigung der internationalen Forschungsdaten (Groebel, 1993) elaboriert und überprüft.“ (Zeitter, et al., 1997: 1)

Am intensivsten und mit der größten thematischen Bandbreite melden sich dabei die kommunikationswissenschaftlichen Gewaltforscher zu Wort. Davon am weitesten entfernt liegen die medienpädagogischen Gewaltstudien, die sich in der Bandbreite ihrer Kritik von den kommunikationswissenschaftlichen Publikationen deutlich unterscheiden. Zwischen diesen Positionen rangiert die medienpsychologische Gewaltforschung (Tabelle 37). Der internationale Vergleich offenbart zwei Erkenntnisse: Zum einen wird die Theoriearbeit in der US-Stichprobe seltener zum Gegenstand von Bewertungen gemacht. Das könnte allerdings ein Stichprobeneffekt sein, sind doch die meisten der untersuchten US-Veröffentlichungen Fachzeitschriftenbeiträge, in denen Autoren aufgrund des limitierten Zeichenvolumens weniger Raum zur Verfügung steht. Zweitens liefert auch der internationale Vergleich einen Hinweis darauf, dass die vergleichsweise deutlich ausgeprägte Bewertung der Theoriearbeit durch die kommunikationswissenschaftlichen Gewaltforscher ein disziplinspezifisches Argumentationsmuster ist. Auch in der US-Stichprobe sind es die Kommunikationswissenschaftler, die sich vergleichsweise häufiger damit beschäftigen als die Psychologen.

Tabelle 37: *Bewertung der Theoriearbeit (Mehrfachnennungen)*

	KW (n= 19)	**MPSY** (n= 8)	**MPäd** (n= 11)	**US-KW** (n= 14)	**US-PSY** (n= 7)
Vielfältig definierter Gewaltbegriff	5	2	2	1	-
Wirkungsarten undifferenziert	2	-	-	1	-
Dominante Theorieperspektive	3	1	-	3	-
Unausgereifte Theoriearbeit	4	-	2	-	1
Fortschritte der Theorieentwicklung	2	1	-	-	-
Keine Bewertung	8	4	8	10	6

Bewertung des methodischen Vorgehens: Ein Blick in die Methodenliteratur zeigt, dass eine ernsthafte Manöverkritik am methodischen Vorgehen sowohl die methodologische wie auch die verfahrenstechnische Ebene mit einschließen sollte. Konkrete Methoden im Sinne von Forschungstechniken bauen forschungslogisch auf der methodologischen Ebene auf, da sie als Operationalisierung der gewählten Methodologie verstanden werden können (vgl. Mayntz, 1985: 66). Aus der Sorgfalt, mit der sich die analysierten Autoren auf diese zwei Ebenen beziehen, lässt sich auf den Stellenwert schließen, den sie auf die Darstellung des methodischen Vorgehens legen. Dies erlaubt wohlgemerkt kein Urteil über die Sorgfalt, mit der die Autoren ihre Studie durchgeführt haben, sondern nur über den Stellenwert bei der Darstellung und Dokumentation.

Die Manöverkritik am methodischen Vorgehen in der Gewaltforschung lässt vier argumentative Muster erkennen. Sie unterscheiden sich in Bezug auf die analytische Ebene, auf der Methodenkritik geübt wird und lassen damit erneut auf die Sorgfalt schließen, mit der die einzelnen Autoren sich mit methodischen Problemen auseinandersetzen.

- Muster 1: Jede Form der methodischen Manöverkritik wird konsequent ausgeblendet.
- Muster 2: Ausschließliche Fokussierung auf die messtheoretische Ebene (verfahrenstechnische Mängel wie unzulängliche Operationalisierung, Stärken und Schwächen der methodischen Designs, Mängel bei der Erhebung respektive Auswertung der Daten).
- Muster 3: Ausschließliche Kritik auf methodologischer Ebene: Angemessenheit des methodischen Zugangs zum Gegenstand (qualitativ oder quantitativ), Vor- und Nachteile einzelner Methoden oder die Beachtung von Gütekriterien.
- Muster 4: Verbindung von messtheoretischen und methodologischen Problemen.

Die Häufigkeit, mit der diese vier Argumentationsmuster verwendet werden, offenbart erneut den bereits beschriebenen disziplinären Grenzverlauf zwischen der Medienpädagogik und den anderen beiden Disziplinen (Tabelle 38). In den Texten der Medienpädagogik wird Manöverkritik auffällig häufig ausschließlich auf der methodologischen Ebene geübt. Auf dieser Ebene wird vor allem argumentiert, um den qualitativen methodischen Zugang zu rechtfertigen, oder wenn es darum geht, die Leistungen der qualitativen Sozialforschung in Abgrenzung zum quantitativen Vorgehen hervorzuheben (vgl. Glogauer, 1990; Theunert, et al., 1992). Davon unterscheiden sich die kommunikationswissenschaftlichen und medienpsychologischen Publikationen. Viele der Studien weisen ihre Methodenkritik auf beiden Ebenen aus. Betrachtet man aber die Häufigkeitsverteilung innerhalb der einzelnen Disziplinen, ist Methodenkritik auf beiden Ebenen offenbar nicht so häufig vertreten, als dass der Standard als gut institutionalisiert bezeichnet werden könnte. So gibt es auch einige kommunikationswissenschaftliche und medienpsychologische Studien, die ausschließlich auf einer der beiden Ebenen argumentieren.

Diese Befunde zusammengenommen zeigen den Grenzverlauf zwischen Medienpsychologie und Kommunikationswissenschaft auf der einen, und Medienpädagogik auf der anderen Seite nicht so deutlich wie in den vorhergehenden Kategorien. Dies ist der Varianz der Argumentationsmuster in der Kommunikationswissenschaft geschuldet: Einerseits finden sich Studien, die intensiv auf verfahrenstechnischer *und* methodologischer Ebene diskutieren; andererseits vernachlässigen ebenso viele Publikationen die Methodenbewertung komplett. Der internationale Vergleich liefert Indikatoren, die diese Einschätzung tendenziell bestätigen; ähnlich wie in der deutschen Kommunikationswissenschaft wird zwar durchaus Methodenkritik auf beiden Ebenen geübt, gleichzeitig finden sich aber auch viele Studien ohne jegliche Methodenkritik.

Tabelle 38: *Ebenen der Methodenkritik*

	KW (n=19)	**MPSY** (n= 8)	**MPäd** (n= 11)	**US-KW** (n= 14)	**US-PSY** (n= 7)
Kritik auf verfahrenstechnischer Ebene	4	2	1	2	2
Kritik auf methodologischer Ebene	3	1	4	1	-
Kritik auf verfahrenstechnischer und methodologischer Ebene	6	3	2	2	1
Keine Methodenbewertung	6	2	4	9	4

Bewertung der Praxis der Ergebnisinterpretation: Empirische Daten sprechen nicht per se für sich, sondern bilden lediglich die empirische Grundlage, auf der Forschende durch ihre Interpretationsleistung wissenschaftliche Ergebnisse produzieren. An diesem Punkt klaffen das öffentliche Bild von Wissenschaft und die Forschungsrealität deutlich auseinander: In der Öffentlichkeit gilt die empirische Evidenz als unabhängiger und unproblematischer Maßstab, mit dem Positionen, Thesen und Theorien überprüft werden können. Die Wissenschaftspraxis zeigt aber, dass die Dateninterpretation nicht eine einfache Verbalisierung dieses vermeintlich unproblematischen Maßstabs darstellt. Die Ergebnisinterpretation ist zunächst einmal von den im Forschungsprozess getroffenen Entscheidungen abhängig, etwa von der theoretischen Perspektive und den gewählten statistischen Auswertungsverfahren. Neben solchen der Forschung innewohnenden Einflussfaktoren kann die Ergebnisinterpretation aber auch von der Kompetenz, dem Erkenntnisinteresse der Wissenschaftler und von externen Einflussgrößen (etwa von der Interessenlage der Auftraggeber) abhängen. Solche sozialen Einflussfaktoren auf die Ergebnisinterpretation können die Befunde verzerren und die Wissenschaftlichkeit der Ergebnisse einschränken. Deshalb bemisst sich die Qualität von Forschungsleistungen nicht nur an der Theoriearbeit und kompetenten methodischen Umsetzung der Fragestellung, sondern auch an der Ergebnisinterpretation.

Ein in der US- wie der deutschsprachigen Stichprobe kontrovers diskutierter Aspekt bezieht sich auf die Interpretation der Korrelationskoeffizienten in der Gewaltforschung. Diese Frage ist ein datenanalytisches Problem: Ab welchem Wert darf ein Korrelationskoeffizient als solider Hinweis auf einen Zusammenhang gelten? Dies ist in der Gewaltforschung umstritten. Hier offenbart sich ein interessantes, wenn auch selten auftretendes Argumentationsmuster (acht von 59 Studien): Verfechter starker Effekte ziehen Analogien aus anderen Wissenschaftsbereichen heran, um die Stärke der ermittelten Korrelationskoeffizienten mit diesen zu vergleichen. Solche Analogien setzen beispielsweise das Risiko zwischen Rauchen und Krebserkrankungen auf die gleiche Stufe mit dem Konsum gewalthaltiger Medienangebote und Aggressivität.

Beispiel 1: „Although the correlations are modest by the standards used in the measurement of intellectual abilities (average = .41 for experiments and .19 for field studies [Paik & Comstock, 1994]), they are highly replicable and are substantial by public health standards (see Rosenthal, 1986). For example, as a comparison, the correlation between cigarette smoking and lung cancer was .34 in Wynder and Graham's (1950) classic study." (Huesmann, et al., 2003: 203)

So einleuchtend eine solche Gegenüberstellung der Korrelationskoeffizienten auf den ersten Blick sein mag, sie bietet nur eine begrenzte Orientierungshilfe, ob die von der Gewaltforschung ermittelten Werte tatsächlich den Schluss auf einen starken Zusammenhang zwischen Medienkonsum und Aggressivität erlauben. Zu unklar ist es, ob physische Zusammenhänge (etwa zwischen Rauchen und Krebserkrankungen) funktional äquivalent zu psychischen Zusammenhängen sind und damit überhaupt als Vergleichsmaßstab herangezogen werden können.

Noch problematischer ist die Verwendung solcher Analogien in jenen Fällen, die Korrelationskoeffizienten komplett aus dem Vergleich herausnehmen und nur noch eine allgemeine Ähnlichkeit der Wirkzusammenhänge postulieren, ohne diese empirisch zu belegen.

Beispiel 2: „Würden sich einige Jahre nach Inbetriebnahme eines Kernkraftwerks Krebserkrankungen um 160 Prozent bei Kindern erhöht haben, würde das einen Proteststurm, natürlich zurecht, auslösen; nicht jedoch erschreckende Ergebnisse der Medienwirkungsforschung." (Glogauer, 1996: 166)

Obwohl diese Interpretation aufgrund der geringen Fallzahlen nur bedingt aussagekräftig ist, lässt sich doch die Tendenz erkennen, dass vor allem Studien mit fragwürdigem wissenschaftlichen Anspruch oder an die Laienöffentlichkeit gerichtete Publikationen auf Analogien zurückgreifen. In der deutschen Fachdiskussion sind es gerade jene medienpädagogische Studien, die von Gewaltforschern verschiedener disziplinärer Hintergründe für ihre unsaubere Methodik kritisiert werden (Glogauer 1990, 1994, 1996). In der US-Stichprobe verwenden vor allem jene Wissenschaftler Analogien, die ein Kommunikationsdefizit zwischen Wissenschaft und Öffentlichkeit konstatieren, teils sogar ein aktives wissenschaftliches Selbstverständnis propagieren. Populärwissenschaftlich anmutende Analogien könnten demnach als Strategie eingesetzt werden, um Ergebnisse der Wirkungsforschung nicht-akademischen Lesern und Studierenden zugänglich zu machen.

Ein weiterer interessanter Befund ist, dass die Evaluation der Ergebnisinterpretationspraxis offenbar nicht nur Methodenhandbüchern vorbehalten ist, sondern auch in der empirischen Forschung problematisiert wird (Tabelle 39). Am häufigsten bemängeln die analysierten Studien eine vereinfachende Interpretation der Ergebnisse auf Basis eines undifferenzierten Wirkverständnisses. So werde ungenügend zwischen Wirkpotenzial von Medieninhalten und tatsächlicher Wirkung unterschieden und intervenierende Variablen häufig nicht beachtet.

> Beispiel 2: „Die von diesem Autor [Werner Glogauer, Anm. d. Verf.] vertretene Position, direkt vom Inhalt auf vermutete Wirkungen zu schließen, stammt aus der Mottenkiste der Wirkungsforschung, ist eindeutig falsch und in Laienkreisen offensichtlich unausrottbar.“ (Kunczik, 1995: 126)
> Beispiel 3: „Die Interpretation der vorliegenden Studien hängt wesentlich davon ab, ob man die Medien als Manipulationsinstrumente auffasst und sie nach einem Stimulus-Response-Prinzip operieren sieht; ob man davon ausgeht, dass Medienwirkungen durch Meinungsführer und Gruppen der sozialen Umgebung gebrochen werden; ob man annimmt, dass gerade Kinder und Jugendliche durch Nachahmung von Modellen lernen (Bandura 1989). Hauptmangel der meisten Wirkungsuntersuchungen ist, dass Medienwirkungen isoliert betrachtet werden." (Friedrichsen & Jenzowski, 1995: 29)

Im folgenden Beispiel werden Mängel der Ergebnisinterpretation sozial erklärt:

> Beispiel 4: „Es existieren regelrechte Zitationszirkel, in denen Autoren methodisch fragwürdige Studien ohne Nachprüfung lediglich auf der Basis von Treu und Glauben (bzw. weil die angeblichen Ergebnisse dem eigenen Vorurteil entsprechen) als ‚Beweis' für negative Folgen von Mediengewalt anführen, die diesen Nachweis nicht erbracht haben. Dabei gilt noch immer: Schlechte Studien werden nicht dadurch besser, dass man sie immer wieder zitiert, und die stetige Propagierung unzutreffender „Forschungslegenden“ ist einem Erkenntnisfortschritt äußerst hinderlich." (Kunczik & Zipfel, 2006: 395)

Die Häufigkeit, mit der die Interpretationspraxis thematisiert wird, zeigt einen anderen disziplinären Grenzverlauf als in den vorhergehenden Kategorien: Mit weitem Abstand zu den anderen Disziplinen kritisieren die deutschsprachigen Kommunikationswissenschaftler die Interpretationspraxis der Gewaltforschung am häufigsten, bedingt durch die Meta-Analysen. Der internationale Vergleich offenbart hier ein nationen- und disziplinspezifisches Muster: Gefahren- und Fehlerquellen der Interpretationspraxis werden vor allem in der deutschsprachigen Kommunikationswissenschaft problematisiert, und weniger in der US-Schwesterdisziplin. In diesem Fall verläuft auf nationaler Ebene also eine deutlich sichtbare Grenze zwischen der kommunikationswissenschaftlichen Gewaltforschung und den anderen beiden Disziplinen.

Tabelle 39: *Bestimmende Faktoren der Ergebnisinterpretation (Mehrfachnennungen)*

	KW (n= 11)	**MPSY** (n= 3)	**MPäd** (n= 3)	**US-KW** (n= 2)	**US-PSY** (n= 1)
Theoretische Perspektive	2	1	-	-	1
Methodenwahl & verfahrenstechnische Umsetzung	2	1	-	2	-
Vereinfachende Interpretation der Daten	6	2	-	2	-
externe Einflussfaktoren auf Ergebnisinterpretation	2	1	3	-	-

Verbesserungsvorschläge für die zukünftige Forschung: Verbesserungsvorschläge für zukünftige Forschungsvorhaben gehören ebenfalls zu einem konstruktiven Qualitätsdiskurs. Auch dies ist ein Muster, das ungleich über die Disziplinen verteilt auftritt (Tabelle 40). Am häufigsten werden Vorschläge zur Verbesserung der Interpretationspraxis gemacht. So solle klarer zwischen Wirkpotenzial auf Inhaltsseite und tatsächlicher Wirkung bei den Rezipienten unterschieden werden, genauso wie intervenierende Variablen verstärkt berücksichtigt und die Interpretation besser im theoretischen Gerüst verankert werden müssten. Vereinzelt fordern Autoren auch eine verstärkte Methodenkritik und ein stärkeres Bemühen, Untersuchungsanlagen und Auswertungsverfahren zu verbessern sowie das eigene Erkenntnisinteresse zu reflektieren. Damit entpuppen sich die Verbesserungsvorschläge als logische Ableitung aus den oben referierten Mängeln der Ergebnisinterpretationspraxis. Dementsprechend zeigt sich hier derselbe disziplinäre Grenzverlauf wie in der vorherigen Kategorie: Das deutlichste Interesse an der Verbesserung der Forschung zeigen die kommunikationswissenschaftlichen Publikationen. In keiner anderen Disziplin wird so viel gemahnt, aber auch konstruktiv räsoniert, wie die Qualitätsmängel der Gewaltforschung überwunden werden könnten. Medienpsychologie und Medienpädagogik messen der Diskussion möglicher Verbesserungen der Gewaltforschung offenbar weniger Gewicht bei. Der internationale Vergleich scheint obige Einschätzung zu bestätigen; auch hier liegt offenbar ein nationen- und disziplinspezifisches Argumentationsmuster vor, wenn auch nicht so ausgeprägt wie es das Muster zur Bewertung der Ergebnisinterpretation ist.

Tabelle 40: *Verbesserungsvorschläge für die zukünftige Forschung*

	KW (n= 6)	**MPSY** (n= 0)	**MPäd** (n= 1)	**US-KW** (n= 3)	**US-PSY** (n= 1)
Verbesserung der Interpretationspraxis	4	-	1	1	1
Verbesserung des methodischen Vorgehens	2	-	-	2	-

Einordnung und Bewertung der Befunde

Zusammengenommen stützen die Befunde die These, dass die kommunikationswissenschaftliche Gewaltforschung von den drei Disziplinen den intensivsten Diskurs der Qualitätssicherung führt und dabei sowohl dem Forschungsprozess innewohnende Probleme als auch „menschengemachte" Qualitätsdefizite thematisiert. Ein gemischtes Bild zeichnet sich für die Bewertung der Theoriearbeit und Methodenkritik, hier klafft das Niveau der kommunikationswissenschaftlichen Studien auseinander: Studien mit profunder Theorie- und Methodenkritik stehen neben Publikationen, denen jegliche kritische Auseinandersetzung mit Theoriearbeit und methodischem Vorgehen fehlt. Auch die medienpsychologische Gewaltforschung führt einen qualitätssichernden Diskurs, dieser ist – mit Ausnahme der Methodenkritik – aber weniger ausgeprägt als in der Kommunikationswissenschaft. In der kritischen Evaluation des methodischen Vorgehens diskutieren die Medienpsychologen intensiver und auf höherem Niveau als die anderen beiden Disziplinen. Dieser Befund zeigt, dass Methodenkompetenz als ein im Fachverständnis besonders betontes Merkmal medienpsychologischer Forschung nicht ein bloßes Lippenbekenntnis ist, sondern tatsächlich den Forschungsalltag der Medienpsychologen prägt. Allerdings vernachlässigen die medienpsychologischen Gewaltstudien den Forschungsschritt der Ergebnisinterpretation. Auch dieser Arbeitsschritt darf nicht intuitiv oder durch individuelles Geschick angeleitet werden, sondern sollte systematisch und intersubjektiv nachvollziehbar erfolgen. Dieser Aspekt ist gerade vor dem Hintergrund des geforderten Schwerpunkts auf Methodenanwendung und -weiterentwicklung nur schwer nachzuvollziehen.

Trotz dieser Unterschiede teilen Kommunikationswissenschaft und Medienpsychologie einige Gemeinsamkeiten, welche die medienpädagogische Gewaltforschung nicht aufweist. Die medienpädagogischen Studien räumen der methodischen und theoretischen Qualitätssicherung vergleichsweise wenig Platz ein. Wird die Qualität der Ergebnisinterpretation überhaupt thematisiert, dann im Zusammenhang mit den Auswirkungen von sozialen wissenschaftsinternen wie -externen Faktoren auf die Forschungsergebnisse. Der geringe Stellenwert methodischer Qualitätssicherung in der medienpädagogischen Gewaltforschung passt zu dem Befund, dass es vor allem Studien der Medienpädagogik sind, die von Wissenschaftlern anderer Disziplinen kritisiert werden. Das Hauptargument dieser Vorwürfe ist, die medienpädagogischen Studien würden methodisch unsauber arbeiten (vgl. etwa Grimm, 1999; Kunczik, 1995).

Wie steht es nun also um die Qualitätsmaßstäbe der Gewaltforschung? Der disziplinäre Grenzverlauf zwischen der medienpädagogischen Gewaltforschung und den anderen beiden Disziplinen zeigt zunächst einmal, dass nicht nur von einem Theorie- und Methodenpluralismus, sondern auch von einem Pluralismus der Qualitätsmaßstäbe gesprochen werden muss. Nicht nur, dass alle Disziplinen in den Bereichen Theoriearbeit, methodisches Vorgehen und Ergebnisinterpretation Defizite aufweisen; diese werden in den Fächern auch nicht gleichermaßen wahrgenommen. Selbstreflexivität ist in der medienpädagogischen Gewaltforschung offenbar am wenigsten ausgeprägt, für die anderen beiden Disziplinen muss diese Frage differenziert für die einzelnen Forschungsschritte beantwortet werden: Niveau und Anspruch in den Bereichen Theoriearbeit und Methodenkritik sind im kommunikationswissenschaftlichen Forschungsfeld heterogener als in der medienpsychologischen Gewaltforschung. Dafür zeigen die Kommunikationswissenschaftler ein breiteres Verständnis des methodischen Vorgehens; sie beziehen den Forschungsschritt der Ergebnisinterpretation häufiger in die Methodenkritik mit ein als die anderen beiden Disziplinen.

V.4 Disziplinäre Perspektiven auf das Verhältnis von Wissenschaft und Öffentlichkeit

Die Kluft zwischen der öffentlichen Vorstellung von Wissenschaft und der tatsächlichen Forschungsrealität lässt sich gerade am wissenschaftlichen und öffentlichen Gewaltdiskurs gut untersuchen: Mediengewalt ist ein gesellschaftliches Problem, das Thema rückt in immer wiederkehrenden Wellen in die Öffentlichkeit. Dramatische Ereignisse wie Schulamokläufe wecken dazu in der Öffentlichkeit immer wieder die Sorge, dass es noch immer keine effektiven Wege und Möglichkeiten gibt, wie dieses gesellschaftliche Problem in den Griff zu bekommen ist. Damit eignet sich die Gewaltforschung als Beispiel, das problembehaftete Verhältnis von Wissenschaft und Öffentlichkeit näher zu untersuchen. In diesem Unterkapitel wird zunächst auf der Seite der Wissenschaft untersucht, was für eine Vorstellung die Forschenden von der Funktion ihrer Wissenschaft für die Gesellschaft haben. Dazu müssen zwei Fragen beantwortet werden: (1) Wie nehmen die Autoren die öffentliche Gewaltdebatte wahr und (2) wie bewerten sie die Interaktion von Wissenschaft und Öffentlichkeit im Umgang mit dem gesellschaftlichen Problem der Mediengewalt? Die Befunde zu diesen Fragen ermöglichen es in den darauffolgenden Kapiteln, die Selbstwahrnehmung der Wissenschaftler dem öffentlichen Bild von der Gewaltforschung gegenüberzustellen.

Bewertung der öffentlichen Gewaltdebatte: Wie Tabelle 41 zeigt, unterscheiden sich die Disziplinen in ihrem Blick auf die öffentliche Gewaltdebatte. Der Grenzverlauf trennt in diesem Fall die medienpsychologische Gewaltforschung von den anderen beiden Disziplinen. Keine der medienpsychologischen Studien enthält Aussagen über die öffentliche Debatte. Das ist ein erstaunlicher Befund, der nicht so recht zu der Selbstreflexivität passen will, die Medienpsychologen im Hinblick auf das wissenschaftliche Vorgehen an den Tag legen. Ganz anders zeigen sich die anderen beiden Disziplinen der deutschen Stichprobe: Beide Fächer beurteilen die öffentlich geführte Debatte um die Wirkungen von gewalthaltigen Medienangeboten durchgängig negativ. Am häufigsten melden sich die Kommunikationswissenschaftler zu Wort. Das ausgeprägte Interesse dieser Disziplin am öffentlichen Diskurs über Mediengewalt hängt mit ihrem Materialobjekt zusammen; die Kommunikationswissenschaft untersucht alle Phänomene und Prozesse der öffentlichen Kommunikation. Deutlich seltener bewerten die medienpädagogischen Gewaltforscher die öffentliche Gewaltdebatte, sie benennen auch weniger Merkmale der öffentlichen Gewaltdebatte als die Kommunikationswissenschaftler.

Dabei bemessen die Autoren offenbar die öffentliche wie wissenschaftliche Debatte mit denselben Rationalitätsstandards, wie die angeführten Argumente erkennen lassen. Am häufigsten wird die Unkenntnis der Öffentlichkeit über Medienwirkungen und ein zu einfaches Wirkverständnis bemängelt, gefolgt von der Unsachlichkeit der Argumente in der öffentlichen Debatte.

> Beispiel 1: „In der Praxis werden Ergebnisse solcher Untersuchungen jedoch häufig im Kontext von Wirkungsannahmen interpretiert, und zwar auf zweierlei Weise. Zum einen scheint zumindest in der Laienöffentlichkeit der Irrglaube unausrottbar, man könne von Inhaltscharakteristika bereits auf deren Wirkung schließen." (Schabedoth, 1995: 392)
> Beispiel 2: „Mass media magazines and newspaper have consistently failed to capture the changes in the scientific state of knowledge." (Bushman & Anderson, 2001: 486)
> Beispiel 3: „Es scheint in der Bevölkerung gewissermaßen eine Urfurcht vor den Wirkungen der Medien zu existieren. [...] Differenzierte Sichtweisen und Erklärungen von wissenschaftlicher Seite, die sich von einfachen linearen Ursache-Wirkungs-Aussagen abheben, werden in der öffentlichen Diskussion meist kaum wahrgenommen." (Gleich, 2004: 588)

Die angeführten Kritikpunkte an der öffentlichen Debatte und dem alltagslogischen Verständnis von Kausalzusammenhängen machen deutlich, dass die Autoren ihre wissenschaftlichen Standards auch an die öffentliche Debatte anlegen, ohne in Betracht zu ziehen, ob die wissenschaftsinternen Regeln überhaupt auf die öffentliche Debatte übertragbar sind. Die Vermittlungslogik der Massenmedien und die Selektionskriterien der Journalisten werden von den Gewaltforschern nicht berücksichtigt bzw. nicht thematisiert – klassische Indikatoren dafür, dass diese Forscher im Popularisierungsparadigma der Wissenschaftskommunikation verankert sind (vgl. Kohring, 2005). Der disziplinäre Grenzverlauf zwischen kommunikationswissenschaftlicher und (medien-)psychologischer

Gewaltforschung kann im internationalen Vergleich tendenziell bestätigt werden; auch in der US-Stichprobe thematisieren die Kommunikationswissenschaftler häufiger die öffentlich geführte Gewaltdebatte als die Psychologen, auch wenn dieser Befund aufgrund der Fallzahlen nur schlecht gestützt ist.

Tabelle 41: *Bewertung der öffentlichen Gewaltdebatte (Mehrfachnennungen)*

	KW (n= 10)	**MPSY** (n= 0)	**MPäd** (n= 3)	**US-KW** (n= 3)	**US-PSY** (n= 1)
Einfaches Wirkverständnis / Unkenntnis	7	-	3	2	1
Unsachlichkeit der öffentlichen Debatte	3	-	-	1	-
Ereignisgesteuerte Debatte	2	-	-	-	-

Einschätzung der Interaktion von Wissenschaft und Öffentlichkeit: Die klare disziplinäre Grenze, die sich bei der Bewertung der öffentlichen Gewaltdebatte gezeigt hat, bricht für die Einschätzung des öffentlichen Bildes von Wissenschaft weg. Die medienpsychologische Gewaltforschung setzt sich intensiv mit der Interaktion von Wissenschaft und Öffentlichkeit auseinander, in der Hälfte der Studien wird die Interaktion von Wissenschaft mit den anderen sozialen Systemen (Politik, Wirtschaft, u.a.) beurteilt. Damit ist dieser Fokus in den medienpsychologischen Studien sogar ausgeprägter als in den kommunikationswissenschaftlichen und medienpädagogischen Studien (Tabelle 42).

Wie wird das Verhältnis von Wissenschaft und Öffentlichkeit von den Gewaltforschern eingeschätzt? Zunächst lässt sich nationenübergreifend feststellen, dass alle Disziplinen das öffentliche Bild der Gewaltforschung als undifferenziert und verkürzt kritisieren. Interessant sind aber die unterschiedlichen Einschätzungen der Ursachen dieses verkürzten öffentlichen Bilds von der Gewaltforschung. Bleiben die Autoren bei dieser Feststellung stehen und fragen nicht weiter nach den Ursachen, setzt ihre Position an derselben Stelle an wie die häufig vorgebrachte Medienschelte von Politikern, PR-Experten und Personen der Zeitgeschichte: Die Medien würden die Realität nicht so abbilden, wie sie tatsächlich sei, sondern ein verzerrtes Bild der Realität an die Mediennutzer weitergeben. Die Positionen der Akteure – seien es nun Politiker, Prominente oder Wissenschaftler – wurden verkürzt oder gar falsch wiedergegeben. Viele erleben den Umgang mit Medienvertretern als frustrierend, wenn sie realisieren, dass die eigene Realität nicht zwangsläufig mit der durch Massenmedien vermittelten Wirklichkeit übereinstimmt. Die Annahme, die Berichterstattung müsse die eigenen Positionen und Argumente 1:1 weiterreichen, ist ein klassisches Merkmal des Popularisierungsparadigmas.

Einige Autoren überwinden diese Perspektive auf das Verhältnis von Wissenschaft und Öffentlichkeit. Sie erklären das verkürzte öffentliche Bild von der

Gewaltforschung vor dem Hintergrund der unterschiedlichen Bedürfnislagen, Motive und Systemlogiken der betroffenen Akteure (Eltern und Pädagogen, Politik, Wirtschaft, Interessenverbände und Wissenschaftler).

> Beispiel 1: „Die Crux der Fernsehgewalt-Forschung besteht vor allem darin, dass der gesellschaftliche Diskurs nach praktikablen Rezepten verlangt, die in eindeutigen Ursache-Wirkungs-Relationen gründen. Diese sind methodisch jedoch nur schwer nachweisbar. Der um gesellschaftliche Verantwortung bemühte Wissenschaftler ist deshalb leicht verleitet, ambivalente Befunde interpretativ zu vereindeutigen, um den Bedarf von Politikern, Pädagogen und anderen interessierten Gruppen nach evidenten Aussagen und leicht handhabbaren Faustregeln zu befriedigen." (Grimm, 1999: 56)
>
> Beispiel 2: „Das Thema der aggressionsfördernden Wirkungen des Fernsehens [unterliegt] selbst auch den Gesetzmäßigkeiten medialer Aufbereitung." (Winterhoff-Spurk, 1999: 110)

Solche Aussagen basieren auf einem systemtheoretischen Paradigma. Dieses Paradigma berücksichtigt die systemspezifischen Eigenlogiken und Rationalitätskriterien: Die Öffentlichkeit ist beispielsweise vor allem an der Anwendung wissenschaftlichen Wissens interessiert, um gesellschaftliche Probleme zu lösen. Wissenschaftliches Wissen sollte daher möglichst klare und eindeutige Antworten auf die Fragen der Gesellschaft liefern können. Einfache Antworten sind in der Wissenschaft aber selten zu finden, zu vielschichtig sind die untersuchten sozialen Phänomene. Einfache Wenn-dann-Aussagen sind gerade in den Sozialwissenschaften selten möglich, sondern stets von einer Fülle von Randbedingungen in ihrer Aussagekraft eingeschränkt. Diese prinzipielle Unvereinbarkeit der Rationalitätskriterien von Wissenschaft und Öffentlichkeit berücksichtigt das systemtheoretische Denken.

Insgesamt wird der systemtheoretische Blick auf die Gewaltdebatte nur selten von den Forschenden vertreten. Sieben von 59 Publikationen gehen auf die unterschiedlichen Bedürfnislagen und Systemlogiken ein, unter denen die an der Gewaltdebatte beteiligten Akteure in diesem Feld agieren. Die medienpädagogischen Studien beinhalten überhaupt keine systemtheoretischen Einschätzungen. Gerade der Befund zur kommunikationswissenschaftlichen Gewaltforschung erstaunt, muss doch in Betracht gezogen werden, dass das Systemdenken in dieser Disziplin häufig verwendet wird, um die Funktionslogik des Journalismus zu erklären (vgl. Scholl, 2002; Merten, Schmidt & Weischenberg 1994). Offenbar hat sich das systemtheoretische Denken noch nicht als Paradigma für die Eigenwahrnehmung festgesetzt. Hier besitzt die Kommunikationswissenschaft einen blinden Fleck: Einerseits ist das Systemdenken in einigen Feldern wie der Journalismusforschung im Zentrum des Theoriekanons verankert, andererseits wird dieses Wissen nicht auf die Selbstbeobachtung angewandt.

Tabelle 42: *Einschätzung des Verhältnisses von Wissenschaft und Öffentlichkeit (Mehrfachnennungen)*

	KW (n= 3)	MPSY (n= 4)	MPäd (n= 2)	US-KW (n= 5)	US-PSY (n= 3)
Undifferenzierte öffentliche Wahrnehmung von Wissenschaft	1	3	2	4	2
Unterschiedliche Motive der beteiligten sozialen Systeme an der Gewaltdebatte	1	1	-	3	2
Verbesserung der Kommunikation Wissenschaft – Öffentlichkeit	1	1	-	3	2

Im internationalen Vergleich ist die systemtheoretische Bewertung zum Verhältnis von Wissenschaft und Öffentlichkeit stärker in der US-Stichprobe vertreten. Hier zeichnet sich ein weiteres nationenspezifisches, disziplinübergreifendes Muster ab. Während die deutschsprachigen Disziplinen die Ergebnislage der Gewaltforschung insgesamt als uneindeutig einschätzen, einen intensiveren Qualitätsdiskurs führen und das Verhältnis von Wissenschaft und Öffentlichkeit weniger aus der systemtheoretischen Brille betrachten, sind die Vorzeichen in der US-Stichprobe bei diesen drei Punkten umgedreht; die US-amerikanischen Studien schätzen die Befundlage der Gewaltforschung nicht so disparat ein, sie führen einen weniger ausgeprägten Qualitätsdiskurs (was allerdings auch eine Konsequenz des dominanten Publikationstyps sein könnte) und zielen häufiger auf die unterschiedliche Bedürfnislage der beteiligten sozialen Systeme ab. Die Bewertung des öffentlichen Bilds der Gewaltforschung führt in der US-Stichprobe auch häufiger als im deutschsprachigen Raum zu dem Appell, die Kommunikation zwischen Wissenschaft und Öffentlichkeit zu verbessern. Dazu passt auch die politisch aktivere Rolle, die eher US-Psychologen den Gewaltforschenden verordnen.

Beispiel 3: „One major step would be to realize that the conservative scientist role and the public educator role are two very different roles with different norms. (...) In our view, it would not be appropriate to hide behind the conservative scientist role and deny a belief in the causal role of media violence." (Bushman & Anderson, 2001: 487)

Einordnung und Bewertung der Befunde

In diesem Fall verläuft die disziplinäre Grenze anders als bei den meisten bereits beschriebenen Befunden: Während die kommunikationswissenschaftlichen und medienpädagogischen Studien der öffentlichen Debatte über Mediengewalt viel Aufmerksamkeit schenken, bleibt dieser Aspekt von der medienpsychologischen Gewaltforschung unterbeleuchtet. Der Fokus der Medienpsychologen liegt auf der Wahrnehmung des öffentlichen Bildes zur Gewaltforschung, auch wenn aufgrund der geringen Fallzahlen nur von tendenziellen Unterschieden gesprochen werden kann. Davon setzen sich die anderen beiden Disziplinen ab. In den entsprechenden medienpädagogischen Studien wird zwar ebenfalls das wenig differenzierte öffentliche Bild von Wissenschaft kritisiert. Sie gehen aber weder auf die unterschiedlichen Bedürfnislagen der beteiligten Akteure ein, noch machen sie Vorschläge, wie die Kommunikation zwischen Wissenschaft und Öffentlichkeit verbessert werden könnte. Der deutschsprachigen Kommunikationswissenschaft ist dagegen ein blinder Fleck zu konstatieren: Obwohl sich die Fachvertreter intensiv mit der öffentlichen Gewaltdebatte und der dahinterstehenden Funktionslogik beschäftigen, bleibt die Selbstbeobachtung für die Interaktion des eigenen Handlungsfelds mit der Öffentlichkeit hinter dem angesammelten Wissen zur Funktionslogik öffentlicher Kommunikation zurück – ein Hinweis, dass die deutschsprachige Kommunikationswissenschaft das Popularisierungsparadigma der Wissenschaftskommunikation noch nicht überwunden hat. Der internationale Vergleich zeigt, dass zumindest einige Studien der US-Disziplinen diesen blinden Fleck der Selbstbeobachtung von Wissenschaftskommunikation erkannt haben.

Diese Befunde können durch die verschiedenen disziplinären Fachverständnisse erklärt werden. Der Fokus der Kommunikationswissenschaft auf die öffentliche Debatte ergibt sich aus dem Gegenstand der Disziplin heraus, der öffentlichen Kommunikation. Als ein Fach, das öffentliche Kommunikation in das Zentrum des Interesses stellt, richtet sich der Blick offensichtlich auch in der Gewaltforschung auf die öffentliche Kommunikation zu diesem Gegenstand. Das Fachverständnis greift auch als Erklärungsansatz der Befunde zur medienpsychologischen Gewaltforschung: Im Zentrum der Medienpsychologie steht das Individuum in seinem Umgang mit Medien (vgl. Winterhoff-Spurk, 1999). Makroanalytische Phänomene wie Öffentlichkeit sind ebenso sekundär wie medienzentrierte Aspekte. Trotzdem schenken Medienpsychologen der Interaktion von Wissenschaft und Öffentlichkeit viel Aufmerksamkeit. Das ausgeprägte Interesse könnte von persönlichen Erfahrungen der Medienpsychologen mit der öffentlichen Wahrnehmung ihrer Arbeiten zusammenhängen. Für diese These liefern die vorliegenden Befunde allerdings keinen Beleg.

Der nationenspezifische und disziplinübergreifende Befund, dass die US-amerikanischen Publikationen tendenziell eher aus einer systemtheoretischen Perspektive argumentieren, während die deutschsprachigen Publikationen deutliche Präferenzen für das Popularisierungsparadigma aufweisen, könnte eine Folge der unterschiedlich gediehenen Forschungskulturen in den USA und im deutschsprachigen Raum sein. Die US-amerikanische Forschung kann auf deutlich mehr Langzeitstudien und quantitative Meta-Analysen zurückgreifen. Das macht sich in der generellen Einschätzung der Befundlage durch die US-Gewaltforscher bemerkbar. Das Wissen zum Gegenstand Mediengewalt wird nicht so pessimistisch eingeschätzt, die Qualität der Forschung wird nicht so intensiv diskutiert wie im deutschsprachigen Raum. Auf beiden Seiten des Atlantiks wird die Gewaltforschung meta-analytisch reflektiert. Die deutschsprachige Debatte scheint sich allerdings stärker auf wissenschaftsinterne Probleme der Gewaltforschung zu fokussieren, wogegen der US-amerikanische Schwerpunkt auf dem Verhältnis von Gewaltforschung und Öffentlichkeit liegt. Ruft man sich die Funktion wissenschaftlicher Selbstreflexion in Erinnerung – dass Selbstreflexivität immer da ansetzt, wo in der Forschungspraxis Probleme auftauchen – dann liefern die nationalen Unterschiede einen Hinweis dafür, dass die deutschsprachige Gewaltforschung mit dem Gegenstand selbst und dessen adäquater Forschung ringt, während die US-amerikanischen Forscher die Ergebnislage nicht hinterfragen und den Fokus stärker auf den Verwertungszusammenhang ihres Wissens verschieben.

V.5 Disziplinäre Positionen in der Gewaltdebatte

Die bislang aufgedeckten (zumeist graduellen) Disziplinunterschiede können allerdings noch nicht belegen, ob die wissenschaftliche Gewaltdebatte tatsächlich entlang der Disziplinen geführt wird. Das folgende Unterkapitel widmet sich deshalb der Frage, inwieweit die Gewaltdebatte von den beteiligten Forschern selbst thematisiert wird, und inwieweit sie Ergebnisse, Positionen und Wissenschaftler dem jeweiligen disziplinären Hintergrund zuordnen. Das sind meta-analytische Fragen, weshalb erneut die meta-analytischen Aussagen der Stichprobe in den Blick geraten. Vor dem Hintergrund der bisher zusammengetragenen Befunde lässt sich vermuten, dass die kommunikationswissenschaftlichen Vertreter am häufigsten auf diese Punkte eingehen. Keine andere Disziplin beschäftigt sich so intensiv mit der Gewaltforschung selbst wie die Kommunikationswissenschaft.

Selten werden explizite Aussagen zur Disziplingebundenheit wissenschaftlicher Ergebnisse gemacht (11 von 59 Publikationen). Offenbar nehmen die beteiligten Wissenschaftler die Gewaltforschung nicht primär als disziplinär geprägtes Forschungsfeld wahr. Dieser Befund passt zu unserer bisherigen Einschätzung der Einzelbefunde, dass die Gewaltforschung allenfalls durch graduelle, variabel verlaufende Grenzen segmentiert ist.

Die wenigen expliziten Aussagen sind ungefähr gleich auf alle Disziplinen verteilt (Tabelle 43). In den deutschsprachigen Studien werden gleichermaßen kognitive wie soziale Ursachen disziplinärer Differenzen angeführt. Als kognitive Ursachen werden divergierende Wissenschaftsverständnisse, die Methodenwahl und Theorieperspektive genannt. Vermutet man soziale Ursachen hinter Disziplinunterschieden, dann werden interessengeleitete Forschung und die unterschiedliche berufliche Sozialisation angeführt. Dazu kommt ein (empirisch nur schwach gestützter) Befund, der wiederum auf den Grenzverlauf zwischen Medienpädagogik und den anderen beiden Disziplinen verweist: Das Kritikverhalten von medienpsychologischen wie kommunikationswissenschaftlichen

Gewaltforschern zeigt eine leichte Tendenz, qualitatives Vorgehen negativ zu beurteilen. Kritische Verweise auf qualitativ arbeitende Wissenschaftler (z.B. Theunert, et al., 1992; Glogauer 1990) werden am methodischen Vorgehen sowie am Interpretationsverhalten festgemacht.

Tabelle 43: *Ursachen disziplinärer Differenzen (Mehrfachnennungen)*

	KW (n= 4)	MPSY (n= 2)	MPäd (n= 2)	US-KW (n= 2)	US-PSY (n= 1)
Kognitive Ebene: Theorie- und Methodengetränktheit	2	2	-	-	-
Soziale Ebene: Interessengeleitete Forschung und Sozialisation	3	1	2	1	1

Für die wenigen Fälle, die disziplinäre Differenzen kognitiv erklären, sind erneut Argumente auf der verfahrenstechnischen und methodologischen Ebene zu unterscheiden. Auf verfahrenstechnischer Ebene wird vor allem eine fehlende Methodenkompetenz als Ursache disziplinärer Unterschiede angeführt.

Beispiel 1: „Dazu kommt, dass jene Disziplinen, die an diesem Problem arbeiten (Kommunikationswissenschaft und Soziologie), mit experimentellen Methoden wenig vertraut sind.“ (Vitouch, 1993: 41)

Auf der methodologischen Ebene werden disziplinäre Differenzen durch divergierende methodologische Grundlagen begründet.

Beispiel 2: „Die eigentliche Crux der Medienpädagogik liegt aber nicht darin, dass es zu wenig differenzierte Aussagen über Medienwirkungen gäbe, sondern im Selbstverständnis der Medienpädagogen selbst.“ (Lukesch, 1990: 166)
Beispiel 3: „Während in der Soziologie und Kommunikationswissenschaft Befragungen durchgeführt werden, die korrelative Auswertungsverfahren wie etwa multivariate Regressionsanalysen erfordern, zeigt sich bei der Psychologie eine Konzentration auf experimentelle Verfahren.“ (Friedrichsen, 1995: 322)

Dass die beteiligten Autoren die Gewaltforschung nicht primär als disziplinär geprägtes Forschungsfeld wahrnehmen, spiegelt sich auch in den expliziten Äußerungen über die Forschung der Kollegen. Arbeiten anderer Wissenschaftler werden immer an der theoretischen und methodischen Leistung beurteilt, keine Bewertung nimmt je auf den disziplinären Hintergrund der bewerteten Forscher Bezug. Das tragfähigste Kriterium solcher expliziten Aussagen über Kollegen sind methodische Aspekte. In der deutschsprachigen Forschung bezieht sich das Gros der negativen Bewertungen auf die Arbeiten Werner Glogauers, darunter sind auch einige persönlich angreifende Formulierungen, die die nötige Sachlichkeit von wissenschaftlichen Publikationen missen lassen. Die Kritik an seinen Arbeiten ist ein disziplinenübergreifendes Muster, selbst andere Medienpädagogen beurteilen Glogauers Arbeiten negativ (vgl. Kübler, 1995) – ein weiterer Hinweis, dass die Disziplinzugehörigkeit von den beteiligten Wissenschaftlern selbst nicht als relevante Beurteilungskategorie der Gewaltforschung wahrgenommen wird.

Beispiel 1 (sachliche Kritik): „Werner Glogauer vertritt diese Alltagstheorien zum Zusammenhang von Medien und Gewalt in Wort und Schrift und kann somit als Kronzeuge für die kognitive Struktur der Alltagserklärung stehen." (Vowe, 1995: 8)
Beispiel 2 (sachliche Kritik): „Diese populär- bzw. pseudowissenschaftliche Argumentation [Werner Glogauers, Anm. d. Verf.], d.h. auf eigenen Erfahrungen oder nicht-wissenschaftlichen Einzelfallstudien basierende Aussagen, wird von der Öffentlichkeit gerne aufgenommen. Daher ist es sicherlich umso erforderlicher, dass die mit den Methoden der empirischen Sozialforschung vertrauten Wissenschaftler die Verfehlungen ihrer Kollegen aufdecken." (Friedrichsen & Jenzowski, 1995: 319)

So hart wie Werner Glogauer wird sonst kein anderer Wissenschaftler angegriffen. Die disziplinübergreifend auftauchende, massive Kritik an Glogauer ist ein Beispiel dafür, wie scientific communities auf eklatante Verstöße gegen methodische Standards reagieren. In der einhelligen Empörung über Glogauers Vorgehen zeigt sich, dass wirklich schwerwiegende Verstöße gegen wissenschaftliche Standards nicht mehr rein sachlich-rational aufgenommen werden. Entsprechende Wissenschaftler werden durch drastisch formulierte Kritik diskreditiert. Die Heftigkeit und Polemik, mit der dies in manchen Äußerungen geschieht, findet sich allerdings so nur bei einem der analysierten Gewaltforscher, Michael Kunczik.

Beispiel 3 (persönlich-polemische Kritik): „Diese offensichtlich gar schreckliche und menschenverachtende Serie, vor die der besorgte Pädagoge meint das geschätzte (oder wohl eher nicht geschätzte, denn es muss sich um einen Haufen höchst bedauernswerter Individuen handeln, auf die das Programm so wirkt, wie Glogauer meint) Publikum schützen zu müssen, ist die Zeichentrickserie ‚Die Simpsons' (...) Wenn schon diese lustige und harmlose Trickfilm-Serie als Ausgeburt des Teufels charakterisiert und attackiert wird, dann bleibt zu fragen, was denn vor dem Urteil Glogauers überhaupt noch Bestand haben könnte?" (Kunczik, 1995: 126)

Der lebhafte und plastische Sprachduktus, der aus diesem Zitat heraussticht, ist nicht nur an der Kritik Glogauers festzumachen. Vielmehr fügen sich diese Äußerungen in das generelle Bild eines autorenspezifischen Musters: Deutlicher als die meisten kommunikationswissenschaftlichen Gewaltforscher thematisiert Michael Kunczik zusammen mit seiner Mitarbeiterin Astrid Zipfel die soziale Ebene von Wissenschaft. Beide Wissenschaftler finden klare Worte für die soziale Prägung der Gewaltforschung und verwenden dabei eine lebhafte, plastische Sprache. Thematisieren etliche kommunikationswissenschaftliche Publikationen soziale Einflussfaktoren auf die Gewaltforschung, so ist dies bei Kunczik rhetorisch am prägnantesten ausgeprägt.

Beispiel 4: „Es existieren regelrechte Zitationszirkel, in denen Autoren methodisch fragwürdige Studien ohne Nachprüfung lediglich auf der Basis von Treu und Glauben (bzw. weil die angeblichen Ergebnisse dem eigenen Vorurteil entsprechen) als ‚Beweis' für negative Folgen von Mediengewalt anführen, die diesen Nachweis nicht erbracht haben." (Kunczik & Zipfel, 2006: 395)

Beispiel 5: „M.E. besteht eine der wichtigsten Aufgaben der Medien-und-Gewalt-Forschung in der nächsten Zeit darin, die Zitationszirkel, in denen man sich immer wieder gegenseitig bestätigt, hinsichtlich der Fragestellung recht zu haben, zu durchbrechen. Die Ansichten von ‚Außenseitern' sollten stärker beachtet werden, denn noch immer werden in ungezählten Laborexperimenten die immer gleichen Fragestellungen leicht modifiziert und untersucht." (Kunczik, 1995: 141)

Bewertung und Einordnung der Befunde

Insgesamt ist in der Gewaltforschung praktisch kein disziplinäres Blockdenken auszumachen. Die Kritikpunkte, die die wissenschaftliche Selbstreflexion zutage gefördert hat, werden nicht mit Disziplinendenken in Verbindung gebracht. Explizite Zuschreibungen bestimmter Positionen, Theorien oder Methoden zu einzelnen Disziplinen finden sich so selten, dass nicht von einer offen zutage tretenden Kluft zwischen den an der Gewaltforschung beteiligten Disziplinen gesprochen werden kann. Im Feld der Gewaltforschung zeichnet sich weniger eine disziplinbezogene Lagerbildung ab als variable Grenzverläufe im Hinblick auf die Umsetzung von Standards der empirisch-analytischen Forschungslogik. So lässt sich der Frage nach der Definitionsmacht in der wissenschaftlichen Gewaltdebatte eine weitere Antwort anfügen: Das Feld der Gewaltforschung ist nicht so sehr Hoheitsgebiet einer bestimmten Disziplin, es zeichnet sich aber eine leichte Vormachtstellung empirisch-analytischer Wissenschaftstheorie ab; selbst wenn die Qualität der in dieser Tradition stehenden empirischen Forschung in einigen Punkten verbesserungswürdig ist.

V.6 Einordnung der Befunde zur wissenschaftlichen Gewaltdebatte

Die graduellen Unterschiede lassen sich aus dem jeweiligen Fachverständnis der Disziplinen heraus erklären, jenseits des Forschungsfelds Mediengewalt. Kommunikationswissenschaft und Medienpsychologie sind in ihrer Professionalisierung weiter vorangeschritten und weisen eine stärkere Institutionalisierung wissenschaftstheoretischer Standards des empirisch-analytischen Paradigmas auf. Außerdem hat die Wirkungsforschung in diesen beiden Disziplinen gemeinsame Wurzeln in der empirischen US-Sozialforschung der 30er und 40er Jahre. Darüber hinaus besitzt ein mikroanalytisch orientiertes Feld wie die Wirkungsforschung viele theoretische Schnittstellen mit der Psychologie, weil zur Erklärung psychischer Prozesse auf psychologische Basistheorien zurückgegriffen wird.

Die Ergebnisse zur wissenschaftlichen Gewaltdebatte sprechen dafür, dass kommunikationswissenschaftliche Selbstreflexion nicht ad-hoc, fragmentarisch als Thema einzelner Persönlichkeiten und ohne Auswirkungen auf die Forschungspraxis erfolgt. Für den betrachteten Ausschnitt der kommunikationswissenschaftlichen Gewaltforschung scheint es geradezu symptomatisch, auf kognitiver oder sozialer, häufig sogar auf beiden Ebenen Selbstreflexion zu betreiben. Von den drei untersuchten Disziplinen weist die kommunikationswissenschaftliche Gewaltforschung die intensivste Selbstreflexion auf, sie kommuniziert am deutlichsten problematisierend nach *innen.* Auf der wissenschaftsexternen Ebene rückt sie die Logik der medial vermittelten, öffentlichen Gewaltdebatte in den Mittelpunkt. Die deutschen Kommunikationswissenschaftler setzen sich zwar mit dem Verhältnis von Wissenschaft und Öffentlichkeit auseinander, sie sind insgesamt aber im Popularisierungsparadigma der Wissenschaftskommunikation verhaftet. In diesem Punkt scheinen die US-Kollegen einen anderen Zugang zu besitzen; sie betrachten die zwei Diskurse – die wissenschaftliche und öffentliche Gewaltdebatte – häufiger aus einer systemtheoretischen Perspektive heraus, wie sie sich beispielsweise in der Journalismusforschung schon lange etabliert hat. Die Gründe hierfür können nicht detaillierter beschrieben werden, es deutet sich jedoch an, dass die starke Ausrichtung auf Evaluation der Forschung ein Indiz für den fehlenden tradierten Wissens- und Methodenkanon darstellen kann.

In der Medienpsychologie findet zwar auch Selbstreflexion statt, aber nicht so sehr problematisierend auf der wissenschafts*internen* Ebene. Die analysierten Medienpsychologen setzen sich intensiv mit methodischen Aspekten der Forschung auseinander. Darin spiegelt sich der Stellenwert, der Methoden im Fachverständnis der Medienpsychologie zukommt. Disziplinäre Differenzen werden hauptsächlich durch kognitive Ursachen erklärt (unterschiedliches Wissenschaftsverständnis, Methodenkanon). Auf wissenschafts*externer Ebene* wird die öffentliche Debatte gar nicht bewertet, dafür wird aber am häufigsten die Interaktion von Wissenschaft mit Öffentlichkeit und Medien thematisiert, auch mit dem Ziel, die externe Kommunikation mit der Öffentlichkeit zu verbessern.

In der Gewaltforschung der Medienpädagogik spiegelt sich das anwendungsorientierte Fachverständnis, festzumachen beispielsweise am geringeren Stellenwert der Theoriearbeit. Auch die Standards des empirisch-analytischen Wissenschaftsverständnisses finden weniger Berücksichtigung bei der Kommunikation der Ergebnisse. In der dem Edukationsgedanken verbundenen Anwendungsdisziplin stand lange Zeit weniger das analytische Arbeiten im Vordergrund als die praktische Problemlösung. Dies hat die Institutionalisierung als akademische Disziplin sicher nicht gefördert. Der vergleichsweise geringere Stellenwert empirisch-analytischer Wissenschaftsstandards ist allerdings nicht alleine auf die Praxisorientierung zurückzuführen, sondern auch auf das Bekenntnis vieler Medienpädagogen zur qualitativen Sozialforschung.

VI. Die öffentliche Debatte

Schaubild 5 zeigt die Dichte der Berichterstattung über den Untersuchungszeitraum von 1990–2005 hinweg. In der Grafik abgetragen ist die Anzahl von Argumenten, die in den vierzehn untersuchten Medien pro Jahr publiziert wurden. Die Anzahl der Beiträge verhält sich hierzu relativ ähnlich, die Fallzahlen liegen nur entsprechend niedriger. Die Grafik zeigt einen fast schon erstaunlichen Rhythmus: Alle drei Jahre erreicht die Berichterstattung einen relativen Höhepunkt. Geht man in die Einzelheiten der Berichterstattung hinein, so kann man für jeden der Höhepunkte feststellen, dass die Berichterstattung durch ganz konkrete Ereignisse stimuliert wurde. Dies waren in den meisten Fällen Ereignisse, bei denen Jugendliche Gewalt ausübten. Der höchste Ausschlag findet sich im Jahr 2002. Der Großteil der Argumente wurde im Kontext des Massakers von Erfurt publiziert. Der Ausschlag 1999 spiegelt das amerikanische Gegenstück in Littleton. Allerdings war nicht zwangsläufig ein Gewaltereignis Auslöser für eine verstärkte Berichterstattung. In den Jahren 1993 und 1996 stammen die relativen Höhepunkte von publizierten wissenschaftlichen Erkenntnissen. In beiden Fällen handelt es sich um Studien der Landesmedienanstalten, die publiziert wurden und, das zeigt der zweite Schwerpunkt der Berichterstattung, vor allem medienpolitische Resonanz fanden. Entsprechend zahlreich sind die Beiträge in diesen beiden Jahren, deren Themenanlässe wissenschaftliche Erkenntnisse und Wortmeldungen aus der medienpolitischen Debatte waren. Auch in diesen Zeiträumen ist der Schwerpunkt der Berichterstattung auf eine relativ kurze Zeitspanne begrenzt.

Man kann aus Schaubild 5 somit lernen, dass die öffentliche Diskussion um Mediengewalt einen diskontinuierlichen Charakter hat. Das Thema Mediengewalt hat eine kurzlebige Themenkonjunktur: In relativ kurzen Phasen wird, ausgelöst durch aktuelle Ereignisse oder neue wissenschaftliche Ergebnisse, die Diskussion angeheizt, um danach schnell wieder abzuflauen. Man könnte die Kurve in Schaubild 5 noch getrennt für die Publikums- und Fachzeitschriften zeichnen. Beide Kurven verhalten sich jedoch relativ ähnlich zueinander. Der diskontinuierliche Charakter der Berichterstattung über Mediengewalt bestätigt den Befund von Brosius und Eps (1993), dass bestimmte Einzelereignisse (Schlüsselereignisse) in der Lage sind, Themen erneut auf die Medienagenda zu heben. Dabei spielt die Art des Schlüsselereignisses für die nachfolgende Berichterstattung durchaus eine Rolle. Beispielsweise stand bei Littleton eher das Thema Filmgewalt im Mittelpunkt, drei Jahre später im Zusammenhang mit Erfurt verlagerte sich der Schwerpunkt auf die Ego-Shooter-Variante von Computerspielen; das sind blutrünstige Spiele, in denen die Spieler in die Rolle von Soldaten und Kämpfern schlüpfen und ihre Feinde mit verschiedenen Waffen eliminieren müssen, um zu gewinnen. Diese sind auch für den erneuten Aus-

Schaubild 5: *Zeitverlauf der Berichterstattung über Mediengewalt*

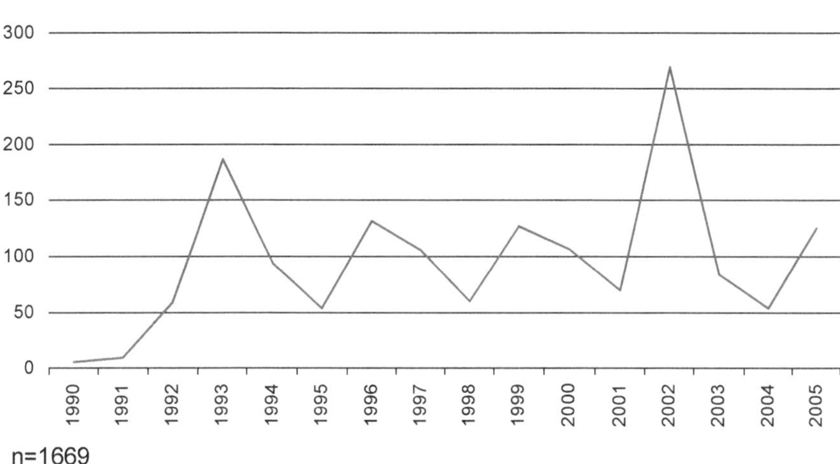

schlag im Jahre 2005 verantwortlich. Eine qualitative Betrachtungsweise zeigt für die jeweiligen Höhepunkte, dass die Berichterstattung nach relativ fixen Mustern abläuft. Bei Gewaltereignissen ist es natürlich zunächst die Beschreibung des Ereignisses selbst und der damit verbundenen Details. Danach melden sich relativ schnell verschiedene Interessenvertreter zu Wort, unter anderem auch die Politik. Ähnlich wie Kepplinger und Habermeier (1995) bereits feststellten, verläuft die Berichterstattung in konzentrischen Kreisen um das jeweilige Ereignis. Nach dem Ereignis kommt es zu einer Aktualisierung ähnlicher Ereignisse der Vergangenheit. Dann veröffentlicht nahezu jede Publikation eine Liste der größten Massaker. Danach werden die Konsequenzen des Ereignisses für den jeweiligen Raum beleuchtet, dabei finden sich auch schon erste medienkritische Stimmen. In dieser Phase beginnen die Medien über ihre eigene Rolle im Konflikt zu reflektieren. Auch Kritiker melden sich dann zu Wort, um schärfere Gesetze zu fordern und den Umgang von Jugendlichen mit gewalthaltigen Inhalten zu regulieren – selbst wenn dies oft bereits geschehen ist. Solche Rufe nach Initiativen, obwohl der Gesetzgeber die Rahmenbedingungen der Regulierung schon geschaffen hat, fallen in den Bereich symbolischer Politik (Sarcinelli, 1987): Aussageträger vermarkten sich damit als Frau bzw. Mann der Tat, indem sie öffentlich ihren Handlungswillen kundtun, ohne dass dieser tatsächlich gegeben ist. In dieser Phase der öffentlichen Diskussion über das Massaker betonen Elternvertreter, Pädagogen und Vertreter anderer Gruppen in ihren veröffentlichten Kommentaren, dass ihr eigenes System viel weniger für die Missstände verantwortlich sei als andere Systeme. In einer relativ kurzen Zeitspanne sind dann die verschiedenen Argumente (wiederholt) ausgetauscht und das Thema Mediengewalt verschwindet wieder in der Versenkung.

VI.1 Die Berichterstattung von Publikums- und Fachzeitschriften

Der Berichtsanlass unterscheidet sich deutlich zwischen Publikums- und Fachmedien. Mit Fachmedien sind hier keine wissenschaftlichen Zeitschriften gemeint, sondern Magazine, die den Professionskreis der Medienschaffenden, Pädagogen und Medienkontrolleure, aber auch interessierte Laien ansprechen. Publikumszeitschriften sind dagegen auf die allgemeine Öffentlichkeit ausgerichtet, sie richten sich an einen deutlich dispersen Adressatenkreis ohne professionelles Interesse am Thema und spezifisches Wissen zu Mediengewalt. Daher werden nochmals eine Fachöffentlichkeit und eine Laienöffentlichkeit unterschieden.

In den Publikumszeitschriften spielt erwartungsgemäß die Aktualität eine größere Rolle (Schaubild 6): Die beiden wichtigsten Anlässe für einen Bericht sind ein aktuelles Gewaltereignis oder Neuerscheinungen im weiteren Sinne. Wissenschaftliche Erkenntnisse stimulieren nur jeden zehnten Beitrag, medienpolitische Initiativen und Regulierungen etwa jeden achten Artikel. Bei den Anlässen der Publikumszeitschriften lassen sich zwei Zeiträume unterscheiden (vgl. die Typisierung der Höhepunkte in Schaubild 5). In den letzten Jahren sind es vor allem aktuelle Gewaltereignisse, in den Jahren davor waren es Neuerscheinungen bzw. neue Trends. Hiermit sind jeweils einzelne Spielfilme mit einem besonders drastischen Gewaltgehalt gemeint oder neue Entwicklungen auf dem Computerspielemarkt. Auch beobachtete Gewaltexzesse Jugendlicher spielen hier eine Rolle, nicht als Einzelereignis, sondern als Trend (z.B. der Tausch von Gewaltvideos, die Schüler auf ihren Handys gespeichert haben).

Nahezu gegenläufig verhält sich die Berichterstattung der Fachzeitschriften. Hier sind in den meisten Fällen wissenschaftliche Erkenntnisse oder medienpolitische bzw. regulatorische Bemühungen Anlass der Berichterstattung. Zunächst scheint die fachpolitische Debatte über den konkreten Alltag erhaben. Die aktuellen Gewaltereignisse finden sich nur relativ selten als direkte Auslöser der Berichterstattung. Allerdings führen, betrachtet man die Berichterstattung genauer, die Gewaltereignisse von Littleton und Erfurt auch zu einer verstärkten Berichterstattung in den Fachmedien. Diese erfolgt zum Teil mit wochen- bzw. monateweiser Verspätung, was den Publikationsrhythmen dieser Zeitschriften entspricht. Es wird zwar nicht direkt das Gewaltereignis als Anlass der Berichterstattung genannt, wohl beziehen sich aber viele der Berichte auf die entsprechenden Ereignisse. Interessanterweise spielt die technische Entwicklung, letztendlich Grundlage für neue Entwicklungen im Mediensektor (z.B. Computerspiele, Computersimulationen oder realistischere Darstellungen von Gewalt), bei keiner der beiden Mediengattungen eine Rolle. Dieser Befund ist gut verein-

Schaubild 6: *Berichtsanlass (Prozent)*

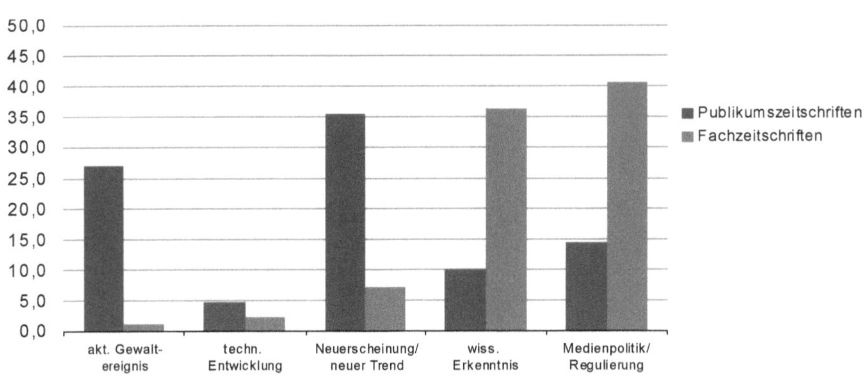

n=334; Chi²=120,76; df=4; p<0,001

bar mit der diskontinuierlichen Berichterstattung, langfristig spielt das Thema Mediengewalt nur eine untergeordnete Rolle.

Betrachtet man das in den Artikeln thematisierte Medium, so stechen deutliche Unterschiede zwischen Publikums- und Fachzeitschriften heraus. Während die Publikumszeitschriften vor allem in neuerer Zeit PC-Spiele und Kinofilme in den Vordergrund stellen, dreht es sich bei den Fachzeitschriften hauptsächlich um das Fernsehen (vgl. Schaubild 7). Insgesamt ist damit das Spektrum der Medien als Vermittler der gewalthaltigen Medienangebote im Bereich der Publikumszeitschriften wesentlich größer. Der auffällige Schwerpunkt im Bereich des Fernsehens bei den Fachzeitschriften hat sicherlich mit den journalistischen Auswahlwahlstrategien zu tun. Einige der Fachzeitschriften sind dezidiert dem Medium Fernsehen gewidmet. *tv-diskurs* ist als Zeitschrift, die von der FSF herausgegeben wird, dem Fernsehen aus der Perspektive des Privatfernsehens gewidmet. Auch die Zeitschrift *fernsehinformationen* ist dezidiert dem Medium Fernsehen verpflichtet. Allerdings gibt es im Bereich der anderen Medien keine vergleichbare Fachzeitschriftenkultur, die im Bezug auf Reichweite und Bedeutung den hier vorgestellten Zeitschriften entsprechen könnte.

Die divergierende mediale Schwerpunktsetzung macht sich in den folgenden Analysen bei einigen der Unterschiede zwischen Fach- und Publikumszeitschriften bemerkbar. Man kann diese Differenzen in unterschiedlicher Weise deuten. Die rein thematische Orientierung der Fachzeitschriften reicht als Erklärung nicht aus. Es wäre durchaus denkbar, dass sich die entsprechenden Organe auch anderen Medien zuwenden, wenn diese den Themenschwerpunkt Mediengewalt berühren. Ein weiterer Grund für die Fokussierung auf das Fernsehen könnte aber auch darin liegen, dass in diesem Fall medienpolitische und regulatorische

Schaubild 7: *Thematisiertes Medium (Prozent)*

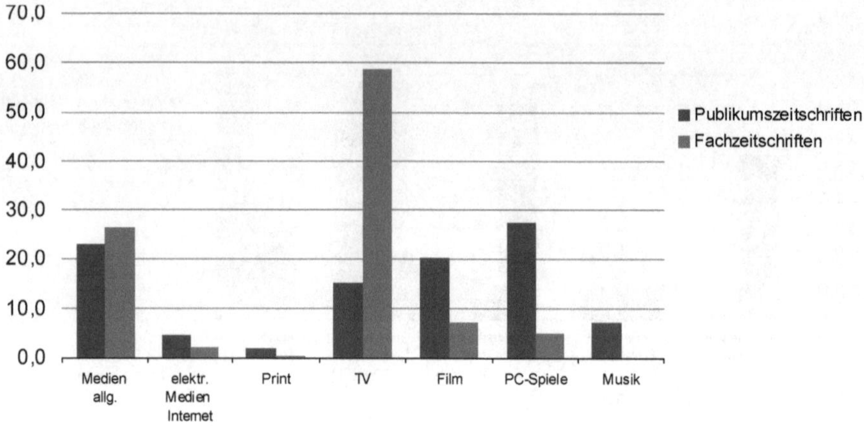

n=334; Chi²=95,93; df=6; p<0,001

Anforderungen deutlich komplexer sind als bei anderen Medien. Im Hintergrund spielt sicherlich die Auseinandersetzung zwischen öffentlich-rechtlichen und privaten Fernsehsendern im Kontext von Konvergenz eine Rolle. Gerade im Bereich von Mediengewalt haben die Landesmedienanstalten durch zahlreiche, bereits erwähnte Projekte und Forschungsaufträge das Thema Mediengewalt in der fachpolitischen Debatte immer wieder neu ins Leben gerufen. Neue Fernsehformate und Probleme der Zugänglichkeit nicht jugendfreier Inhalte spielen beim öffentlich zugänglichen Fernsehen eine größere Rolle als bei anderen Medien, deren Zugang man besser zu kontrollieren glaubt.

Einig sind sich Publikums- und Fachzeitschriften darin, um welche Zielgruppe es eigentlich geht, wenn das Thema Mediengewalt diskutiert wird. Fast ausschließlich sind hier Kinder bzw. Jugendliche und die Gesellschaft allgemein als Adressaten genannt. Die Fachzeitschriften legen dabei noch stärkeres Gewicht auf die Zielgruppe Kinder und Jugendliche (vgl. Schaubild 8). Lässt man die Beiträge über die Gesellschaft allgemein beiseite, so deutet sich hier ein starker Interpretationsrahmen an, der das Thema Mediengewalt ausschließlich auf Minderjährige eingrenzt. Dabei macht es inhaltlich wenig Sinn, eine starre Altersgrenze von 18 Jahren anzunehmen, wenn es um die Gefährdung durch Mediengewalt geht. Dies kann man gut am Beispiel des neunzehnjährigen Amokläufers von Erfurt verdeutlichen. Dieser hat sicherlich schon vor seinem achtzehnten Lebensjahr gewalthaltige Medienangebote genutzt. Durch sein Alter fällt er aber eigentlich als Zielgruppe der Diskussion in der öffentlichen Debatte aus. Die Eingrenzung auf Kinder und Jugendliche mag medienrechtliche Ursachen haben, die ihren Ausdruck in der Volljährigkeit bzw. deren Fehlen findet. Wissenschaftlich gesehen spielt eine solche starre Altersgrenze sicherlich keine Rolle. Dies gilt umso mehr, als zumindest in der Altersgruppe von 19 bis 30 Jahren Gewaltbereitschaft bei männlichen Jugendlichen eine bedeutende Rolle spielt. Dies zeigen entsprechende Kriminalitätsstatistiken in aller Welt recht deutlich. Interessant ist auch, dass spezifischere Zielgruppen wie beispielsweise psychisch vorbelastete Personen keine Rolle in der öffentlichen Debatte spielen. Dies gilt für beide Zeitschriftentypen gleichermaßen. Dies konterkariert eindeutig die Befunde von Kunczik, Bleh und Maritzen (1993), die in Befragungen von Psychiatern und Psychologen herausfanden, dass diese die Gewaltproblematik im Bereich der vorbelasteten Jugendlichen als besonders ausgeprägt wahrnahmen.

Schaubild 8: *Thematisierte Zielgruppe (Prozent)*

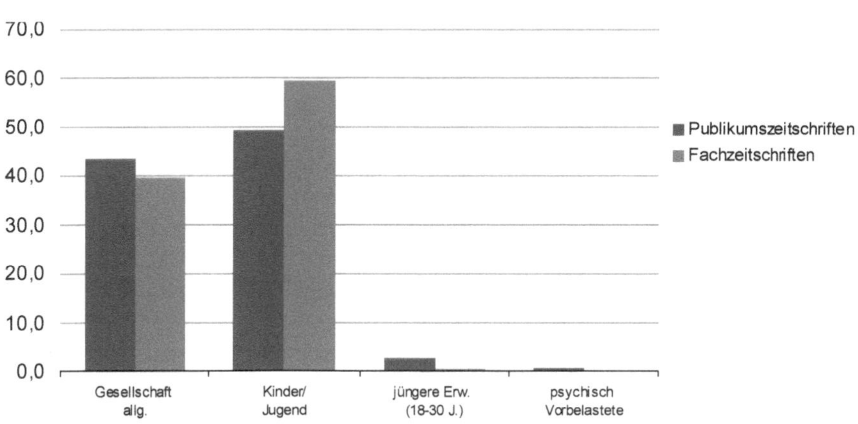

n=334; Chi^2=5,33; df=3; n.s.

Betrachtet man den Tenor der Beiträge, so wird deutlich, dass die überwiegende Mehrzahl der Beiträge in Publikums- wie auch Fachzeitschriften das Thema Mediengewalt als problematisch einschätzt. Weit über zwei Drittel der Beiträge lassen in ihrer Gesamttendenz erkennen, dass ein negativ konnotierter Zusammenhang zwischen der Darstellung und der Wirkung von Gewalt unterstellt wird. Die entsprechende Gegenprobe ergibt, dass weniger als 10 Prozent der Beiträge den Zusammenhang zwischen Mediengewalt und Aggressivität von Rezipienten als unproblematisch ansehen (vgl. Schaubild 9).

Einigkeit herrscht bei beiden Zeitschriftentypen auch darüber, wer für das Problem Mediengewalt verantwortlich ist. Jedenfalls sind es weder Wissenschaft

Schaubild 9: *Bewertung der Gefährlichkeit von Mediengewalt (Prozent)*

70,0
60,0
50,0
40,0
30,0
20,0
10,0
0,0

eindeutig problematisch
eher problematisch
ambivalent unklar
eher unproblematisch
eindeutig unproblematisch

Publikumszeitschriften
Fachzeitschriften

n=334; Chi²=9,73; df=4; p<0,05;

noch Bildungspolitik, kaum auch Familie und allgemeine Politik, die für die möglichen Wirkungen von Mediengewalt verantwortlich gemacht werden. Auch Wirtschaft und Gesellschaft allgemein werden nur selten in der Verantwortung gesehen. Die relative Mehrheit der Beiträge gibt die Verantwortung an die Medien selbst weiter. Dieser zunächst verwunderliche Befund wird etwas relativiert, da die betroffenen Fach- und Publikumszeitschriften natürlich selbst nicht Gegenstand der Kritik sind. Beide Gattungen schwärzen also letztlich nicht, wie man auf den ersten Blick vermuten könnte, sich selbst an, sondern andere Medien, und damit möglicherweise auch Konkurrenzblätter oder -verlage. Die Fachzeitschriften mit ihrem eindeutigen Fokus auf das Fernsehen (vgl. Schaubild 7) sehen den Sündenbock vorzugsweise in eben diesem Medium. Die Publikumszeitschriften, die sich durch ein differenzierteres Themenspektrum von den Fachmedien unterscheiden, machen gleichermaßen Computerspiele, das Fernsehen und die Medien allgemein verantwortlich für die Schädlichkeit von Mediengewalt. Damit sind die beiden Zeitschriftentypen natürlich selbst nicht betroffen.

Wissenschaftliche Kontroversen über den Gegenstand der Mediengewalt werden in der Berichterstattung der Publikums- und Fachzeitschriften sehr selten abgebildet. Vor allem die Fachzeitschriften nehmen hierauf kaum Bezug (vgl. Schaubild 11). Nur in 10 Prozent der Fälle werden Beiträge publiziert, in denen die Schädlichkeit von Mediengewalt tatsächlich kontrovers diskutiert wird. Meist wird sie schlicht unterstellt bzw. abgestritten. Eine Kontroverse über wissenschaftliche Methoden zur Feststellung der Schädlichkeit von Mediengewalt

Schaubild 10: *Zuschreibung von Verantwortlichkeit (Prozent)*

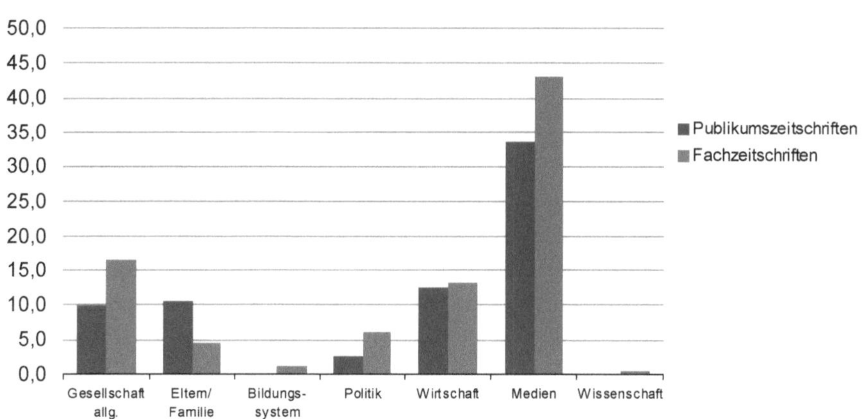

n=334; Chi²=11,3; df=6; n.s.

findet in den Publikumszeitschriften kaum statt. In den Fachzeitschriften werden Methoden immerhin ab und zu kontrovers diskutiert. Ein Drittel der Beiträge beschäftigt sich mit der Kontroverse, ob Mediengewalt denn nun schädlich ist oder nicht; nur etwa jeder fünfte Beitrag trägt die Kontroverse über Methoden aus. Letztlich erhärtet sich auf Basis dieser Zahlen der Verdacht jedoch nicht, dass die Berichterstattung durch ein diffuses Bild von möglichen oder nicht möglichen schädlichen Wirkungen von Gewalt geprägt ist. Genausowenig ist in der Fach- wie Laienöffentlichkeit sichtbar, ob die Wissenschaft sich letztlich über die Schädlichkeit von Mediengewalt einig ist oder nicht. Letztlich deutet sich hier auch eine Konvergenz zwischen der wissenschaftlichen und der öffentlichen Debatte an. In beiden Fällen ist der Tenor der Veröffentlichungen so zu interpretieren, dass es einen Zusammenhang zwischen Mediengewalt und nachfolgender Aggressivität von Rezipienten gibt. Dass dieser Zusammenhang zum Teil qualifiziert werden muss und nicht immer und überall gilt, bleibt hiervon unberührt. Der oft in der Öffentlichkeit kolportierte Eindruck, die Wissenschaft wisse selbst nicht so genau, ob nun Mediengewalt schädlich sei oder nicht, findet sich weder in der wissenschaftlichen noch in der öffentlichen Debatte mit hinreichender Prägnanz wieder. Man könnte vermuten, dass wenige Beiträge, welche die Kontroverse in den Mittelpunkt stellen, stärker rezipiert werden und einen größeren Einfluss auf Urteile haben als die Vielzahl der Beiträge, die übereinstimmend mit der wissenschaftlichen Debatte eine Gefährlichkeit von Gewalt konstatieren. Dies lässt sich im Rahmen der quantitativen Analyse allerdings nicht belegen.

Schaubild 11: *Kontroverse über die Schädlichkeit von Mediengewalt und Methoden (Prozent)*

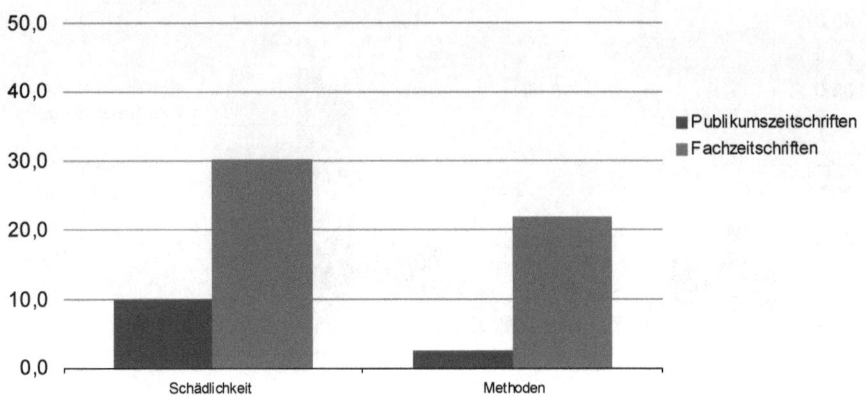

n=334; Schädlichkeit: Chi^2=20,71; df=1; p<0,001;
Chi^2=27,10; df=1; p<0,001

Neben diesen Befunden, die sich hauptsächlich auf die Ebene der Beiträge gestützt haben, gibt es auf der zweiten Analyseebene, den einzelnen Aussagen in den Beiträgen, interessante Ergebnisse. Untersucht man zunächst, aus welchem System die jeweiligen Aussagen stammen, zeigt sich eine deutliche Diskrepanz zwischen Publikums- und Fachzeitschriften (vgl. Schaubild 12). In den Fachzeitschriften – was vielleicht auch nicht anders zu erwarten war – ist die herausragende Gruppe der Aussageträger im Bereich der Wissenschaft zu suchen. Mehr als 60 Prozent der Aussageträger stammen aus diesem System. Aussageträger aus den Medien (z.B. Journalisten, Programmverantwortliche) machen hingegen nur 15 Prozent aus, die Politik spielt mit 10 Prozent der Aussageträger kaum eine Rolle. Gleiches gilt für die Wirtschaft.[9] Anders verhält es sich bei den Publikumszeitschriften: Die dominierenden Aussageträger hier sind Medienvertreter. Damit sind sowohl darstellende als auch produzierende Medien gemeint. Wissenschaftler spielen nur in jeder fünften Aussage eine Rolle. Politik und Wirtschaft kommen gleich selten zu Wort. Die Zugehörigkeit der Aussageträger zu den Akteurskreisen wird noch eine Rolle spielen. Wenn nämlich die Fachzeitschriften – und hiermit sind ja nicht wissenschaftliche Fachzeitschriften im engeren Sinne gemeint, sondern Genres, die sich an Medienschaffende, Medienkontrolleure und interessierte Laien wenden – ein Bindeglied zwischen der wis-

9 Die Zahlen addieren sich hier in nicht auf 100 Prozent, da Aussageträger aus anderen Akteurskreisen und Eigenaussagen der Journalisten nicht gezählt wurden.

senschaftlichen und der öffentlichen Debatte darstellen sollen, dann müssten Wissenschaftler in diesem Medientyp die Möglichkeit erhalten, wissenschaftliche Meinungen an ein breiteres Publikum zu streuen. Die Frage erhebt sich hier, welche Wissenschaftler letztlich in der Debatte der Fachzeitschriften zu Wort kommen. Nachdenklich stimmt zumindest auch der Befund, dass die in Publikumszeitschriften am häufigsten zu Wort kommenden Aussageträger aus den Medien selbst stammen. Hier kann man sicherlich von Selbstreferentialität des Mediensystems sprechen: Medienakteure bitten andere Medienakteure um eine Stellungnahme zu ihrem Thema.

Schaubild 12: *Zugehörigkeit der Aussageträger zu Akteurskreisen (Prozent)*

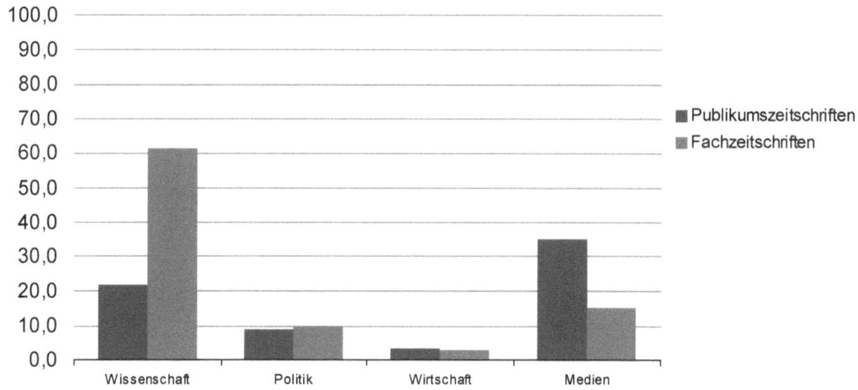

n=1669, davon n=617 in Publikums-, n=1052 in Fachzeitschriften;
Chi²=194,19; df=3; p<0,001;

Auf der Suche nach der Sichtbarkeit der Disziplinen in der öffentlichen Gewaltdebatte haben wir auch erfasst, aus welchem Fachbereich die Aussageträger aus der Wissenschaft stammen. Hier sei vorweg geschickt, dass dieses Unterfangen nicht ganz einfach ist. Gerade auf einem gesellschaftlich relevanten Forschungsfeld wie der Gewaltforschung tummeln sich etliche Wissenschaftler, deren wissenschaftliche Herkunft bzw. Zugehörigkeit nicht so einfach feststellbar ist. So gibt es durchaus Aussageträger, die – wie der Erstautor dieser Publikation – beispielsweise eine Ausbildung als Psychologe durchlaufen, später aber in der Kommunikationswissenschaft eine Professur bekleidet haben. Wir haben bei der Identifikation der Zugehörigkeit einer Person daher folgende Kriterien herangezogen: Zunächst war am wichtigsten, in welchem fachlichen Kontext der entsprechende Wissenschaftler den Großteil seiner Arbeiten zum Thema

Mediengewalt publiziert hat. Daher würden Autoren wie Michael Kunczik als Kommunikationswissenschaftler gelten, obwohl sie nicht als solche studiert haben, und nicht einmal ihre Dissertation eine kommunikationswissenschaftliche Fachzugehörigkeit signalisiert. In seltenen Fällen, wenn mehr als ein Autor für einen Beitrag verantwortlich zeichnet, haben wir generell die Fachzugehörigkeit des Erstautors gezählt, auch wenn der Zweitautor aus einem ganz anderen Fach stammt. Dies bezieht sich jedoch nur in seltenen Fällen auf die öffentliche Debatte. In der wissenschaftlichen Debatte, wie bereits weiter oben ausgeführt, war dies häufiger der Fall. Wir haben durch Konsistenzprüfungen sicher gestellt, dass der gleiche Name immer der gleichen Fachdisziplin zugeordnet wurde. Auch wenn diese Zuordnung sicher nicht in jedem Fall intersubjektiv vollständig nachvollziehbar erscheinen mag, so sind die Befunde jedoch dermaßen klar, dass man das „Rauschen", das durch unsere Definition bedingt sein mag, durchaus tolerieren kann. In Schaubild 13 bildet die jeweilige Basis die Summe aller Aussageträger, die in den Publikums- bzw. Fachzeitschriften zu Wort kamen. Daher addieren sich die Balken auch nicht auf jeweils 100 Prozent. Verdeutlicht wird noch einmal der Befund, dass in den Fachzeitschriften Wissenschaftler wesentlich häufiger zu Wort kommen als in den Publikumszeitschriften. Dies kennzeichnet die jeweils höhere Säule für die Fachzeitschriften. Allerdings liegt die Besonderheit der Befunde im Verhältnis der beiden Balken.

Schaubild 13: *Zugehörigkeit der Aussageträger zu wissenschaftlichen Disziplinen (Prozent)*

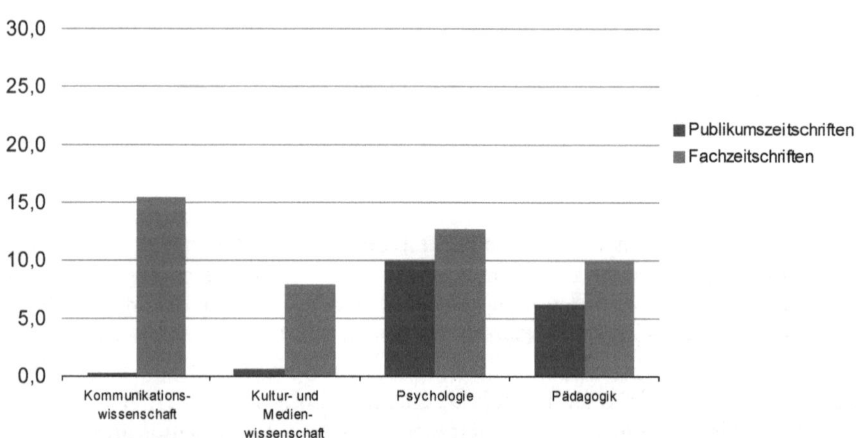

n=1669, davon n=617 in Publikums-, n=1052 in Fachzeitschriften; Chi²=73,3; df=3; p<0,001;

Die beiden älteren Disziplinen, Psychologie und Pädagogik, spielen relativ gesehen in den Publikumszeitschriften eine größere Rolle. Wenn also Wissenschaftler zu Wort kommen, dann sind es in den Publikumszeitschriften Psychologen und Pädagogen. Nur zum Teil stammen diese Aussageträger aus den hier fokussierten Sub-Disziplinen Medienpsychologie und Medienpädagogik, es gibt auch viele Aussageträger, die der allgemeinen Psychologie und der allgemeinen Pädagogik zugeordnet sind. Während also die älteren Fachdisziplinen Psychologie und Pädagogik die öffentliche Debatte im Bereich der Publikumszeitschriften dominieren, gibt es bezüglich der jüngeren Wissenschaften Kommunikationswissenschaft sowie Kultur- und Medienwissenschaft ganz klare Unterschiede. Vertreter dieser beiden Fachrichtungen kommen in den Publikumszeitschriften so gut wie nicht zu Wort. In den Fachzeitschriften nehmen dagegen die Kommunikationswissenschaftler die dominierende Rolle ein. Diese Fachrichtung stellt die relative Mehrheit aller Aussageträger, die zum Thema Mediengewalt zu Wort kommen. Über dieses Faktum wird im Folgenden noch zu reden sein. Es verdeutlicht zumindest aber, dass es in den beiden Teildiskursen deutliche Unterschiede gibt, wer aus der Wissenschaft sich zu Wort melden darf. Der engere Bezug zum Thema Medien mag die Ursache sein, dass Medien- und Kommunikationswissenschaftler leichter Zugang zu den Fachorganen finden. Andere Ursachen könnten auch darin begründet liegen, dass die älteren Disziplinen längere und intensivere Kontakte mit dem System Journalismus pflegen. Journalisten mögen andererseits auch besonders kritisch sein, wenn es darum geht, Wissenschaftler zu Wort kommen zu lassen, welche den eigenen Gegenstandbereich (Medien) wissenschaftlich erforschen. Die Befürchtung, dass eine wissenschaftliche Erforschung des Themas Medien eher unerwünschte Ergebnisse zu Tage fördert, mag hier ein Grund sein, warum Kommunikations- und Medienwissenschaftler von Journalisten im Bereich der Publikumszeitschriften nicht zu Wort kommen. Und schließlich sind traditionsreiche Fächer wie die Psychologie oder Pädagogik der Laien-Öffentlichkeit mehr ein Begriff als die eher exotisch anmutende Fachbezeichnung Kommunikationswissenschaft. Solche Vermutungen über das Wissen auf Publikumsseite leiten ebenfalls die Auswahl wissenschaftlicher Experten auf Journalistenseite an.

Die Auswahl derer, die in der öffentlichen Debatte in Publikums- bzw. Fachzeitschriften zu Wort kommen, erstaunt aber noch in anderer Hinsicht. Wenn man sich vergegenwärtigt, dass in der deutschen wissenschaftlichen Debatte die Studien, die von den Landesmedienanstalten in Auftrag gegeben wurden, eine solch dominante Rolle spielen, dann verwundert die geringe Resonanz der Kommunikations- und Medienwissenschaftler umso mehr. Immerhin sind diese beiden Fachrichtungen auch bei der Vergabe der Aufträge von Landesmedienanstalten vor allem in jüngerer Zeit nicht allzu schlecht weggekommen. Aus dem Konglomerat der bisherigen Befunde lässt sich auf jeden Fall schlussfolgern, dass die beiden Teildebatten in den Publikums- und Fachzeitschriften zum Teil völlig unterschiedlich verlaufen, auf den Aussagen völlig unterschiedlicher

Akteure beruhen, verschiedene Medien zum Ziel haben und somit ein völlig unterschiedliches Bild der Gewaltdebatte zeichnen.

Weder in Publikums- noch in Fachzeitschriften wird besonders häufig auf Wirkungstheorien Bezug genommen. Schaubild 14 verdeutlicht, dass dies sogar bei Fachzeitschriften seltener geschieht als bei den Publikumsmedien. Das ist an sich erstaunlich, da man eher erwarten würde, dass Publikumszeitschriften ihren Laien-Lesern komplexe Ausführungen über Theorien ersparen würden. Auffällig ist auch, dass es für beide Zeitschriftengattungen keine bevorzugte Theorie zu geben scheint. Alle Theorien werden hin und wieder angesprochen, aber keine kann größere Fallzahlen auf sich verbuchen. Auch Theorien, die innerhalb der Wissenschaftlergemeinde eher als widerlegt gelten wie beispielsweise die Katharsisthese (vgl. Kriependorf & Brosius, 2007), werden genauso häufig angesprochen wie andere Theorien, die sich innerhalb der Wissenschaftlergemeinde einer gewissen Beliebtheit erfreuen (z.B. die sozial-kognitive Lerntheorie).

Schaubild 14: *Theoriebezug der Aussage (Prozent)*

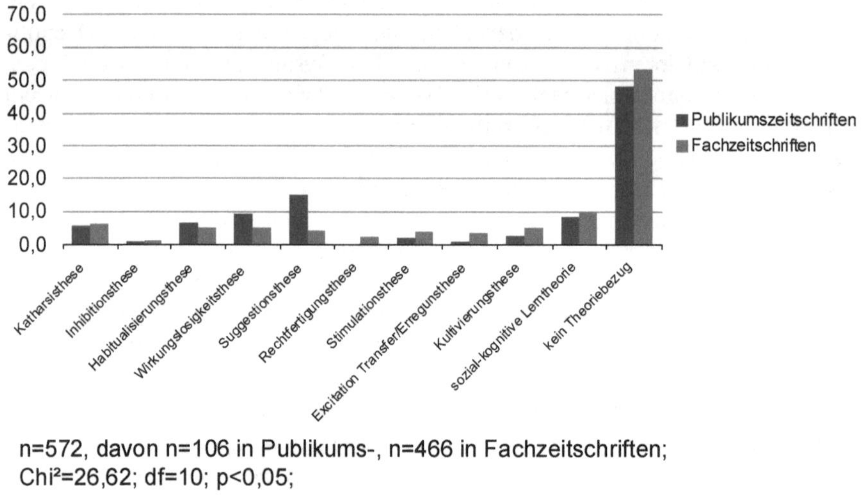

n=572, davon n=106 in Publikums-, n=466 in Fachzeitschriften; Chi²=26,62; df=10; p<0,05;

VI.2 Die verschiedenen Wissenschaftsdisziplinen

Während die bisherigen Analysen auf den Unterschied zwischen Publikums- und Fachzeitschriften konzentriert waren und damit die beiden Teile der öffentlichen Debatte differenziert beschrieben haben, wenden wir uns in den folgenden Analysen der Frage zu, wie die Aussageträger aus den verschiedenen Wissenschaftsdisziplinen in den Zeitschriften insgesamt zu Wort kommen. Damit wird die gesamte öffentliche Gewaltdebatte auf die Sichtbarkeit der Disziplinen und das dort dominierende Bild der Gewaltforschung abgeklopft. Von den insgesamt 1669 Aussageträgern entstammen etwas weniger als die Hälfte dem System Wissenschaft (n=780). Diese Aussageträger wiederum haben wir in fünf Gruppen zusammengefasst:

- Kommunikationswissenschaft (n=165)
- Kultur- und Medienwissenschaft (n=87)
- Psychologie (n=195)
- Pädagogik (n=142)
- Wissenschaft allgemein (n=191)

Hinter der letzten Kategorie verbergen sich sowohl Aussageträger, die als Wissenschaftler im weitesten Sinne ohne nähere Fachbezeichnung zu Wort kamen, als auch Aussageträger aus anderen als den vier konkret genannten wissenschaftlichen Disziplinen. Dies waren Juristen, Soziologen, Politologen, Religionswissenschaftler und Anthropologen, ohne dass hiermit die Liste vollständig wäre. Wegen der kleinen Fallzahlen haben wir diese unter „Wissenschaft allgemein“ zusammengefasst. Bei den folgenden Analysen wird diese Gruppe nicht weiter berücksichtigt, da sie sich zu heterogen zusammensetzt. Die Analysen basieren daher auf insgesamt 589 Aussageträgern der vier konkreten Disziplinen.

Hinsichtlich der thematisierten Zielgruppe kommen Kommunikationswissenschaftler wesentlich häufiger zu Wort, wenn die Beiträge die Wirkungen von Mediengewalt für die Gesellschaft allgemein thematisieren. Werden hingegen Kinder und Jugendliche thematisiert, spielen Kommunikationswissenschaftler eine untergeordnete Rolle. Die anderen Disziplinen unterscheiden sich dagegen kaum: Die Pädagogen thematisieren naturgemäß am stärksten Kinder und Medien. Wohlgemerkt ist der Zusammenhang hier indirekt; die thematisierte Zielgruppe wurde für einzelne Beiträge erhoben, die verschiedenen Fachvertreter kommen dagegen auf Aussageebene zu Wort. Also kann man nicht direkt schlussfolgern, dass Kommunikationswissenschaftler keine Aussagen über Kinder und Jugendliche machen. Sie werden nur nicht in solchen Beiträgen zitiert, in denen diese Zielgruppe im Mittelpunkt steht (vgl. Schaubild 15).

Kommunikationswissenschaftler kommen wesentlich häufiger als andere Disziplinen dann zu Wort, wenn der Beitrag das Medium Fernsehen thematisiert. Umgekehrt kommen Pädagogen dann häufiger zu Wort, wenn Computerspiele zum Gegenstand des Beitrages gemacht werden (vgl. Schaubild 16). Dies kann man durch den jeweiligen Fachgegenstand und das korrespondierende Medienverständnis erklären. Kommunikationswissenschaftler beschäftigen sich in erster Linie mit öffentlicher Kommunikation und den Massenmedien, Pädagogen

Schaubild 15: *Beitragsebene: Thematisierte Zielgruppe (Prozent)*

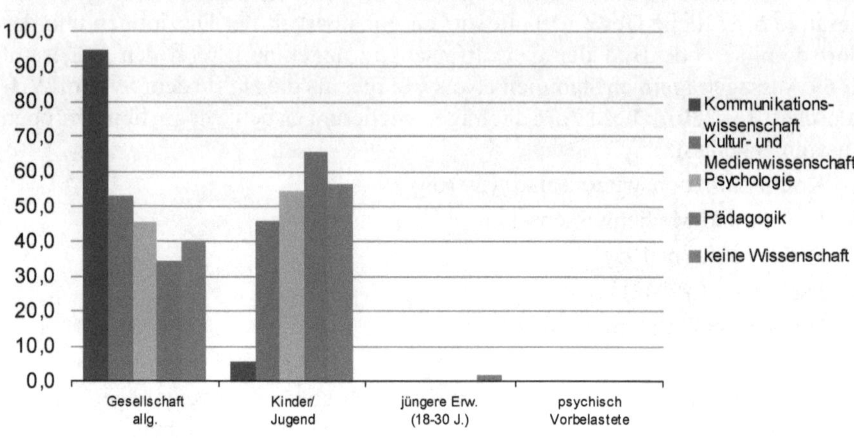

n=165 KW, n=87 Kultur- und M.-Wiss, n=195 Psy., n=142 Päd.; Chi²=180,90; df=12; p<0,001

haben einen weiteren, auf Vermittlungsprozessen basierenden Medienbegriff, der Computerspiele mit einschließt.

Kommunikationswissenschaftler kommen auch häufiger in solchen Beiträgen zu Wort, in denen kontrovers über die Schädlichkeit von Mediengewalt berichtet wird. Wenn man davon ausgeht, dass die Wissenschaftler selbst maßgeblich dazu beitragen, diese Kontroverse zu entfalten, dann kann dieser Befund so interpretiert werden, dass Kommunikationswissenschaftler intensiver über diesen Gegenstand diskutieren als andere Fächer. Kommunikationswissenschaftlern scheint also weniger klar zu sein, dass Mediengewalt schädlich ist, als dies in anderen Disziplinen der Fall ist. Es entspricht aber auch dem in der qualitativen Analyse festgestellten Befund, dass Kommunikationswissenschaftler häufig über ihren Gegenstand und sich selbst reflektieren. Nur folgerichtig ist, dass außer von den wissenschaftlichen Akteuren nur sehr selten über den kontroversen Charakter der Diskussion gesprochen wird. Schaubild 17 verdeutlicht diese Befunde.

Die Schaubilder 18 und 19 verdeutlichen, dass Kommunikationswissenschaftler offenbar auch in Bezug auf Theorien und methodische Aspekte der Kausalität diskussionsfreudiger sind. Auffällig ist, wie häufig sie in Beiträgen zu Wort kommen, in denen Theorien (Schaubild 18) und deren Bedeutung kontrovers diskutiert werden. Gleiches gilt graduell auch für methodische Aspekte (Schaubild 19).

Schaubild 16: *Beitragsebene: Thematisiertes Medium (Prozent)*

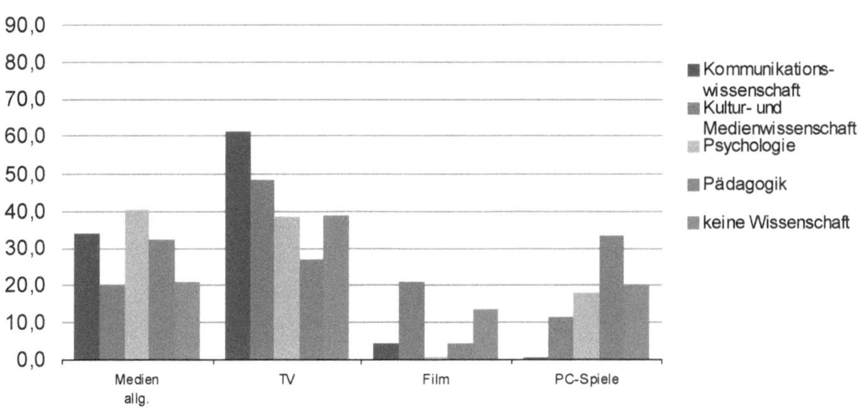

n=165 KW, n=87 Kultur- und M.-Wiss, n=195 Psy., n=142 Päd.; $Chi^2=145,96$; df=12; $p<0,001$

Schaubild 17: *Beitragsebene: Kontroverse über die Schädlichkeit von Mediengewalt (Prozent)*

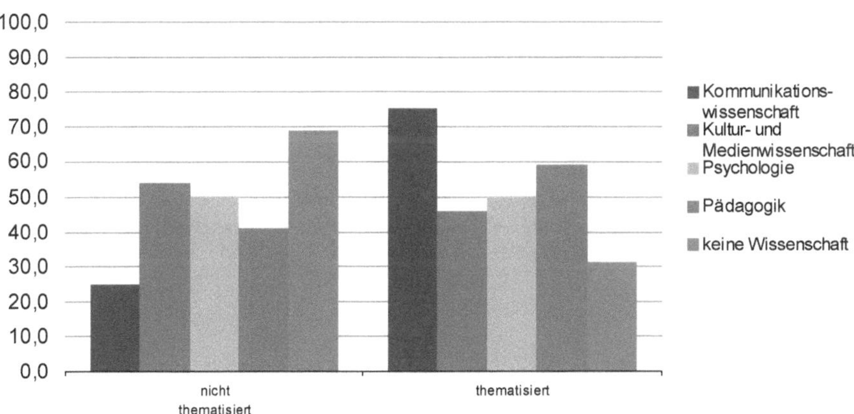

n=165 KW, n=87 Kultur- und M.-Wiss, n=195 Psy., n=142 Päd.; $Chi^2=131,82$; df=4; $p<0,001$

Schaubild 18: *Beitragsebene: Kontroverse über Theorien (Prozent)*

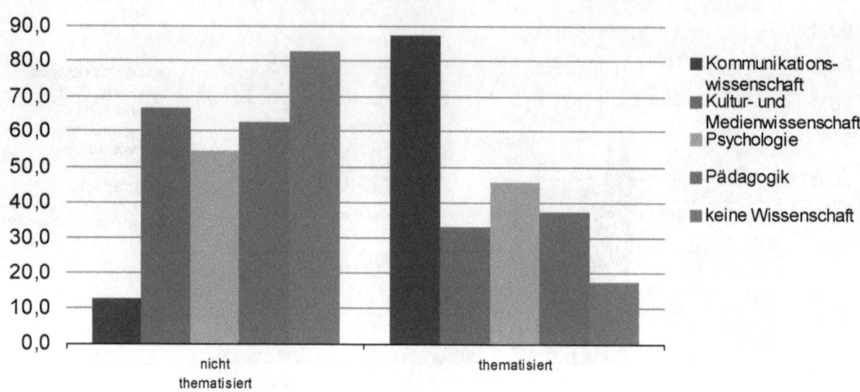

n=165 KW, n=87 Kultur- und M.-Wiss, n=195 Psy., n=142 Päd.; Chi^2=318,43; df=4; p<0,001

Schaubild 19: *Beitragsebene: Kontroverse über methodische Aspekte (Prozent)*

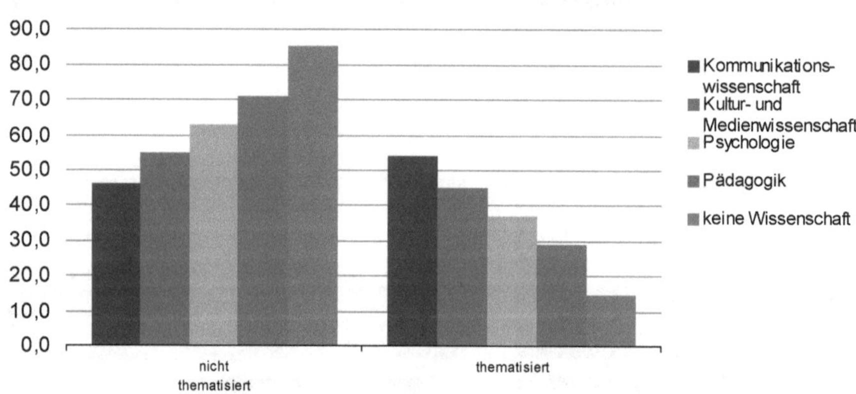

n=165 KW, n=87 Kultur- und M.-Wiss, n=195 Psy., n=142 Päd.; Chi^2=146,62; df=4; p<0,001

Die stärkere Medienbezogenheit der Kommunikationswissenschaft wird auch deutlich, wenn man untersucht, wem in den Beiträgen die Verantwortung am Problem Mediengewalt zugeschoben wird. Hier sehen Kommunikationswissenschaftler häufiger das System Medien in der Verantwortung, entsprechend seltener die Gesellschaft allgemein (Schaubild 20). Zusammengefasst zeigen die Befunde, dass die Kommunikationswissenschaftler sich zum Thema Gewalt anders zu Wort melden als die anderen Wissenschaftlergruppen, was Anlässe, Medienbezug und Verantwortung betrifft. Die größten Unterschiede finden sich immer zwischen der Kommunikationswissenschaft und den drei anderen Gruppen. Überspitzt formuliert: Kommunikationswissenschaftler zeichnen ein stärker von Kontroverse geprägtes Bild vom Thema Mediengewalt als die drei anderen Gruppen. Die Ansichten der Wissenschaftler sind, folgt man der Kommunikationswissenschaft, weniger einheitlich als dies in den anderen Fächern erscheint. Daher erscheint die Debatte aus Sicht der Kommunikationswissenschaftler kontroverser und dadurch auch komplexer. Da sich dies wie gesagt in den Fachmedien abspielt, werden die Rezipienten entsprechend mit dem „nichts genaues weiß man nicht" konfrontiert, wenn sie Beiträge von Kommunikationswissenschaftlern lesen.

Schaubild 20: *Beitragsebene: Verantwortungszuschreibung (Prozent)*

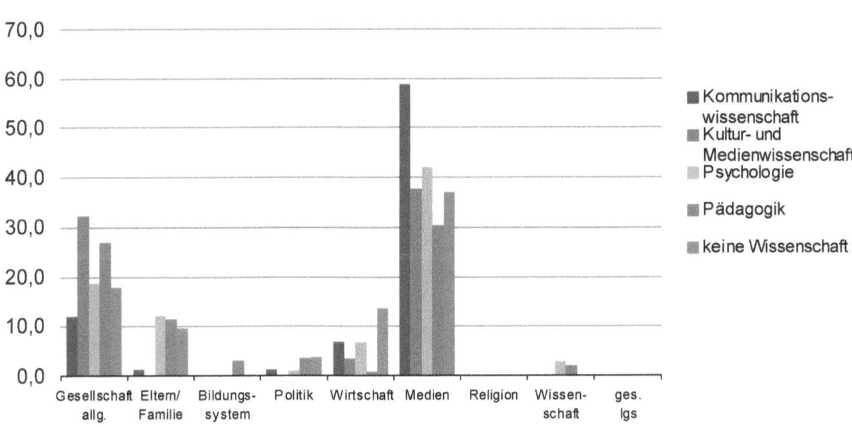

n=165 KW, n=87 Kultur- und M.-Wiss, n=195 Psy., n=142 Päd.; Chi²66,87; df=24; p<0,001

Zu einer immer wieder diskutierten Grundfrage in der Auseinandersetzung um Mediengewalt sind sich die Wissenschaftler dagegen eher einig. Die relative Mehrheit aller Disziplinen unterstellt, dass Mediengewalt eher schädliche Folgen habe (Schaubild 21). Etwa jede sechste Aussage der vier Wissenschaftsfächer geht von einer schädlichen Wirkung von Mediengewalt aus. Hemmende Wirkungen von Gewalt werden dagegen nur in der Kommunikations- sowie der Kultur- und Medienwissenschaft angesprochen. Im Falle der Kommunikationswissenschaft entspricht dies der stärkeren Kontroverse der Diskussion, wenn Vertreter dieser Fachdisziplin zu Wort kommen. Dass sich die Werte in Schaubild 21 nicht auf 100 Prozent ergänzen, liegt daran, dass ein Großteil der Aussagen gar keinen Theoriebezug aufweist. Auffällig ist auch, dass die negative Wirkung von Mediengewalt in allen vier wissenschaftlichen Disziplinen formuliert wird, die Vertreter der Nicht-Wissenschaft jedoch dies wesentlich seltener tun. Man kann das durchaus als Anhaltspunkt dafür sehen, dass die wissenschaftlichen Erkenntnisse nicht analog rezipiert werden. Allerdings liefern die Daten keine Hinweise dafür, ob die Diskrepanz zwischen der Gewaltforschung und der öffentlichen Debatte daher rührt, dass Wissenschaftler ihre Ergebnisse und ihre Befunde nicht adäquat kommunizieren, oder dass nichtwissenschaftliche Akteure die Ergebnisse nicht zur Kenntnis nehmen.

Schaubild 21: *Theoriebezug: Wirkungsannahme (Prozent)*

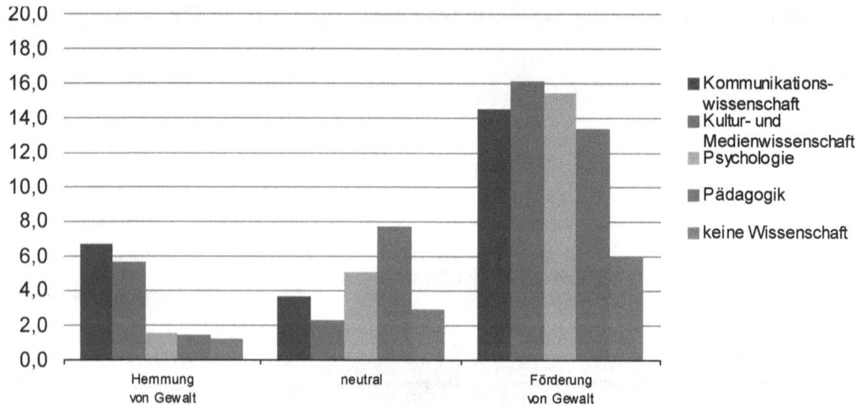

n=165 KW, n=87 Kultur- und M.-Wiss, n=195 Psy., n=142 Päd.; Chi²=15,62; df=8; p<0,05;

Wie schon auf Artikelebene zeigt sich auch bei den einzelnen Aussagen, dass Kommunikationswissenschaftler die schädliche Wirkung eher in der gesamten Gesellschaft verorten und seltener nach soziodemographischen Gruppen differenzieren. Die anderen drei Disziplinen, ebenso wie außerwissenschaftliche Akteure, differenzieren dagegen in ihren Aussagen nach solchen Variablen. Die

Wirkung wird hier eindeutig eher bei jüngeren Altersgruppen vermutet, bei älteren entsprechend weniger. Andere soziodemographische und psychologische Variablen (soziale Schicht, Ausmaß der Rezeption, persönliche Dispositionen, Geschlecht oder Risikogruppe) werden dagegen in Wirkungsaussagen nur selten angesprochen. Hier spiegelt sich die Befundlage der qualitativen Studie zum Stand der Gewaltforschung in der öffentlichen Debatte nicht adäquat. Die differenziert ermittelten Ergebnisse zum Thema Mediengewalt werden in dieser Form von den Wissenschaftlern, die in Fachmedien und Publikumsmedien zu Wort kommen, nicht vermittelt. Schaubild 22 verdeutlicht diese Befunde. Dabei ist allerdings zu berücksichtigen, dass in beiden Fällen die Aussagen der Wissenschaftler durch die Selektionsprozesse der Journalisten gefiltert sind und dementsprechend nicht mehr notwendigerweise die ganze Komplexität der Argumentation erhalten bleibt.

Schaubild 22: *Differenziertheit der thematisierten Wirkung (Prozent)*

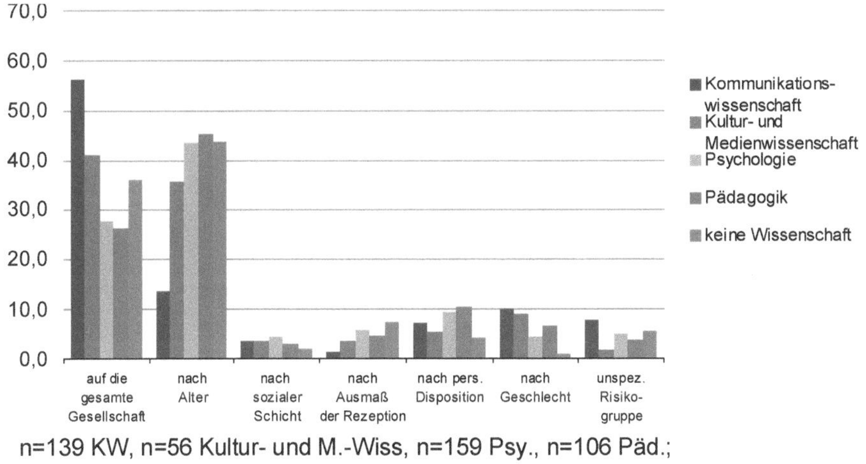

70,0
60,0
50,0
40,0
30,0
20,0
10,0
0,0

auf die gesamte Gesellschaft
nach Alter
nach sozialer Schicht
nach Ausmaß der Rezeption
nach pers. Disposition
nach Geschlecht
unspez. Risikogruppe

Kommunikationswissenschaft
Kultur- und Medienwissenschaft
Psychologie
Pädagogik
keine Wissenschaft

n=139 KW, n=56 Kultur- und M.-Wiss, n=159 Psy., n=106 Päd.; $Chi^2=96{,}38$; df=24; $p<0{,}001$

Sowohl in Publikums- als auch in Fachzeitschriften zeigen sich deutliche Unterschiede in der Belegpraxis der wissenschaftlichen Disziplinen. Kommunikationswissenschaftler belegen ihre Aussagen am häufigsten durch konkrete wissenschaftliche Studien (Schaubild 23). Die anderen drei Disziplinen belegen Aussagen seltener, am wenigsten die Pädagogik. Außerwissenschaftliche Akteure belegen ihre Aussagen erwartungsgemäß am seltensten. Andere Belegquellen kommen in den wissenschaftlichen Disziplinen kaum vor. Angemessen ist dabei der Befund, dass aktuelle Ereignisse nicht als Beleg für Aussagen über die Schädlichkeit von Mediengewalt herangezogen werden. Dies ist für alle vier Disziplinen gleichermaßen der Fall. Insofern sind aktuelle Ereignisse wie Amokläufe zwar häufig Auslöser für Berichte in Publikums- und Fachzeitschriften, die Aussagen der Wissenschaftler unterstützen aber kaum das naheliegende: Ein einzelnes singuläres Ereignis wird nicht als Beleg herangezogen, wenn es um die Untermauerung von eigenen Argumenten geht. Hier folgen die Wissenschaftler nicht der naheliegenden Alltagsargumentation, dass beispielsweise Gewalttäter, *weil* sie Computerspiele nutzen, aggressiv geworden sind.

Schaubild 23: *Beleg des Arguments (Prozent)*

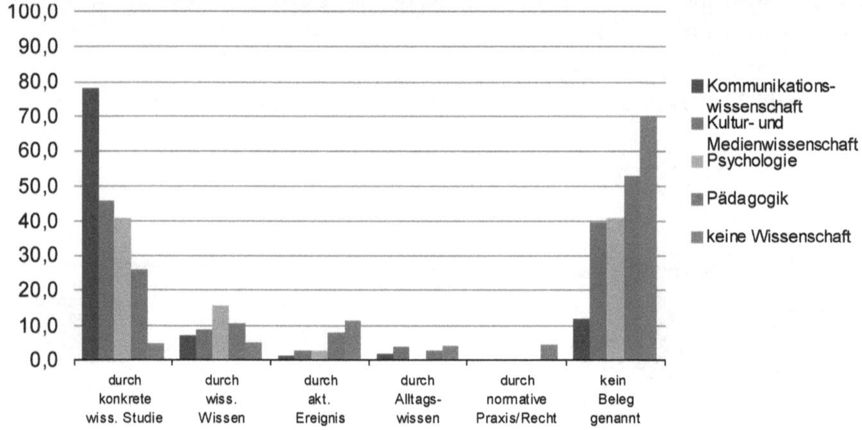

n=154 KW, n=81 Kultur- und M.-Wiss, n=159 Psy., n=112 Päd.; Chi²=452,3; df=20; p<0,001

Ein weiteres interessantes Muster zeigt sich, wenn man die Aussagen daraufhin untersucht, wem Verantwortung zugeschrieben wird. Die Kommunikationswissenschaft, aber auch die Medien- und Kulturwissenschaft sehen die Verantwortung wesentlich häufiger bei den Medien als die Pädagogik und Psychologie (Schaubild 24). Diese führen hingegen häufiger Eltern bzw. Familien als Verantwortliche an. In der divergierenden Verantwortungszuschreibung spiegeln sich die verschiedenen Materialobjekte der Disziplinen: Die Kommunikations-, Medien- und Kulturwissenschaftler legen eine deutliche Medienbezogenheit der Debatte nahe, während die klassischen Fächer Pädagogik und Psychologie stärker die Sozialisation von Jugendlichen berücksichtigen. Neben der familiären Sozialisation und den Medien spielen die anderen Instanzen kaum eine Rolle, ihnen wird nur selten Verantwortung zugeschrieben. Auffällig ist vielleicht allein, dass der Wirtschaft von den Wissenschaftlern kaum Verantwortung zugeschrieben wird, wohl aber sehen außerwissenschaftliche Akteure die Wirtschaft in der Verantwortung. Hier zeigt sich möglicherweise ein blinder Fleck der Sozialwissenschaftler, die das System Wirtschaft mit seinen Auswirkungen nur selten in ihre Theorien einbeziehen. Wir haben auch untersucht, ob die Verantwortung einzelnen Instanzen explizit abgesprochen wird. Dies kam allerdings insgesamt so selten vor, dass sich eine Analyse getrennt nach den einzelnen Fächern verbietet. Analog zu der Verantwortungszuschreibung spielen aber auch hier am ehesten die elterliche Erziehung sowie das Mediensystem eine Rolle.

Schaubild 24: *Verantwortungszuschreibung in den Aussagen (Prozent)*

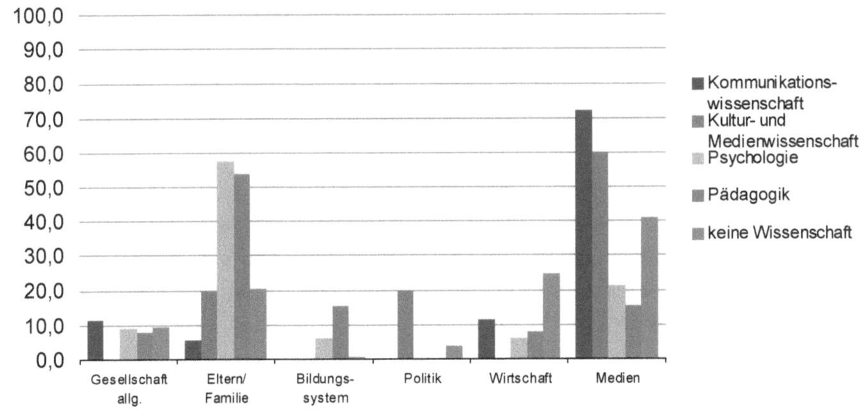

n=18 KW, n=10 Kultur- und M.-Wiss, n=33 Psy., n=13 Päd.;
Chi²=66,13; df=20; p<0,001; 66 % der Zellen mit erwarteter Häufigkeit <5

VII. Wer kommt in der wissenschaftlichen und in der öffentlichen Debatte zu Wort?

Wenn man etwas über die Kommunikationsstruktur im Themenbereich Mediengewalt herausfinden möchte, so bietet es sich neben den bisher beschriebenen Methoden an, im Einzelnen zu analysieren, welche Urheber der wissenschaftlichen und öffentlichen Debatte welche Wissenschaftler als Quelle anführen und damit der im Theorieteil beschriebenen Sozialgestalt von Wissenschaft (Kaesler, 1984) ein Gesicht verleihen. Im Bereich der wissenschaftlichen Debatte bietet es sich an, die Literaturverzeichnisse der untersuchten Artikel daraufhin zu untersuchen, welche Autoren im jeweiligen Text zitiert werden. In der öffentlichen Debatte kann man für Publikums- und Fachzeitschriften feststellen, welche wissenschaftlichen Autoren im Text als Quelle angeführt werden. Mit dieser Zitationsanalyse kann man feststellen, ob bestimmte Autoren Quellen aus einem bestimmten Fachgebiet bevorzugen und andere vernachlässigen, ob es Unterschiede zwischen der Zitationshäufigkeit in der wissenschaftlichen und der öffentlichen Debatte gibt und mit welcher Häufigkeit die einzelnen Disziplinen von wissenschaftlichen Autoren zitiert werden. Die Zitationsanalyse kann zeigen, ob es *Zitationskartelle* gibt, also Cluster von Wissenschaftlern, die sich untereinander besonders häufig zitieren.

Die wissenschaftliche Debatte

In einem ersten Analyseschritt haben wir sämtliche Autoren in den Literaturverzeichnissen der 38 deutschen Beiträge der wissenschaftlichen Debatte nach ihrer disziplinären Zugehörigkeit kategorisiert. Dabei stellte sich heraus, dass neben den drei Fächern Kommunikationswissenschaft, Medienpsychologie und Medienpädagogik die anderen Fächer nur relativ selten zitiert wurden. Sie sind daher von der folgenden Analyse ausgenommen. Gleichzeitig wurde jeder zitierte Beitrag nur dem jeweiligen Erstautor zugeordnet. Damit sollte verhindert werden, dass Beiträge mit mehreren Co-Autoren stärker in die Analyse eingehen. Die Ergebnisse finden sich in Tabelle 44.

Die kommunikationswissenschaftlichen Autoren zitieren nach diesen Kriterien insgesamt 501 wissenschaftliche Quellen aus Kommunikationswissenschaft, Medienpsychologie und Medienpädagogik. Die übrigen zitierten Quellen fallen bei dieser Analyse unter den Tisch. Die medienpsychologischen und medienpädagogischen Autoren zitieren insgesamt etwa nur ein Drittel wissenschaftlicher Quellen im Vergleich zur Kommunikationswissenschaft. Dies ist vor allem darin begründet, dass ein Großteil der ausgewählten Texte von Kommunikationswissenschaftlern stammt. Bei den zitierten Autoren findet sich dieser Unterschied nicht mehr. Zu nahezu gleichen Teilen werden Kommunikationswissenschaftler, Medienpsychologen und Medienpädagogen zitiert (Tabelle 44). Dies führt zu einer unterschiedlichen Verteilung von Zitierenden und Zitierten. Kommunikationswissenschaftler zitieren nur etwa zur Hälfte andere Kommunikationswissenschaftler (48 Prozent). Je ein Fünftel der Zitate entfallen auf Medienpsychologen und Medienpädagogen, der Rest ist zu vernachlässigen und umfasst sonstige sozialwissenschaftliche Disziplinen. Einen wesentlich stärkeren disziplinären Fokus haben Medienpsychologen und Medienpädagogen. Vor allem die Medienpsychologen zitieren vorwiegend Autoren aus ihrer eigenen Disziplin (69 Prozent). Auch Medienpädagogen zitieren weit über die Hälfte eigene Autoren (60 Prozent).

Tabelle 44: *Wissenschaftliche Debatte: Wer zitiert wen? (Prozent)*

Zitierte / Zitierende	**KW** (n=301)	**MPSY** (n=246)	**MPäd** (n=247)
KW (n=501), in %	**48**	21	23
MPSY (n=133), in %	24	**69**	5
MPäd (n=204), in %	11	21	**60**
Summe (n=841), in %	35	29	29

Diese Befunde korrespondieren mit den Ergebnissen der qualitativen Analyse: Kommunikationswissenschaftler sind breiter und interdisziplinärer aufgestellt als die beiden Tochterdisziplinen der Psychologie und Pädagogik. Man könnte es auch so formulieren, dass entweder Kommunikationswissenschaftler die Ergebnisse anderer Disziplinen stärker zur Kenntnis nehmen als ihre Kollegen aus den beiden anderen Fächern, oder dass Kommunikationswissenschaftler weniger Primärforschung betreiben und deswegen seltener zitiert werden. Die Tabelle verdeutlicht darüber hinaus auch noch die „blinden Flecke" der drei Wissenschaften. Die Medienpsychologen nehmen so gut wie keine Medienpädagogen zur Kenntnis (5 Prozent), während die Medienpädagogen die Ergebnisse der Kommunikationswissenschaft im Wesentlichen vernachlässigen. In der wissenschaftlichen Debatte gibt es keine direkt erkennbare Definitionsmacht eines Faches, in dem es etwa durch die anderen Fächer sehr viel stärker zitiert wird. Vielmehr ergeben sich hier Gewichtungen, vor deren Hintergrund die Qualität der wissenschaftlichen Diskussion beurteilt werden kann. Dass sich Autoren stärker innerhalb ihrer Disziplin orientieren als nach außen, ist nicht weiter verwunderlich. Der starke interdisziplinäre Charakter der Kommunikationswissenschaft lässt sich wissenschaftssoziologisch, wie weiter oben ausgeführt, gut erklären.

Betrachtet man die am häufigsten zitierten Einzelautoren, so zeigt sich, dass Vertreter aus allen drei Disziplinen auf den vorderen Plätzen sind. Der am häufigsten zitierte Autor in der wissenschaftlichen Debatte ist Jo Groebel (Medienpsychologe), der zweithäufigste Michael Kunczik (Kommunikationswissenschaftler), Platz 3 und 4 teilen sich Helga Theunert und Bernd Schorb (beides Medienpädagogen). Es kann hier nicht einzeln der Frage nachgegangen werden, warum ein Autor häufiger zitiert wird als der andere. Hier spielen Faktoren wie das Alter der Autoren, ihre Produktivität, das Erscheinungsjahr der jeweiligen Beiträge und vieles andere eine Rolle. Tabelle 45, die diese Reihenfolge verdeutlicht, wird im Verlauf unserer Argumentation noch eine Rolle spielen, nämlich dann, wenn die wissenschaftliche mit der öffentlichen Debatte verglichen wird.[10]

Tabelle 45: *Meistzitierte Forscher der wissenschaftlichen Debatte*

1. Jo Groebel (103)	13. Lothar Mikos (26)
2. Michael Kunczik (93)	15. Uli Gleich (25)
3. Helga Theunert (77)	16. Stefan Aufenanger (17)
4. Bernd Schorb (70)	16. Hans-Dieter Schwind (17)
5. Jürgen Grimm (62)	18. Ernst Zeitter (14)
6. Hans-Bernd Brosius (50)	19. Uwe Hasebrink (13)
7. Peter Winterhoff-Spurk (41)	20. Hans-JürgenWulff (12)
8. Michael Charlton (40)	21. Ralf Vollbrecht (11)
9. Helmut Lukesch (39)	22. Mike Friedrichsen (10)
10. Peter Vitouch (36)	23. Michael Scheungrab (9)
11. Klaus Merten (31)	24. Petra Grimm (4)
12. Werner Glogauer (28)	24. Claudia Lampert (4)
13. Hans-Dieter Kübler (26)	-

Angabe der Zitationshäufigkeit in Klammern[11]

10 Diese Zitationsrangliste erfasst nicht die Valenz der Zitation, ob also jemand kritisiert oder ihm zugestimmt wird. Daher kann sie nicht als Rangliste der Wissenschaftler mit der höchsten Reputation interpretiert werden.

11 Die Zitationshäufigkeit enthält auch Eigenzitate, wenn sich ein Autor also selbst zitiert. Bereinigt man die Tabelle um die Eigenzitate, bleibt die Reihenfolge der Autoren im Wesentlichen erhalten. Lediglich Jürgen Grimm rutscht von Platz 5 auf Platz 9 ab. Die nachfolgenden Befunde unterscheiden sich allerdings nicht wesentlich, wenn man die Eigenzitate nicht berücksichtigt.

Um festzustellen, ob es Zitationskartelle von Wissenschaftlern gibt, die sich untereinander häufiger zitieren als erwartbar wäre, haben wir folgende Vorgehensweise gewählt: Die Autoren der 38 Beiträge, die wir in der qualitativen Analyse untersucht haben und die in der deutschen wissenschaftlichen Debatte als zentral angesehen werden, haben wir zunächst auf die zentralen Protagonisten reduziert. Co-Autoren, die erkennbar Juniorpartner waren oder sonst wissenschaftlich nicht in Erscheinung getreten sind, wurden dabei aus der Analyse ausgeklammert, ebenso wie Autoren, die keine der anderen Autoren zitiert haben. Schaubild 25 zeigt die verbleibenden Autoren. Diese sind im Wesentlichen mit der Liste der am häufigsten zitierten Forscher identisch, die in Tabelle 45 abgebildet ist. Für diese Liste der Autoren haben wir eine Zitationsmatrix angelegt. In dieser Matrix ist für jeden Autor angegeben, wie häufig er jeden der anderen Autoren zitiert. Diese Matrix ist nicht symmetrisch, da Autor A Verfasser B zitieren kann, umgekehrt Verfasser B aber nicht Autor A. Die Diagonale ist ebenfalls besetzt und bezeichnet die Anzahl der Eigenzitate. Diese Matrix wurde für jeden Autor in Prozent umgerechnet: Die Gesamtzahl der Zitate wurde für jeden Autor auf 100 Prozent gesetzt, so dass für jeden zitierten Autor ein Anteil an diesen 100 Prozent ermittelbar war. Damit wurde die unterschiedliche Länge der Literaturverzeichnisse kontrolliert. Dieser Zitationsdatensatz wurde einer hierarchischen Clusteranalyse unterzogen. Die Grundidee ist, dass zwei Autoren, die ihre Zitate ähnlich auf alle anderen Autoren verteilen, einander ähnlich sind; Autoren, die ein anderes Zitationsmuster haben, sich dagegen unähnlich sind. Die Clusteranalyse erzeugt also aus diesem Zitationsdatensatz eine Ähnlichkeitsmatrix, die als Grundlage für die hierarchische Clusterung dient. Als Ähnlichkeitsmaß wurde die quadrierte euklidische Distanz, als Algorithmus wurde die Ward-Methode verwendet. Schaubild 25 zeigt das Dendrogramm. Dieses beschreibt den Prozess, in dem aus einzelnen Autoren nacheinander Cluster gebildet werden. Dies geschieht, grafisch veranschaulicht, von links nach rechts. Autoren, die ähnliche Zitationsmuster haben, stehen nahe beieinander, die entsprechenden Linien des Dendrogramms laufen früh zusammen. Je unähnlicher sich zwei Gruppen von Autoren in ihrer Zitierweise verhalten, desto später laufen die Linien zusammen.

Zwei der insgesamt 26 Autoren werden im gesamten Verlauf der hierarchischen Clusteranalyse keinem Cluster zugeordnet (Vollbrecht, Wulff). Ihre Zitationsmuster sind also so idiosynkratisch, dass man über sie entsprechend wenig aussagen kann. Wählt man eine Vier-Clusterlösung, zeigt sich in etwa Folgendes: Die Medienpädagogen (Schorb, Theunert, Lampert) haben relativ ähnliche Zitationsmuster und bilden ein Cluster. Das zweite Cluster – gleichzeitig das größte Cluster – besteht im Wesentlichen aus Vertretern der Kommunikationswissenschaft und der Medienpsychologie. Diese haben also insgesamt ähnliche Zitationsmuster und können allein aufgrund der Größe des Clusters als Mainstream bezeichnet werden. Das dritte Cluster umfasst die Wissenschaftler Groebel, Stiegler und Volpers und kann von uns nicht näher definiert werden. Das

Schaubild 25: *Hierarchische Clusteranalyse*

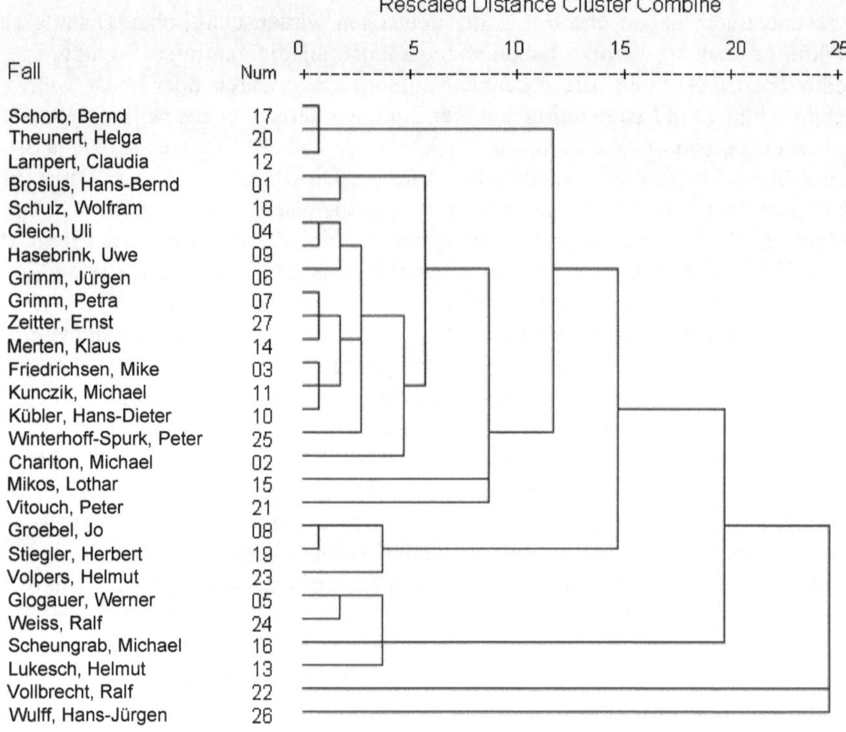

vierte Cluster umfasst mit den Wissenschaftlern Glogauer, Weiß, Scheungrab und Lukesch jene Wissenschaftler, die die Gefährlichkeit von Mediengewalt besonders betonen. Diese zitieren sich untereinander also häufiger als dies die anderen tun. Ohne dass man die Ergebnisse hier im Einzelnen vertiefen kann, zeigt sich die Brauchbarkeit einer solchen Clusterung unter anderem darin, dass man beispielsweise zeigen kann, dass die Personen des vierten Clusters als einzige Michael Kunczik gar nicht zitieren. Dieser wird aufgrund seines als Standardwerk geltenden Lehrbuchs ansonsten relativ häufig von den anderen Wissenschaftlern zitiert.

Die Zitationsmuster zeigen, dass es zwar keine ausgesprochenen Zitationskartelle gibt (sieht man einmal von der Ausnahme der Nichtzitierung von Kunczik ab), aber dennoch Muster erkennbar sind. Es wiederholen sich letztlich die Befunde von Tabelle 44: Die Ähnlichkeit zwischen Medienpsychologen und Kommunikationswissenschaftlern auf der einen Seite ist größer als deren jeweilige Ähnlichkeit mit den Medienpädagogen. Mit anderen Worten entziehen sich dem wissenschaftlichen Mainstream zwei definierbare Gruppen: Zum einen die Medienpädagogen und zum anderen diejenigen, die Mediengewalt für besonders gefährlich halten. Diese Gruppe setzt sich sowohl aus Pädagogen als auch aus Psychologen zusammen.

Die öffentliche Debatte

Um zu analysieren, wer in der öffentlichen Debatte zitiert wird, wurden die Urheber in Publikums- und Fachmedien nach ihrer Zugehörigkeit kategorisiert und alle wissenschaftlichen Akteure für die jeweilige Mediengattung in eine Reihenfolge gebracht. Die Tabellen 46 und 47 geben diese Reihenfolge wieder. Sie zeigen auf einen Blick, dass beide Mediengattungen ganz unterschiedliche Forscherpersönlichkeiten betonen.

Die Rangreihe der Publikumsmedien führen solche Gewaltforscher an, die sich mit Computerspielen beschäftigen, das war aufgrund der thematischen Ausrichtung dieser Mediengattung auch nicht anders zu erwarten (Tabelle 46). Am häufigsten kam David Grossmann zu Wort, der sich als „Killologe" in den Medien einen Namen gemacht hat. Auch der Zweitplatzierte, Jürgen Fritz, ist ein Computerspiele-Forscher. Unter den ersten zehn Wissenschaftlern sind nur zwei, die wir in der wissenschaftlichen Debatte untersucht haben; es handelt sich um den Medienpädagogen Werner Glogauer und den Medienpsychologen Jo Groebel. Die übrigen Wissenschaftler, das zeigt die Anzahl der Nennungen, werden in den Publikumszeitschriften nicht nennenswert erwähnt. Man kann also durchaus schlussfolgern, dass die Protagonisten der wissenschaftlichen Debatte in den Publikumszeitschriften kaum zu Wort kommen. Hier wird ein ganz anderes Klientel von Wissenschaftlern zitiert, die, was unser Aufgreifkriterium betrifft, in der wissenschaftlichen Debatte keine herausragende Rolle spielen. Die geringe Anzahl von Nennungen insgesamt zeigt auch, dass bis auf wenige Ausnahmen Wissenschaftler in den Publikumsmedien nicht namentlich zitiert werden. Dies mag auch an der jeweiligen Selektionslogik des Journalismus liegen, ist doch für den Leser ein konkreter Wissenschaftlername selten interessant.

Tabelle 46: *Meistzitierte Forscher der öffentlichen Debatte (Publikumsmedien)*

1. Dave Grossmann (19)	12. Ute Benz (2)
2. Jürgen Fritz (14)	12. Norbert Grob (2)
3. Werner Glogauer (11)	12. Thomas Gross (2)
4. Hans Mogel (6)	12. Anita Heiliger (2)
4. Horst Opaschowski (6)	12. Helga Theunert (2)
4. Michael Walter (6)	12. Maria von Salisch (2)
7. Jo Groebel (5)	20. Joachim Bauer (1)
7. Wolfgang Bergmann (5)	20. Donald Cohen (1)

9. Patricia Greenfield (3)	20. Franz-Josef Feisleder (1)
9. Michael Schulte Markwort (3)	20. Neal Gabler (1)
9. Edgar Weiler (3)	20. Keith Halper (1)
12. Craig Anderson (2)	20. Wilhelm Heitmeyer (1)
12. Brad Bushman (2)	-

Angabe der Zitationshäufigkeit in Klammern

In dem Teil der öffentlichen Debatte, der sich auf die Fachmedien bezieht, ergibt sich wiederum ein ganz anderes Bild (Tabelle 47). Dieses wird eindeutig von Kommunikationswissenschaftlern geprägt. Am häufigsten zitiert werden Jürgen Grimm mit 80 Nennungen und Michael Kunczik mit 49 Nennungen. Mit Thomas Hausmanninger und Lothar Mikos finden sich zwei weitere Kommunikationswissenschaftler weit vorne. Eine zweite Gruppe von prominent Zitierten sind die beiden Spieleforscher Wolfgang Fehr und Jürgen Fritz. Außer Jo Groebel finden sich unter den ersten zehn keine weiteren Medienpsychologen. Damit weicht auch die Debatte in den Fachmedien deutlich von der wissenschaftlichen Debatte ab, wenn auch in anderer Weise als die Debatte in den Publikumsmedien. Die Fachmedien werden von Kommunikationswissenschaftlern dominiert. Die Fallzahlen sind so deutlich unterschiedlich, dass der Begriff der Dominanz angemessen erscheint. Man kann vermuten, dass Kommunikationswissenschaftler, die eine nähere Beziehung zu den Medien unterhalten, selbst häufiger Beiträge schreiben und sich in diesen Beiträgen auch gegenseitig zitieren. Letztlich kann man davon ausgehen, dass es Kommunikationswissenschaftlern besser gelingt, „in die (Fach-)Medien zu kommen." Dies ist jetzt durchaus im Zusammenhang zu sehen mit den Befunden aus Kapitel VI, die gezeigt haben, dass Kommunikationswissenschaftler sich nahezu regelmäßig von den anderen drei Disziplinen unterscheiden. Somit entsteht in den Fachmedien ein von Kommunikationswissenschaftlern geprägtes anderes Bild von der Gewaltdebatte.

Tabelle 47: *Meistzitierte Forscher der öffentlichen Debatte (Fachmedien)*

1. Jürgen Grimm (80)	14. Andreas Beierwaltes (10)
2. Michael Kunczik (49)	15. Helmut Lukesch (8)
3. Thomas Hausmanninger (36)	16. Daniel Hajok (7)
4. Jo Groebel (30)	16. Ben Bachmair (7)
5. Lothar Mikos (28)	16. Rainer Winter (7)
6. Wolfgang Fehr (24)	19. Petra Grimm (6)
6. Jürgen Fritz (24)	19. Jutta Weiß (6)
8. Hans-Dieter Kübler (15)	19. Bernd Schorb (6)
8. Jan-Uwe Rogge (15)	22. Gerd Albrecht (5)
10. Dieter Lenzen (12)	22. Stefan Aufenanger (5)

10. Franz Petermann (12)	22. Christoph Trunk (5)
10. Georg Seeßlen (12)	22. Peter Vitouch (5)
13. Christian Büttner (11)	-

Angabe der Zitationshäufigkeit in Klammern

Um die Diskrepanz zwischen den drei Debatten auch statistisch abzusichern, haben wir zwischen den drei Rangfolgen Rangkorrelationskoeffizienten berechnet. Zunächst haben wir die Gesamtliste aller Autoren genommen, die in mindestens einer der drei Debatten zitiert wurden (n= 61). Diejenigen Autoren, die in einer Debatte gar nicht zitiert wurden, haben dabei den gemeinsamen Rangplatz 26 erhalten. Die entsprechende Berechnung eines Rangkorrelationskoeffizienten (Kendall's tau) zeigte dabei, dass zwischen den beiden Rangreihen der Fachmedien und der wissenschaftlichen Medien keine Beziehung besteht (r= 0,06). Zwischen der Rangreihe der Publikumsmedien und den beiden anderen Rangreihen gab es sogar eine jeweils signifikante negative Korrelation. Publikums- und Fachmedien waren ebenso negativ korreliert (r= -0,37*) wie Publikums- und wissenschaftliche Medien (r= -0,31*). In den Publikumsmedien kommen also dezidiert andere Forscher zu Wort als in den anderen Mediengattungen. Noch mehr verwundert allerdings, dass die wissenschaftliche Rangfolge der Autoren sich in keiner Weise in der Rangfolge der Fachmedien widerspiegelt. Erlaubt man sich, die Häufigkeit der Zitierung in wissenschaftlichen Beiträgen als eine Art von wissenschaftlicher Reputation zu bezeichnen, so schlägt sich diese Reputation in den Fachmedien nicht nieder. Dies kann zum Teil darauf zurückführt werden, dass einzelne Wissenschaftler auch in den Fachmedien publizieren und sich entsprechend häufig selbst zitieren. Offenbar gelingt es den Fachmedien aber nicht, wissenschaftliche Reputation in ihren Beiträgen abzubilden. Ob dies letztlich ihre Aufgabe ist oder nicht, mag dahingestellt bleiben.

Man könnte nun unterstellen, dass die häufige Vergabe eines Rangplatzes 26 dazu geeignet ist, solche negativen bzw. Null-Zusammenhänge zu erzeugen. Immerhin werden Personen wie David Grossman, die in den Publikumsmedien ganz vorne stehen, in den beiden anderen Mediengattungen überhaupt nicht erwähnt, so dass diese natürlich stark zu einem negativen Zusammenhang beitragen. Daher haben wir die Rangkorrelation noch einmal wiederholt und alle Autoren ausgeschlossen, die zweimal einen Rangplatz 26 erhalten haben, also nur in einer der drei Mediengattungen vertreten waren. Die Liste der Autoren, die für diese Analyse in Frage kommen, reduziert sich dadurch von n= 61 auf n= 14. Die Korrelationsanalyse ergab allerdings keine neuen Befunde. Eine leichte negative Korrelation bestand zwischen den Publikums- und Fachmedien (r= -0,14). Zwischen den wissenschaftlichen Medien und den Publikums- bzw. Fachmedien gab es gar keine Zusammenhänge (r= 0,08; r= 0,06). Alle Zusammenhänge sind nicht signifikant. Zwar finden sich die stärker negativen Zusammenhänge zwischen den Publikumsmedien und den beiden anderen Mediengattungen nicht mehr. Das Bild erhärtet sich aber, dass die drei Rangreihen nichts miteinander gemein haben. Dies bedeutet also noch einmal, dass die drei Debatten von jeweils ganz unterschiedlichen Personen geprägt werden. Als Indikator dafür kann man auch werten, dass nur 14 der insgesamt 75 Autoren in mindestens zwei der drei Debatten unter den ersten 25 sind.

Versucht man, die fehlenden Zusammenhänge zwischen den drei Rangreihen zu interpretieren, sei zunächst vorweg geschickt, dass eine ähnliche Rangreihe in den drei Mediengattungen nur einer von mehreren möglichen Indikatoren ist, die Qualität der jeweiligen Debatte zu beschreiben. Ausgehend von der Annahme, dass die Rangreihe in der wissenschaftlichen Debatte auf wissenschaftliche Reputation deutet, die entsprechenden Personen also im Bereich Mediengewalt sowohl publiziert haben als auch zitiert wurden, muss man schlussfolgern, dass die wissenschaftliche Debatte sich nur begrenzt in der öffentlichen Debatte, sei es in Publikums- oder Fachmedien, abbildet. Dies bedeutet nicht, dass in der öffentlichen Debatte ganz andere Personen zu Wort kommen, sondern lediglich, dass man die Reihenfolgen nicht miteinander vergleichen kann. Einzelne Autoren aus der wissenschaftlichen Debatte sind durchaus auch in der öffentlichen Debatte präsent. Hier handelt es sich vorwiegend um Kommunikationswissenschaftler, deren wissenschaftliches Subjekt es nahelegt, dass sie Medien – deren Rolle sie ja erforschen – auch zur Präsentation ihrer Standpunkte nutzen. Wenn man diesen Befund noch einmal mit den (graduellen) Unterschieden zusammenbringt, die die verschiedenen Disziplinen auszeichnen, lässt sich daran ablesen, dass es der Kommunikationswissenschaft besser als den anderen Disziplinen gelingt, die Fachöffentlichkeit zu erreichen. Die allgemeine Öffentlichkeit wird hauptsächlich zum Thema Computerspiele informiert und bekommt daher ohnehin ein anderes Bild der Mediengewaltdebatte gezeigt. Die Fachöffentlichkeit wird allerdings, so kann man schlussfolgern, vor allen Dingen durch die Kommunikationswissenschaftler Michael Kunczik und Jürgen Grimm informiert. Auffällig ist auch, dass es Medienpsychologen weniger gelingt, ihre Standpunkte in den Fachmedien unterzubringen. Ob dies insgesamt zu einer Verschiebung des Blickwinkels auf die Mediengewaltdebatte führt, lässt sich so eindeutig nicht beantworten. Zum einen liegt es nahe, dass Kommunikationswissenschaftler aufgrund ihres Wissenschaftsverständnisses und ihres methodischen Zugangs häufiger das soziale Umfeld für negative Auswirkungen von Mediengewalt verantwortlich machen, als dies Medienpsychologen tun. Diese wiederum haben durch ihren experimentellen Zugang einen stärkeren Fokus auf die Darstellung der Mediengewalt selbst. Eine Studie wie die vorliegende kann nun nicht höchst richterlich entscheiden, wer Recht hat. Sie kann nur diagnostizieren, dass es solche Verschiebungen gibt. Auf der anderen Seite deuten die dargestellten Zitationsmuster darauf hin, dass sich Medienpsychologen und Kommunikationswissenschaftler gegenseitig zur Kenntnis nehmen. Damit korrespondiert dieser Befund mit einem zentralen Ergebnis der qualitativen Analyse: Es gibt keine strikt getrennten disziplinären Wissenschaftlerzirkel, die sich gegenseitig nicht wahrnehmen. Diese Überlappung wird sicherlich auch durch Personen gefördert, die als Psychologen ausgebildet wurden und sich dann in die Kommunikationswissenschaft hinein bewegt haben. Hier sind vor allem Hans-Bernd Brosius und Uwe Hasebrink zu nennen. Insgesamt kann man jedoch sagen, dass die Analyse der Zitationspraxis in den verschiedenen Mediengattungen deutliche Aufschlüsse darüber gibt, wodurch die jeweilige Debatte geprägt ist.

VIII. Zusammenfassung und Bewertung der Befunde

Im Folgenden werden die zentralen Befunde der Studie noch einmal getrennt nach den verschiedenen Debatten zusammengefasst und interpretiert. Im Anschluss werden wir dann noch einige Schlussfolgerungen bzw. Handlungsempfehlungen ableiten.

Wissenschaftsinterne Debatte

Hier stand die Frage im Mittelpunkt, in welchem Maße die Gewaltdebatte innerhalb der Wissenschaft durch die Fachdisziplinen und einzelne Wissenschaftler bestimmt wird. Die Forschungsfragen, nach denen Kapitel V strukturiert ist, seien hier noch einmal kurz wiederholt.

- FF1: Welche Unterschiede und Gemeinsamkeiten weisen die Disziplinen in ihrem Wissen über den Gegenstand *Mediengewalt* auf?
- FF2: Inwieweit prägen theoretische und methodische Zugänge der Disziplinen deren Forschungsergebnisse?
- FF3: Welche Diskrepanzen gibt es in den Urteilen über die Qualität einzelner Befunde disziplinintern und -übergreifend?
- FF4: Inwieweit wird die Debatte über die Wirkung von Mediengewalt von den beteiligten Forschern selbst thematisiert; in welchen Bereichen sehen die Forschenden kontroverse Positionen? Werden die Ergebnisse, Positionen und Wissenschaftler dabei dem jeweiligen disziplinären Hintergrund zugeordnet?

Ein zentraler Befund der Analyse ist, dass sich die Disziplinen in ihrem Erkenntnisstand nicht wesentlich sondern nur graduell voneinander unterscheiden. Dies betrifft in gleicher Weise die Theorie- und Methodenorientierung der Disziplinen. Kommunikationswissenschaft, Medienpädagogik und Medienpsychologie sind dem Paradigma der selektiven Medienwirkungen verpflichtet (vgl. Brosius, 2003). Zumindest für die wissenschaftsinterne Debatte kann man nicht schlussfolgern, dass Forschungswirkung in der Wirkungsforschung zentral ist: Die graduellen Unterschiede beziehen sich vor allem auf die Anwendung und Umsetzung wissenschaftstheoretischer Standards bei der Dokumentation des Forschungsprozesses. Damit lässt sich keine Vorherrschaft einer Fachrichtung erkennen, allenfalls eine leichte Vormachtstellung der empirisch-analytischen Forschungslogik, die in Medienpsychologie und Kommunikationswissenschaft stärker institutionalisiert ist als in der Medienpädagogik. Allerdings klafft in allen Disziplinen eine Kluft zwischen den wissenschaftstheoretischen Idealvorstellungen von Forschung und der tatsächlichen Darstellungspraxis des Forschungsprozesses. Dies dürfte allerdings für andere Gegenstandsbereiche ebenso gelten.

Die Gewaltforscher der verschiedenen Disziplinen sehen selbst keine Disziplingebundenheit des Forschungsfelds, darauf deuten auch die Zitationsmuster hin. Die drei Disziplinen nehmen sich (wenn auch graduell leicht unterschiedlich) gegenseitig zur Kenntnis. Lediglich grobe Verstöße gegen das, was man als gemeinhin anerkannte „Regeln wissenschaftlicher Vernunft" bezeichnen könnte, führen zu negativen Bewertungen, beispielsweise im Fall von Werner Glogauer. Hier verlässt der Duktus der wissenschaftlichen Argumentation zuweilen die sonst eingehaltene Sachlichkeit. Dies kann man als Reaktion der scientific community auf Verstöße gegen die Standards und sozialen Normen des wissenschaftlichen Erkenntnisprozesses interpretieren.

In Bezug auf das *Fachverständnis und die interdisziplinäre Abgrenzung* könnte sich das Thema Gewaltdarstellungen in den Medien als ein strategisches Feld erweisen, sich von anderen Disziplinen abzugrenzen und durch einen originär-disziplinspezifischen theoretischen und/oder methodischen Zugang zur Problematik die Leistungsfähigkeit der eigenen Disziplin im Vergleich zu Konkurrenzfächern hervorzuheben. Obwohl in der Literatur immer wieder konstatiert wird, es gäbe grundlegende disziplinäre Unterschiede in den theoretischen und methodischen Zugängen sowie deutlich differierende Wirkungsaussagen (vgl. Eisermann, 2001: 45), deuten unsere Befunde in eine andere Richtung. Es sind nicht disziplinäre Grenzen, sondern die Profilierung von Forscherpersönlichkeiten, welche die Kontroversen prägen. In diesem Sinne ist der wissenschaftliche Gewaltdiskurs nicht als Mittel der reflektierenden Selbstverständigung über das wissenschaftliche Fach- und Selbstverständnis von Disziplinen zu verstehen, sondern als Mittel einzelner Wissenschaftler, sich in diesem drittmittelträchtigen Gebiet Ressourcen und Reputation zu sichern. Das Hervorheben der eigenen Expertise auf diesem Feld in Abgrenzung zu konkurrierenden Wissenschaftlern trägt damit zur Legitimation und Reputation der einzelnen Personen, nicht aber der einzelnen Fächer bei. Nur leicht unterschiedliche Tendenzen in der gegenstandsbezogenen Argumentation lassen sich im Vergleich dazu auf das Fachverständnis der jeweiligen Disziplin zurückführen.

Öffentliche Gewaltdebatte

Die öffentliche Gewaltdebatte unterscheidet sich markant von der wissenschaftlichen Debatte. Dies gilt für beide Teildebatten in den Publikums- und den Fachmedien. Die entsprechende Forschungsfrage lautete:

- FF5: Wie wird das Thema Mediengewalt in der Fach- und Laienöffentlichkeit thematisiert, und wie setzen sich die Fach- und Publikumszeitschriften mit der Gewaltforschung auseinander?

Obwohl die öffentliche Debatte die disziplinäre Vielschichtigkeit der Gewaltforschung widerspiegelt, lässt sich am ehesten für die Kommunikationswissenschaft eine disziplinäre Deutungsmacht erkennen, zumindest im Bereich der Fachmedien. Disziplinäre Differenzen werden am häufigsten für die Schädlichkeit von Mediengewalt insgesamt konstatiert, dabei greifen die Fachmedien kontroverse Sichtweisen der Wissenschaft häufiger auf als die Publikumsmedien. Disziplinäre Differenzen im Bereich des methodischen Vorgehens werden selten, und wenn, dann nur in Fachzeitschriften angesprochen – in diesem Punkt spiegeln die Ergebnisse der öffentlichen Debatte diejenigen des wissenschaftlichen Gewaltdiskurses. Die Diskussion in der Laienöffentlichkeit ist dagegen stark von (häufig außerwissenschaftlichen) Einzelpersonen und weniger von Wissenschaftlerpersönlichkeiten geprägt. Die Definitionsmacht, was die Einschätzung der Gefährlichkeit von Mediengewalt angeht, liegt bei jenen Wissenschaftlern, die sich auch aktiv an der öffentlichen Debatte beteiligen.

Allerdings muss man zwischen Publikums- und Fachmedien deutlich unterscheiden. In Publikumsmedien werden vorwiegend Computerspiele thematisiert, möglicherweise weil sie im Zuge der technischen Entwicklung für Journalisten einen höheren Nachrichtenwert haben und aufgrund ihrer Plastizität und der expliziten und drastischen Form der Darstellung für die Öffentlichkeit eher Gefahr signalisieren. Lehrer, Eltern und Pädagogen sehen auch, dass dieser Bereich deutlich weniger reguliert ist und können häufig mit der technischen Kompetenz der Jugendlichen nicht Schritt halten. Dies alles rückt das Gefahrenpotenzial von Computerspielen stärker in den Mittelpunkt der Laienöffentlichkeit. Zusätzlich erhöht die Schwierigkeit, im Bereich digitaler Medien erfolgreiche Regulierungsmechanismen einzuführen und durchzusetzen, die Besorgnis der älteren Generation. Die vergleichsweise uneindeutige Forschungslage tut ein Übriges.[12]

In den Fachmedien dominieren Kommunikationswissenschaftler die anderen Disziplinen sowohl zahlenmäßig als auch in der Tendenz der Aussagen. Diesen Wissenschaftlern ist es offenbar gelungen, die Diskussion in ihre Richtung zu lenken. Das betrifft sowohl die Konzentration der Fachmedien auf das Fernsehen als auch den Gegenstand und die als uneindeutig beschriebene Forschungslage. Gewalt wird dadurch tendenziell als gesamtgesellschaftliches Problem dargestellt und weniger als ausschließliche Gefahr für Kinder und Jugendliche. Wir hatten vermutet, dass Kommunikationswissenschaftler aufgrund ihres Gegenstandsbereichs die Bedeutung der Medien eher erkennen und aufgrund ihrer Kenntnis journalistischer Selektionsbedingungen diesen am ehesten entsprechen können, so dass sie Publikationsbarrieren entsprechend leichter überwinden können.

12 Notwendigerweise existieren in diesem Bereich noch kaum Langzeitstudien. Die einfache und unreflektierte Übertragung von Theorien der Rezeption und Wirkung von Fernseh- und Filmgewalt auf den Bereich der Computerspiele scheint ebenfalls problematisch.

Rolle von Forscherpersönlichkeiten

Wer in wissenschaftlichen wie öffentlichen Debatten zu Wort kommen will, muss sich sichtbar machen. In der wissenschaftsinternen Kommunikation besitzt Reputation eine wichtige Steuerungsfunktion, die Sichtbarkeit innerhalb des Feldes zu regeln (vgl. Peters, 1994b). Dagegen bestimmen in öffentlichen Debatten ganz andere Faktoren über die Sichtbarkeit der beteiligten Akteure. Mit der folgenden Forschungsfrage sollte untersucht werden, wie sichtbar die einzelnen Wissenschaftler in den beiden Debatten sind, welche Faktoren diese Sichtbarkeit bestimmen und welche Rolle ihre Disziplinzugehörigkeit dabei spielt.

- FF6: Welche Rolle kommt einzelnen Forscherpersönlichkeiten, deren Sozialisation und ihren Netzwerken in der wissenschaftsinternen und öffentlichen Debatte zu?

Im wissenschaftsinternen Diskurs offenbart sich eine starke Prägung der Disziplinen durch Einzelpersonen. In der Kommunikationswissenschaft ist Michael Kunczik als Begründer der kommunikationswissenschaftlichen Gewaltforschung in Deutschland und Autor des wichtigsten Lehrbuchs die herausragende Figur. Die medienpädagogische Gewaltforschung ist in der Öffentlichkeit von Werner Glogauer, in der wissenschaftlichen Debatte dagegen von Bernd Schorb und Helga Theunert geprägt. Selbst in der medienpädagogischen Gewaltforschung wird Glogauer eher als abschreckendes Beispiel angeführt (vgl. Kübler, 1995). In der Medienpsychologie sind Jo Groebel, Peter Vitouch und Peter Winterhoff-Spurk die tonangebenden Forscher. Alle drei gehören zu einer Forschergeneration, die in den achtziger und neunziger Jahren die Institutionalisierung der Medienpsychologie aktiv und maßgeblich vorangetrieben hat. Für das Feld der Gewaltforschung lassen sich also durchaus besonders sichtbare Wissenschaftspersönlichkeiten benennen – diese sind allerdings weniger aufgrund ihrer Disziplinzugehörigkeit tonangebend. Der institutionellen Anbindung scheint also zumindest innerwissenschaftlich keine dominante Rolle zuzufallen, das zeigt auch die Zitationsanalyse: Die Ergebnisse gehen einher mit dem obigen Befund, dass die disziplinären Gräben in der Gewaltforschung nicht überdeutlich ausgeprägt sind – es gibt keine Zitationskartelle, wohl aber Cluster. Ein großes Zitations-Cluster besteht aus Medienpsychologen und Kommunikationswissenschaftlern, davon zu unterscheiden ist ein medienpädagogisches Cluster und ein Cluster derjenigen, welche Mediengewalt eindeutiger und uneingeschränkt als schädlich begreifen.

Was die *Sichtbarkeit der wissenschaftlichen Akteure* in der öffentlichen Debatte angeht, gilt der Satz: Mediale Prominenz geht im Falle der Gewaltdebatte nicht mit wissenschaftlicher Reputation einher. Aus den zu Wort kommenden wissenschaftlichen Experten in den Publikumsmedien lässt sich sogar schlussfolgern, dass wissenschaftliche Reputation eine untergeordnete Bedingung darstellt, um in Medien wie Focus, Stern und Spiegel prominent zu werden.

Damit stehen die Befunde früheren Studien gegenüber, die wissenschaftliche Reputation als eine der Bedingungen medialer Prominenz ausgewiesen haben, allerdings für den amerikanischen Raum (vgl. Goodell, 1977; Dunwoody & Ryan, 1987). Die Befunde legen die Schlussfolgerung nahe, dass wissenschaftliche Reputation keinen relevanten Nachrichtenwert für Medien darstellt. In den untersuchten Beiträgen der öffentlichen Gewaltdebatte stellte die innerwissenschaftliche Reputation kein Orientierungskriterium für Journalisten dar, wenn sie wissenschaftliche Experten auswählen. Die Zitationsanalyse hat gezeigt, dass die in den Publikumsmedien zu Wort kommenden Wissenschaftler in der wissenschaftsinternen Gewaltdebatte kaum sichtbar sind. Wissenschaftliche Reputation und mediale Expertenprominenz in der Laienöffentlichkeit scheinen zumindest für die deutschsprachige Diskussion über Mediengewalt nicht notwendigerweise miteinander vereinbar zu sein. Bei den Publikumsmedien könnte man den fehlenden Zusammenhang darauf zurückführen, dass diese mit Computerspielen einen Gewaltaspekt in den Vordergrund stellen, der in der Fach- und wissenschaftlichen Debatte noch vergleichsweise wenig Beachtung gefunden hat. Wissenschaftliche Reputation ist wissenschaftsintern ein Qualitätssiegel, angesehenen Forschern wird in der scientific community stärker Gehör geschenkt als unbekannten Wissenschaftlern. Sie bildet damit ein funktionales Äquivalent zu einem Bewertungskriterium medialer Prominenz, dem Nachrichtenwert *Elite-Person* (vgl. Peters, 1994a). Auf die ähnliche Steuerungsfunktion dieser zwei Formen hat schon Luhmann (1990: 247) hingewiesen.

Die Sichtbarkeit einzelner Wissenschaftler kann nur bedingt durch die Disziplinzugehörigkeit erklärt werden. Dagegen scheint der individuelle Sprachduktus einzelner Forscherpersönlichkeiten einen nicht zu vernachlässigenden Einfluss auf die Sichtbarkeit von Autoren zu haben. Michael Kunczik ist in der Gewaltforschung sicher eine der schillerndsten Figuren. Seit seiner Dissertation befasst er sich kontinuierlich mit dem Thema Mediengewalt, sein Lehrbuch gilt als Klassiker, der aus der universitären Lehre nicht wegzudenken ist. Er ist ebenfalls als Berater der Bundesregierung zu diesem Thema tätig (vgl. Kunczik & Zipfel, 2004). An seiner Person lässt sich gut illustrieren, warum die Unterschiede zwischen den Fächern in der wissenschaftlichen Debatte zunächst gering erscheinen, Verwerfungen bei näherem Hinsehen deutlicher werden, aber schlussendlich wenig mit den Disziplinen und mehr mit den Personen zu tun haben. Die Zitationsanalyse hat gezeigt, dass er sich in den Mainstream der Forscher aus Medienpsychologie und Kommunikationswissenschaft einordnen lässt, seine Schriften sind dem selektiven Paradigma der Medienwirkungen verpflichtet, auch wenn man aus den Untertönen oft heraushören kann, dass die Wirkungen von Gewalt aus seiner Sicht eher gering sind. Seine Buchrezension von Lukesch und anderen in *tv-diskurs*, die wir eingangs erwähnt haben, schüttet Spott und Häme über den Autor aus, die weit jenseits des sachlichen Diskurses liegen, den Wissenschaft sonst pflegt. Entsprechend scharf war die Reaktion von Lukesch. Dies könnte man nun so deuten, dass diese beiden als Vertreter von

Kommunikationswissenschaft und Medienpsychologie hier ihre Disziplinen vertreten. Naheliegender scheint es uns aber zu sein, dass Kunczik eine eher explizite und drastische Argumentationsweise pflegt, die innerhalb der Wissenschaft sonst unüblich ist. Belege hierfür haben wir in seiner Auseinandersetzung mit Glogauer bereits angeführt (vgl. Kapitel V.5). Hinweise darauf finden sich auch in seinen Arbeiten zu einem ganz anderen Gebiet, nämlich Public Relations. Hier treffen Spott und Häme Lothar Rolke, dessen PR-Theorie Kunczik verreißt (vgl. Kunczik, 2001; 2002). Es scheint also nahe zu liegen, die Schärfe entsprechender Auseinandersetzungen in diesem Fall auf die Person und nicht auf die Disziplinen zurückzuführen. Motive für eine solch prononcierte Auseinandersetzung mit anderen Personen können hier nicht Gegenstand sein. Es ist allerdings nicht auszuschließen, dass Aspekte wie Profilierung, Abgrenzung und Ressourcensicherung eine Rolle spielen.

Diskrepanzen zwischen gesellschaftlicher und wissenschaftlicher Debatte

Nachdem die beiden Debatten einzeln beleuchtet wurden, kann auch die letzte Forschungsfrage beantwortet werden:

- FF7: Welche Diskrepanzen bestehen zwischen der gesellschaftlichen und der wissenschaftlichen Debatte um Mediengewalt, und inwiefern berühren sich die Diskurse?

Die Gegenüberstellung der Ergebnisse der qualitativen und quantitativen Inhaltsanalysen offenbart eine deutliche Diskrepanz zwischen der Logik des wissenschaftlichen Diskurses, der in der Fachöffentlichkeit geführten Debatte und dem Diskurs der Laienöffentlichkeit. In diesen Kontext ist die Frage nach den Spielregeln einzuordnen, die die Interaktion zwischen wissenschaftsinterner und öffentlicher Gewaltdebatte leiten. Hier ist auch der Aspekt der *öffentlichen Expertise und Ressourceneinwerbung* zu berücksichtigen: Da Mediengewalt offenbar ein wiederkehrendes Dauerthema für Öffentlichkeit, Politik, Medienregulierung und Jugendschutz ist, wird auch weiterhin wissenschaftliche Auftragsforschung zur Klärung der Wirkzusammenhänge nötig sein. Mit anderen Worten: Gewaltforschung ist ein drittmittelintensives Forschungsfeld. Welchen Stellenwert das andauernde Interesse am Thema für die Wissenschaftsentwicklung haben kann, zeigt das Beispiel der Medienpädagogik. Die wissenschaftliche Auseinandersetzung mit Mediengewalt hat sich als wichtiger Institutionalisierungsfaktor der Medienpädagogik entpuppt, der auch künftiges Entwicklungspotential prognostizieren kann. Der medienpädagogische Zugang zum Thema ist gerade deshalb so vielversprechend, weil die Landesmedienanstalten sich neben den Kernaufgaben der Lizenzierung und Programmaufsicht auch der Förderung von Medienkompetenz in der Gesellschaft verschrieben haben – ein Konzept, das in den genuinen Gegenstandsbereich der Medienpädagogik fällt.

In der wissenschaftlichen Debatte wurden am häufigsten Medienwirkungen der Mediengattung Fernsehen und Film analysiert. Das ist eine auffällige Diskrepanz zur öffentlichen Debatte, in welcher mögliche negative Effekte von Computerspielen fast schon reflexartig diskutiert werden. Vor allem nach Gewalttaten wie Erfurt und Littleton wurde die Affinität der jugendlichen Amokschützen zu „Ballerspielen" immer wieder als Erklärung für ihre Taten angeführt. Offensichtlich haben die in der öffentlichen Debatte angeführten Vermutungen über die Gefährlichkeit von Computerspielen in den drei untersuchten Disziplinen noch wenig von anderen zitierte Forschungsbemühungen hervorgerufen. Das selbe Bild zeichnet sich für die wissenschaftliche Auseinandersetzung mit gewalthaltigen Videos auf Mobiltelefonen ab, ebenfalls ein Thema, das in der öffentlichen Gewaltdebatte gerade in letzter Zeit aufgeflammt ist.

Dieser Befund steht in einem auffälligen Kontrast zum Selbstbild der Sozialwissenschaften, die ihre Arbeit als stark von gesellschaftlichen Problemstellungen geprägt begreifen (vgl. Saxer, 1995). Dieser Befund wirft die Frage auf, ob die Gewaltforschung innerhalb der untersuchten Disziplinen zu einem gewissen Grad selbstreferenziell erfolgt ist – d.h. sich von den konkreten gesellschaftlichen Problemstellungen abgekoppelt hat; oder ob Computerspiele und Videos auf Mobiltelefonen zwar in der öffentlichen Debatte problematisiert wurden, bislang aber die politischen Eliten (Gesetzgeber, Medienaufsicht) wenig Notwendigkeit gesehen haben, in diesem Bereich Auftragsforschung zu vergeben. Die zweite These wird einerseits dadurch gestützt, dass sich das Gros der von den Landesmedienanstalten vergebenen Auftragsforschung auf das Fernsehen beschränkt. Damit wird auch deutlich: Wissenschaft ist in Deutschland nicht so unabhängig von externen Kräften, wie es das von Humboldt begründete humanistische Wissenschaftsbild eigentlich suggeriert (vgl. Weingart, 2001). Die deutsche Gewaltforschung steht offensichtlich in einer Abhängigkeit zum politisch-administrativen System. Medienpolitik und -regulierung scheinen einen prägenden Faktor für die Entwicklung der Gewaltforschung darzustellen: Obwohl in der öffentlichen Problemwahrnehmung die Wirkungsfrage von Computerspielen an erster Stelle steht, entfällt der Löwenanteil der untersuchten Studien auf die Mediengattung Fernsehen. Dieser Schwerpunkt spiegelt die Erkenntnisinteressen von Medienpolitik und -aufsicht im Regulierungsbereich Mediengewalt. Die Liste der durch Landesmedienanstalten geförderten Projekte zum Themenbereich Mediengewalt (vgl. Anhang) zeigt, dass aufgrund der Interessenlage und des Auftrags der Landesmedienanstalten Fernsehen, Jugendschutz und Medienkompetenz den gegenstandsbezogenen Schwerpunkt skizzieren.

Im Verhältnis der wissenschaftlichen und öffentlichen Debatte offenbart sich der beschriebene blinde Fleck (vgl. Kapitel III): Viele Gewaltforscher nehmen nur begrenzt zur Kenntnis, dass Journalismus und Medien einer eigenen Logik der Selektion folgen und nicht als neutrale Vermittler von (komplexer) wissenschaftlicher Information fungieren. Die aus wissenschaftlicher Sicht simplifizierenden Vorstellungen von Medienwirkungen haben ganz andere Ursachen als die einfache Diagnose des Informations- und Bildungsdefizits der Öffentlichkeit. Hier kann der Wissenschaft genau derselbe Vorwurf zurückgespiegelt werden, den sie an die öffentliche Auseinandersetzung mit wissenschaftlichen Ergebnissen heranträgt: Wissenschaftliche Kritiker simplifizieren die öffentliche Gewaltdebatte und legen ihre wissenschaftsinternen Maßstäbe und Bewertungskriterien an, ohne deren Passgenauigkeit für die öffentliche Diskussion zu reflektieren. Dabei sehen sie nicht, dass die öffentliche Diskussion vor allem durch die Medienlogik geprägt ist und die Spielregeln des wissenschaftsinternen Diskurses dort nicht greifen. Journalisten wiederum haben einen blinden Fleck, weil sie wissenschaftliche Ergebnisse verkürzen und die Komplexität der Befundlage als Unsicherheit der Wissenschaft über ihre Erkenntnisse interpretieren. Allerdings spielen ihnen Wissenschaftler in der öffentlichen wie in der wissenschaftlichen Debatte in die Hand, weil vor allem im Vergleich zu den USA in Deutschland die Unsicherheit des Wissens immer wieder betont wird. Wissenschaftler, die klare und extreme Positionen beziehen, etwa Werner Glogauer, der dem Fernsehen unterstellt, seine Rezipienten kriminell zu machen, überwinden dagegen relativ leicht die Publikationsschwelle. Allerdings wird dies im vorliegenden Fall teuer erkauft. Die Orientierung an nicht-wissenschaftlichen Bewertungsmaßstäben wird von der scientific community sanktioniert, was die Inkommensurabilität von wissenschaftlichen Erfolgskriterien und öffentlichen Bewertungskriterien zu bestätigen scheint (vgl. Weingart & Pansegrau, 1998).

Überlagert wird diese Konfliktlage noch durch das unterschiedliche Wirkverständnis in Wissenschaft, Fach- und Laienöffentlichkeit: In der wissenschaftlichen Gewaltdebatte wird das Paradigma der selektiven Medienwirkungen und die multifaktorielle Verursachung von Gewaltphänomenen unter probabilistischen Wirkannahmen betont. In der öffentlichen Gewaltdebatte wird dagegen ein linear-unifaktorieller Zusammenhang zwischen Mediengewalt und Gewaltbereitschaft unterstellt, der in der Wahrnehmung stark von dramatischen Einzelfällen geprägt ist.

Deutungshoheit durch Tonalität

Die wissenschaftsinterne und die öffentliche Gewaltdebatte haben zwischen den Disziplinen nur leichte, im Ergebnisteil detailliert beschriebene Unterschiede zu Tage gefördert. Insofern könnte man zunächst die Frage nach Deutungshoheit und Definitionsmacht durch eine einzelne Disziplin verneinen. Die Forscher beurteilen die Wirkung von Mediengewalt als schädlich, wobei gleichzeitig auf die Vielzahl der Faktoren, die den Einfluss von Mediengewalt auf Aggressivität moderieren, hingewiesen wird. Soweit die manifeste Befundlage. Unterschiedliche Nuancen sind aber aus der Betonung der Bedeutsamkeit einzelner Faktoren und der Beurteilung der Sicherheit des Erkenntnisstands herauszuhören. Wir nennen dies die *Tonalität* der Debatte. Diese ist oft an der Textoberfläche kaum zu erkennen, offenbart sich dann aber umso heftiger, wenn in der Öffentlichkeit

Dispute zwischen zwei Wissenschaftlern – wie zwischen Kunczik und Lukesch – jenseits eines angemessenen sachlichen Stils ausgetragen werden. Berücksichtigt man dabei die unterschiedliche Präsenz von Kommunikationswissenschaftlern und Medienpsychologen in der öffentlichen Debatte, schwingt die Tonalität hier in Richtung auf die Kommunikationswissenschaft, vor allem auf deren prominente Vertreter Kunczik und Grimm. Die Frage, ob die soziale Umwelt, psychische Prädispositionen *oder* die Qualität der Gewaltdarstellung das größere Einflusspotenzial haben, wird also von Wissenschaftlern auch dazu genutzt, sich gegenüber anderen zu profilieren. Dadurch erst werden die in der wissenschaftlichen Debatte kaum sichtbaren Unterschiede in den Forschungsergebnissen pointiert und hervorgehoben. Die damit beanspruchte Definitionsmacht bezieht sich aber nicht auf die jeweilig vertretenen Disziplinen, sondern dient aus unserer Sicht eher der Profilbildung von Einzelnen bei der Sicherung von Ressourcen und öffentlicher Anerkennung.

Schlussfolgerungen

Folgt man dem Popularisierungsparadigma, so ärgern sich Wissenschaftler (nicht nur beim Thema Mediengewalt) darüber, dass sie in der Öffentlichkeit und der medialen Darstellung verkürzt und verzerrt dargestellt werden und ihre Ergebnisse für andere Zwecke instrumentalisiert werden. Damit blenden sie den Verwertungszusammenhang der eigenen Ergebnisse aus. Eine mögliche Schlussfolgerung daraus wäre, sich als Wissenschaftler nicht nur als unbeteiligter Produzent von Ergebnissen zu verstehen, sondern als gesellschaftlicher Akteur, der es versteht, die Bedeutung der eigenen Befunde zu erkennen und in der Öffentlichkeit zu vertreten. Dann müssten Forschende jedoch notgedrungen den Gesetzmäßigkeiten der Medienlogik zur Erlangung öffentlicher Aufmerksamkeit folgen. Dieses Dilemma rührt an eine Grundsatzfrage des wissenschaftlichen Selbstverständnisses. Können Wissenschaftler die beiden Rollen des Wissensproduzenten und des gesellschaftlichen Akteurs parallel einnehmen, oder brauchen wir jeweils für eine Rolle unterschiedliche Typen von Wissenschaftlern? Im US-amerikanischen Kontext wird die Doppelrolle durchaus betont (z.B. Anderson & Bushman, 2001) und begrüßt, im deutschen Raum dürften sich die Wissenschaftler eher schwer damit tun, Öffentlichkeitstauglichkeit in ihr Verhaltensrepertoire aufzunehmen.

Unsere Befunde zeigen schließlich, dass diejenigen Wissenschaftler, die in den Fachmedien publizieren, auch sichtbar sind. Das derart dokumentierte außerwissenschaftliche Engagement dürfte sich nach unserer Vermutung in entsprechender Prominenz in der Fachwelt niederschlagen, zumal die Medienpolitik und die Medienaufsicht auch zu den Rezipientenkreisen dieser Fachmedien gehören. Damit kann man die geringe Tauglichkeit des Themas Mediengewalt in den Publikumsmedien aufwiegen. Dort werden aufwändige Wirkungsstudien, komplizierte experimentelle Designs und zeitintensive Längsschnittstudien nicht angemessen dargestellt, weil sie mit den Gesetzen der Medienlogik nur schwer vereinbar sind.

Den Fachmedien kann man auftragen, sich über die wissenschaftliche Reputation der Autoren und Zitierten Gedanken zu machen. Als Verbindungsglied zwischen Wissenschaft und Medienaufsicht bzw. -politik kommt ihnen die Aufgabe zu, wissenschaftliche Erkenntnisse adäquat zu vermitteln. Hier muss die Medienlogik eine geringere Rolle spielen. Dazu gehört auch, dass die Autoren ihre Disziplin und ihr wissenschaftliches Verständnis offen legen. Denn zumindest dem Fachpublikum darf und muss man zutrauen, disziplinäre Zuordnungen, persönliche Interessen der Beteiligten und Reputationsunterschiede wahrzunehmen und einzuordnen.

Für den öffentlichen Diskurs kann man auch fordern, dass Wissenschaft mehr wagen muss. Welche Faktoren sind in der Gewaltforschung wie stark zu berücksichtigen? Es geht nicht allein darum, einen schwachen allgemeinen Zusammenhang zwischen Medien- und Rezipientengewalt festzustellen. Es kann auch nicht darum gehen, einzelne Faktorenbündel einseitig zu betonen oder für unwirksam zu erklären. Die Wichtigkeit eines Faktorenbündels schließt die Wichtigkeit eines anderen nicht aus. Die Verankerung im Paradigma der selektiven Medienwirkungen muss ernst genommen werden, entsprechende Forschungsbemühungen müssen breit und adäquat aufgebaut sein.

Die relativen Stärken und Schwächen der einzelnen Disziplinen kann man letztlich fruchtbar nutzen, wenn Forschung disziplinenübergreifend, breit und langfristig angelegt wird, so dass *alle* relevanten Faktoren in eine entsprechende Untersuchung eingehen. Das ist nicht nur eine Frage der Finanzierung, sondern auch eine Frage der Personalstärke. Die amerikanische Gesellschaft macht es vor: Schon in den siebziger (Comstock & Rubinstein, 1972) und achtziger Jahren (Milavsky, et al., 1982) wurden große interdisziplinäre Forschungsprogramme zu Mediengewalt von der amerikanischen Regierung aufgelegt. In den neunziger Jahren folgte eine große Studie, die von der Kabelindustrie gefördert wurde (Wilson, et al., 1997). Alle Studien hatten Langzeitcharakter bzw. wurden in regelmäßigen Abständen wiederholt. In Deutschland werden dagegen seltener umfassende Projekte angegangen, diese sind dann auch kaum empirisch, interdisziplinär und langfristig angelegt. Eine solche gemeinsame Forschungsanstrengung unter Beteiligung aller Disziplinen würde auch verhindern, dass sich Einzelne durch die Hervorhebung geringer Unterschiede zu profilieren suchen.

Literatur

Albert, H., Topitsch, E. (1971) (Hg.): *Werturteilsstreit* (= Wege der Forschung, Bd. 175). Darmstadt: Wissenschaftliche Buchgesellschaft.

Anderson, Craig A. (2004): An update on the effects of playing violent video games. In: *Journal of Adolescence* 27, S. 113-122.

Aufenanger, S. (1995): Wie Kinder und Jugendliche Gewalt im Fernsehen verstehen. In: Friedrichsen, M. & Vowe, G. (Hg.): *Gewaltdarstellungen in den Medien/Theorien, Fakten und Analysen*, Opladen: Westdeutscher Verlag, S. 228-234.

Aufenanger, S., Lampert, C. & Vockerodt, Y. (1996): *Lustige Gewalt? Zum Verwechslungsrisiko realer und inszenierter Fernsehgewalt bei Kindern durch humoreske Programmkontexte.* Eine Studie erstellt im Auftrag der Bayerischen Landeszentrale für neue Medien (BLM) und der Hamburgischen Anstalt für neue Medien (HAM), München: BLM-Schriftenreihe, Bd. 38.

Baacke, D. (1999): Die Medienpädagogik – ein McGuffin, Sisyphos, Herkules, oder …? In: JFF – Institut für Medienpädagogik (Hg.): *Von der „Filmerziehung" zur „Medienkompetenz". medien + erziehung (merz) spiegelt die Entwicklung der Medienpädagogik. Beiträge aus vierzig Jahren, ausgewählt und kommentiert von Erwin Schaar.* München: kopaed, S. 219-221.

Baier, D., Rabold, S., Pfeiffer, C. & Windzio, M. (2006): Schülerbefragung 2005: Gewalterfahrungen, Schulabsentismus und Medienkonsum von Kindern und Jugendlichen in Thüringen. Abschlussbericht über eine repräsentative Befragung von Schülerinnen und Schülern der 4. und 9. Jahrgangsstufe. Hannover: KFN.

Berkowitz, L. (1970). *The contagion of violence: An S-R mediational analysis of some effects of observed aggression.* Nebraska Symposium on Motivation, 18, 95 - 135.

Bilandzic, H., Koschel, F. & Scheufele, B. (2001): Theoretisch-heuristische Segmentierung im Prozess der empiriegeleiteten Kategoriebildung. In: Wirth, Werner/Lauf, Edmund (Hrsg.): Inhaltsanalyse. Perspektiven, Probleme, Potentiale. Köln: von Halem, S. 98-116.

Bilandzic, H., & Trapp, B. (2000): Die Methode des lauten Denkens: Grundlagen des Verfahrens und die Anwendung bei der Untersuchung selektiver Fernsehnutzung bei Jugendlichen. In: Paus-Haase, I. & Schorb, B. (Hg.), *Qualitative Kinder- und Jugendmedienforschung.* München: kopaed, S. 183-209.

Biocca, F., David, P., & West, M. (1994): Continuous Response Measurement (CRM) A computerized Tool for Research on the Cognitive Processing of Communication Messages. In: Lang, A. (Hg.): *Measuring Psychological Responses to Media Messages.* Hillsdale (New Jersey), Hove (UK): Lawrence Erlbaum Associates, Publishers, S. 15-64.

Blumer, H. & Hauser, P. M. (1933): *Movies, delinquency, and crime*. New York: Macmillan.

Böhme-Dürr, K. (2003): Medienpsychologie. In: Bentele, G., Brosius, H.-B. & Jarren, O. (Hg.): *Öffentliche Kommunikation. Handbuch Kommunikations- und Medienwissenschaft.* Wiesbaden: Westdeutscher Verlag, S. 283-300.

Bonfadelli, H. (2004): *Medienwirkungsforschung I.* Grundlagen. Konstanz: UVK.

Bonfadelli, H. & Meier, W. (1984): Meta-Forschung in der Publizistikwissenschaft. Zur Problematik der Synthese von empirischer Forschung. In: *RuF* 32, S. 537-550.

Bonß, W. & Hartmann, H. (1985) (Hg.): *Entzauberte Wissenschaft. Soziale Welt.* Sonderband 3. Göttingen: Otto Schwartz & Co.

Bortz, J. & Döring, N. (2006): *Forschungsmethoden und Evaluation für Sozialwissenschaftler*. Berlin, Heidelberg: Springer.

Bourdieu, P. (1998). *Vom Gebrauch der Wissenschaft. Für eine klinische Soziologie des wissenschaftlichen Feldes.* Konstanz: UVK.

Brosius, H.-B. (2003a): Medienwirkung. In: Bentele, G., Brosius, H.-B. & Jarren, O. (Hg.), *Öffentliche Kommunikation. Handbuch Kommunikations- und Medienwissenschaft.* Wiesbaden: Westdeutscher Verlag, S. 128-148.

Brosius, H.-B. (2003b): Kommunikationswissenschaft als empirisch normative Sozialwissenschaft. In H. Richter & H. W. Schmitz (Hrsg.), *Kommunikation - ein Schlüsselbegriff der Humanwissenschaften?* Münster: Nodus Publikationen, S. 401-420.

Brosius, H.-B. (1998): Publizistik- und Kommunikationswissenschaft im Profil. Wer publiziert in "Publizistik" und "Rundfunk und Fernsehen"? *Rundfunk und Fernsehen, 46*, 333-347.

Brosius, H.-B. (1994): Integrations- oder Einheitsfach? Die Publikationsaktivitäten von Autoren der Zeitschriften "Publizistik" und "Rundfunk & Fernsehen" 1983-1992. *Publizistik, 39*, 73-90.

Brosius, H.-B. (1987). Auswirkungen der Rezeption von Horror-Videos auf die Legitimation von aggressiven Handlungen. *Rundfunk und Fernsehen, 35*, 71-91.

Brosius, H.-B. & Esser, F. (1995). *Eskalation durch Berichterstattung. Massenmedien und fremdenfeindliche Gewalt.* Opladen: Westdeutscher Verlag.

Brosius, H.-B. & Bathelt, A. (1994): The utility of exemplars in persuasive communications. *Communication Research, 21*, S. 48-78.

Brosius, H.-B. & Eps, P. (1993): Verändern Schlüsselereignisse journalistische Selektionskriterien? Framing am Beispiel der Berichterstattung über Anschläge gegen Ausländer und Asylanten. In: *Rundfunk und Fernsehen*, 41, S. 512-530.

Brosius, H.-B. & Weimann, G. (1991): The contagiousness of mass mediated terrorism. In: *European Journal of Communication, 6*, S. 63-75.

Brosius, H.-B. & Schmitt, I. (1990): Nervenkitzel oder Gruppendruck? Determinanten für die Beliebtheit von Horrorvideos bei Jugendlichen. In: Lukesch, H. (Hg.): *"Wenn Gewalt zur Unterhaltung wird ..." Beiträge zur Nutzung und Wirkung von Gewaltdarstellungen in audiovisuellen Medien.* Regensburg: Roderer, S. 9-46.

Brown, J. & Witherspoon, E. (2002): The mass media and American adolescents' health. In: *Journal of Adolescent Health*, 31/6, S. 153-170.

Brunn, I. et al. (2007): *Das deutsche Jugendschutzsystem im Bereich der Video- und Computerspiele.* Endbericht, 28.06.2007, www.hans-bredow-institut.de.

Bushman B. & Anderson C. (2001): Media violence and the American public - Scientific facts versus media misinformation. In: *American Psychologist*, 56/6-7, S. 477-489.

Buss, A. H. (1961): *The psychology of aggression.* New York: Wiley.

Cantor, J. & Nathanson, A. (1997): Predictors of children's interest in violent television programs. In: *Journal of Broadcasting & Electronic Media*, 41(2), S. 155-167.

Cantor, J. (2000): Media violence. In: *Journal of Adolescent Health*, 27(2), S. 30-34.

Chalmers, A. F. (1994). *Wege der Wissenschaft. Einführung in die Wissenschaftstheorie.* Berlin: Springer Verlag.

Charlton, M. et al. (1997): *Zugänge zur Mediengewalt: Untersuchungen zu individuellen Strategien der Rezeption von Gewaltdarstellungen im frühen Jugendalter.* Villingen-Schwenningen: LFK-Schriftenreihe, Bd. 7.

Charters, W. W. (1933): *Motion pictures and youth: A summary.* New York: Macmillan.

Comstock, G. A., & Rubinstein, E. A. (1972) (Hg.). Television and social behavior: A technical report to the Surgeon General's Scientific Advisory Committee on Television and Social Behavior. *Vol. 3: Television and adolescent aggressiveness* (DHEW Publication No. HSM 72-9058) (pp. 1-34). Washington, DC: U.S. Government Printing Office.

Dahms, H.-J. (1994): *Positivismusstreit.* Frankfurt: Suhrkamp.

Dale, E. (1935): *The content of motion pictures.* New York: MacMillan.

Diekmann, A. (2006): *Empirische Sozialforschung.* Reinbek: Rowohlt Taschenbuch.

Dolle-Weinkauff, B., Ewers, H.-H. & Jaekel, R. (2007) (Hg.): *Gewalt in aktuellen Kinder- und Jugendmedien. Von der Verherrlichung bis zur Ächtung eines gesellschaftlichen Phänomens.* Weinheim: Juventa.

Donsbach, W., Laub, T., Haas, A. & Brosius, H.-B. (2005). Anpassungsprozesse in der Kommunikationswissenschaft. Themen und Herkunft der Forschung in den Fachzeitschriften „Publizistik" und „Medien & Kommunikationswissenschaft". *Medien & Kommunikationswissenschaft, 53*, S. 46-72.

Dunwoody, S. & Ryan, M. (1987): The Credible Scientific Source. In: *Journalism Quarterly*, 64(1); S. 21-27

Dysinger, W. S. & Ruckmick, C. A. (1933*): The emotional responses of children to the motion picture situation.* New York: Macmillan.

Eisermann, J. (2001): Mediengewalt. Die gesellschaftliche Kontrolle von Gewaltdarstellungen im Fernsehen. Opladen: Westdeutscher Verlag.

Eron, L. D. (1995): Media Violence. In*: Pediatric Annals*, 24(2), S. 84-87.

Eron, L. D., Huesmann, L. R., Lefkowitz, M. M., & Walder, L. D. (1972): Does television violence cause aggression? *American Psychologist, 27*, S. 253-263.

Esser, F., Scheufele, B. & Brosius, H.-B. (2002). *Fremdenfeindlichkeit als Medienthema und Medienwirkung*. Wiesbaden: Westdeutscher Verlag.

Fahr, Andreas (2006): *Fernsehen fühlen. Ein Ansatz zur Messung von Rezeptionsemotionen.* In: Wirth, W., Schramm, H. & Gehrau, V. (Hg.), Unterhaltung durch Medien: Theorien und Messung. Köln: von Halem, S. 204-226.

Flick, U. (2004): Triangulation. Eine Einführung. Opladen: VS Verlag 2004.

Friedman, H. L., & Johnson, R. L. (1972): Mass media use and aggression: A pilot study. In G. A. Comstock & E. A. Rubinstein (Hg.), *Television and social behavior: Vol 3. Television and adolescent aggressiveness*. Washington D.C.: U.S. Government Printing Office, S. 336-360.

Friedrichs, J. (1977): Methoden empirischer Sozialforschung. Reinbek: Rowohlt.

Friedrichsen, M. & Vowe, G. (1995) (Hg.): *Gewaltdarstellungen in den Medien/Theorien, Fakten und Analysen*, Opladen: Westdeutscher Verlag, S. 292-332.

Friedrichsen, M. & Jenzowsky, S. (1995): Methoden und Methodologie: Ein Vergleich ausgewählter Studien der 90er Jahre zur Gewalt in den Medien. In: Friedrichsen, M. & Vowe, G. (Hg.): *Gewaltdarstellungen in den Medien/Theorien, Fakten und Analysen*, Opladen: Westdeutscher Verlag, S. 292-332.

Friedrichsen, M. (1995): Grundlagen und Perspektiven der Gewalt-in-den-Medien-Forschung. In: Friedrichsen, M. & Vowe, G. (Hg.): *Gewaltdarstellungen in den Medien/ Theorien, Fakten und Analysen*, Opladen: Westdeutscher Verlag, S. 397-415.

Früh, H. & Brosius, H.-B. (in Druck): Gewalt und Medien. In: Batinic, B. & Appel, M. (Hg.). *Medienpsychologie.* Berlin: Springer.

Früh, W. (2001): *Gewaltpotentiale des Fernsehangebots. Programmangebot und Zielgruppenspezifische Interpretation.* Wiesbaden: Westdeutscher Verlag.

Funk, J. B. & Buchman D. (1996): Playing violent video and computer games and adolescent self-concept. In: *Journal of Communication*, 46(2), S. 19-32.

Gerbner, G., & Gross, L. (1976): Living with Television: The Violence Profile. *Journal of Communication, 26*, S. 173-199.

Glaser, B. G. & Strauss, A. L. (1967): *The discovery of grounded theory. Strategies for qualitative research.* Chicago: Aldine.

Gleich, U. (1995): Das Angebot von Gewaltdarstellungen im Fernsehen. In: Friedrichsen, M. & Vowe, G. (Hg.): *Gewaltdarstellungen in den Medien/Theorien, Fakten und Analysen*, Opladen: Westdeutscher Verlag, S. 145-165.

Gleich,U. (2004): Medien und Gewalt. In: Mangold, R., Vorderer, P. & Bente, G. (Hg.): *Lehrbuch der Medienpsychologie*. Göttingen: Hogrefe, S.587 –618.

Glogauer, W. (1990): Fallbeispiele medieninduzierter Delinquenz. In: Lukesch, H. (Hg.): *"Wenn Gewalt zur Unterhaltung wird ...". Beiträge zur Nutzung und Wirkung von Gewaltdarstellungen in audiovisuellen Medien*. Regensburg: Roderer, S. 149-159.

Glogauer, W. (1994): *Kriminalisierung von Kindern und Jugendlichen durch Medien.* Baden-Baden: Nomos.

Glogauer, W. (1996). Auswirkungen von Gewalt, sexuellen Darstellungen und Pornographie in den Medien auf Kinder und Jugendliche. In: Der Bundesminister des Innern (Hg.): *Medien und Gewalt. Texte zur Inneren Sicherheit*. Bonn.

Goodell, R. (1977): *The Visible Scientist.* Boston u.a.: Little, Brown and Company.
Grams, S. (1995): Die Landesmedienanstalten in der Pflicht? In: Friedrichsen, M. & Vowe, G. (Hg.): *Gewaltdarstellungen in den Medien/Theorien, Fakten und Analysen*, Opladen: Westdeutscher Verlag, S. 368-380.
Grimm, J. (1994): *Kinder, Jugend und Medien. Ausgewählte Studien zum internationalen Forschungsstand mit einigen Schlussfolgerungen für den Jugendschutz*, Kiel: ULR-Schriftenreihe Themen - Thesen - Theorien, Bd. 2.
Grimm, J. (1999): *Fernsehgewalt. Zuwendungsattraktivität – Erregungsverläufe – sozialer Effekt.* Opladen: Westdeutscher Verlag.
Grimm, P. & Rhein, S. (2007): *Slapping, Bullying, Sniffing! Zur Problematik von gewalthaltigen und pornografischen Videoclips auf Mobiltelefonen von Jugendlichen.* Berlin: Vistas.
Grimm, P., Kirste, K. & Weiss, J. (2005): *Gewalt zwischen Fakten und Fiktionen. Eine Untersuchung von Gewaltdarstellungen im Fernsehen unter besonderer Berücksichtigung ihres Realitäts- bzw. Fiktionalitätsgrades*, Berlin: NLM-Schriftenreihe, Bd. 18.
Groebel, J., & Gleich, U. (1993): *Gewaltprofil des deutschen Fernsehprogramms.* Opladen: Leske & Budrich.
Gunter, B. (1994): The question of media violence. In: Bryant, J. & Zillmann, D. (Hg.), *Media effects.* Hillsdale: Erlbaum, S. 163-212.
Gunter, B. (1985): *Dimensions of television violence.* Aldershot: Gower Publishing.
Gunter, B., Furnham, A. & Pappa, E. (2005): Effects of television violence on memory for violent and non-violent advertising. In: *Journal of Applied Social Psychology*, 35(8), S. 1680-1697.
Gunter, B., & Wober, M. (1988): *Violence on television. What the viewers think.* London: John Libbey.
Hagen, L. M. (1992): Die opportunen Zeugen. Konstruktionsmechanismen von Bias in der Zeitungsberichterstattung über die Volkszählungsdiskussion. *Publizistik*, 37, S. 444-460.
Hasebrink, U. (1995): Zur Nutzung action- und gewaltorientierter Fernsehangebote. In: Friedrichsen, M. & Vowe, G. (Hg.): *Gewaltdarstellungen in den Medien/Theorien, Fakten und Analysen*, Opladen: Westdeutscher Verlag, S. 194-227.
Hearold, S. (1986): A synthesis of 1043 effects of television on social behaviour. In: *Public Communication and Behavior*, 1, S. 65-133.
Heintz, B. (1993): Wissenschaft im Kontext. Neuere Entwicklungstendenzen der Wissenschaftssoziologie. In: *Kölner Zeitschrift für Soziologie und Sozialpsychologie* 45, S. 528-552.
Hilgartner, S. (1990): The Dominant View of Popularization: Conceptual Problems, Political Uses. In: *Social Studies of Science,* 20, S. 519-539.
Huesmann, L. R. et al. (2003): Longitudinal relations between children's exposure to TV violence and their aggressive and violent behavior in young adulthood: 1977-1992. In: *Developmental Psychology* 39, S. 201-221.
Johnson, J. G. et al. (2002): Television viewing and aggressive behavior during adolescence and adulthood. In: *Science* 295, S. 2468-2471.
Joch-Robinson, G. (1973): Fünfundzwanzig Jahre "Gatekeeper"-Forschung. In: Aufermann, J.; Bohrmann, H.; Sülzer, R. (Hg.): *Gesellschaftliche Kommunikation und Information. Forschungsrichtungen und Problemstellungen. Ein Arbeitsbuch zur Massenkommunikation*. Band 1. Frankfurt: Fischer, S. 344-355.
Kaesler, D. (1984): *Die frühe deutsche Soziologie und ihre Entstehungsmilieus. Eine wissenschaftssoziologische Untersuchung.* Opladen: Westdeutscher Verlag.
Kaesler, D. (2002) (Hg.): *Klassiker der Soziologie.* 2. Bände. München: Beck.
Katz, E. & Lazarsfeld, P. F. (1955): *Personal influence. The part played by people in the flow of mass communication.* New York: The Free Press of Glencoe.
Kempter, G., & Bente, G. (2004).: Psychophysiologische Wirkungsforschung: Grundlagen und Anwendungen. In: Mangold, R., Vorderer, P. & Bente, G. (Hg.), *Handbuch der Medienpsychologie.* Göttingen: Hogrefe, S. 272-292.

Kepplinger, H. M. (1989): Theorien der Nachrichtenauswahl als Theorien der Realität. *Aus Politik und Zeitgeschichte. Beilage zur Wochenzeitung Das* Parlament B 15/89, 7. April 1989, S. 3-16.

Kepplinger, H. M. & Habermeier, J. (1995). The impact of key events on the presentation of reality. *European Journal of Communication, 10*, 371-390.

Kirsh, S., Olczak, P. & Mounts J. (2005): Violent video games induce an affect processing bias. In: *Media Psychology*, 7(3), S. 239-250.

Klapper, J. T. (1960). *The effects of mass communication*. New York: The Free Press.

Klimmt, C. & Trepte, S. (2003): Theoretisch-methodische Desiderata der medienpsychologischen Forschung über die aggressionsfördernde Wirkung gewalthaltiger Computer- und Videospiele. In: *Zeitschrift für Medienpsychologie* 15, S. 114-121.

Knorr-Cetina, K. (1984): *Die Fabrikation von Erkenntnis*. Frankfurt/Main: Suhrkamp

Kohring, M. (2005): *Wissenschaftsjournalismus. Forschungsüberblick und Theorieentwurf.* Konstanz: UVK.

Krcmar, M. & Greene, K. (1999): Predicting exposure to and uses of television violence. In: *Journal of Communication*. 49(3), S. 24-45.

Kriependorf, S. & Brosius, H.-B. (2007): Ist das Katharsis-Konzept in der Medienwirkungsforschung tatsächlich widerlegt? Unveröffentlichtes Manuskript.

Kriz, J. (1985): Die Wirklichkeit empirischer Sozialforschung. Aspekte einer Theorie sozialwissenschaftlicher Forschungsartefakte. In: Bonß, W. & Hartmann, H. (Hg.): *Entzauberte Wissenschaft. Soziale Welt*, Sonderband 3. Göttingen: Otto Schwartz & Co, S. 77-89.

Kromrey, H. (2002): *Empirische Sozialforschung*. 10. Auflage. Opladen: Leske + Budrich.

Krüger, U. M. (1994): Programmanalyse 1993 von ARD, ZDF, SAT.1 und RTL. Stabile Strukturen bei steigender Programmdynamik. In: *Media Perspektiven* 3, S. 111-124.

Krüger, U. M. (1996): Gewalt in von Kindern genutzten Fernsehsendungen. *Media Perspektiven, 3*, S. 114-133.

Kübler, H.-D. (1995): Mediengewalt: Sozialer Ernstfall oder medienpolitischer Spielball? Ein Dauerthema im Interessenclinch zwischen Politik, Kommerz und Wissenschaft. In: Friedrichsen, M. & Vowe, G. (Hg.): *Gewaltdarstellungen in den Medien/Theorien, Fakten und Analysen*, Opladen: Westdeutscher Verlag, S. 69-108.

Kuhn. T. S. (1973). *Die Struktur wissenschaftlicher Revolutionen*. 2. Auflage. Frankfurt/ Main: Suhrkamp.

Kunczik, M. (2002). *Public Relations. Konzepte und Theorien*. Köln: Böhlau.

Kunczik, M. (2001). Dr. Fox lebt oder warum laut Lothar Rolke Public Relations gesellschaftlich erwünscht sind: „If you can't convince them, confuse them." *Publizistik, 46,* 425-437.

Kunczik, M. (1995): Wirkungen von Gewaltdarstellungen. Zum aktuellen Stand der Diskussion. In: Friedrichsen, M. & Vowe, G. (Hg.): *Gewaltdarstellungen in den Medien/ Theorien, Fakten und Analysen*, Opladen: Westdeutscher Verlag, S. 125-144.

Kunczik, M. & Zipfel, A. (2004): Medien und Gewalt. Befunde der Forschung seit 1998. Bundesministerium für Familie, Senioren, Frauen und Jugend. Berlin: BMFSFJ, PDF-Version (2,2 MB), www.bmfsfj.de (Zugriff: 30.11.2007)

Kunczik, M., & Zipfel, A. (2006). *Gewalt und Medien. Ein Studienhandbuch.* Köln: Böhlau.

Kunczik, M, Bleh, W. & Maritzen, S. (1993): Audiovisuelle Gewalt und ihre Auswirkungen auf Kinder und Jugendliche. Eine schriftliche Befragung klinischer Psychologen und Psychiater. In: *Medienpsychologie* 5, S. 3-19.

Ladas, Manuel (2003): Brutale Spiele(r)? Eine Befragung von 2141 Computerspielern zu Wirkung und Nutzung von Gewalt. In: Rötzer, Florian (Hg.): *Virtuelle Welten – reale Gewalt.* Hannover: Verlag Heinz Heise, S. 26-35.

Lamnek, Siegfried (2005): Qualitative Sozialforschung. Lehrbuch. Weinheim: Beltz Psychologie Verlags Union.

Lamnek, S. (1995). Gewalt in den Massenmedien und Gewalt von Schülern. In: Ders. (Hg.), *Jugend und Gewalt* (pp. 225 - 256). Opladen: Westdeutscher Verlag.

Lang, A. (1994). What Can the Heart Tell Us About Thinking? In A. Lang (Ed.), *Measuring Psychological Responses to Media Messages* (pp. 99-111). Hillsdale (New Jersey), Hove (UK): Lawrence Erlbaum Associates, Publishers.

Lasswell, H. (1948): The Structure and Functiuon of Communication in Society. In: Bryson, L. (Hg.): The Communication of Ideas. New York: Harper and Row, S. 37-51.

Lazarsfeld, P. F., Berelson, B. & Gaudet, H. (1944): *The People's Choice*. New York: Columbia University Press.

Listermann, T. (2007): Biotechnology in Press and Public. An International Study of Press Coverage about Biotechnology and its Relationship to Public Opinion. Dresden: TUDpress.

Löffelholz, M. & Quandt. T. (2003) (Hg.): Die neue Kommunikationswissenschaft. Theorien, Themen und Berufsfelder im Internet-Zeitalter. Eine Einführung. Wiesbaden: Westdeutscher Verlag.

Lukesch, H. (1990): Gewaltwirkungsforschung und Medienpädagogik. Anmerkungen zu sechs Thesen Helga Theunerts über „Erfordernisse und Perspektiven einer pädagogisch relevanten Gewaltwirkungsforschung". In: Lukesch, H. (Hg.): *"Wenn Gewalt zur Unterhaltung wird ...". Beiträge zur Nutzung und Wirkung von Gewaltdarstellungen in audiovisuellen Medien*. Regensburg: Roderer, S. 161-172.

Luhmann, N. (1990): *Die Wissenschaft der Gesellschaft*. Frankfurt: Suhrkamp.

Mangold, R., Vorderer, P. & Bente, G. (2004) (Hg.): *Lehrbuch der Medienpsychologie*. Göttingen: Hogrefe.

Matthes, J. (1985): Die Soziologen und ihre Wirklichkeit. Anmerkungen zum Wirklichkeitsverhältnis der Soziologie. In: Bonß, W. & Hartmann, H. (Hg.): *Entzauberte Wissenschaft. Soziale Welt*, Sonderband 3. Göttingen: Otto Schwartz & Co, S. 49-64.

Mayntz, R. (1985): Über den begrenzten Nutzen methodologischer Regeln in der Sozialforschung. In: Bonß, W. & Hartmann, H. (Hg.): *Entzauberte Wissenschaft. Soziale Welt,* Sonderband 3. Göttingen: Otto Schwartz & Co, S. 65-76.

Mayring, Philipp (2007a): Qualitative Inhaltsanalyse. Grundlagen und Techniken. Weinheim, Basel: Beltz.

Mayring, P. (2007b): Generalisierung in qualitativer Forschung [23 Absätze]. *Forum Qualitative Sozialforschung / Forum: Qualitative Social Research*, *8*/3, Art. 26, http://www.qualitative-research.net/fqs-texte/3-07/07-3-26-d.htm (Zugriff: 30. 11. 2007).

Mayring, Philipp (2002): Einführung in die qualitative Sozialforschung. Weinheim, Basel: Beltz.

Merten, K. (1993). *Darstellung von Gewalt im Fernsehen*. Münster: COMDAT Forschungsbericht.

Merten, K. (1994). *Konvergenz der deutschen Fernsehprogramme. Eine Langzeituntersuchung 1980-1993*. Münster: Lit.

Merten, K. (1999): *Gewalt durch Gewalt im Fernsehen*. Opladen: Westdeutscher Verlag.

Merten, K., Schmidt, S. J. & Weischenberg, S. (1994): *Die Wirklichkeit der Medien. Eine Einführung in die Kommunikationswissenschaft*. Opladen: Westdeutscher Verlag

Merton, R. K. (1972): Wissenschaft und demokratische Sozialstruktur, in: Weingart, P. (Hg.): *Wissenschaftssoziologie I. Wissenschaftliche Entwicklung als sozialer Prozess*. Frankfurt: Fischer, S. 45–59.

Merton, R. K. (1968): The Matthew Effect in Science. The reward and communication systems of science are considered. In: *Science,* Vol. 159, Nr. 3810, S. 56–63.

Meyen, M. (2004). Wer wird Professor für Kommunikationswissenschaft und Journalistik? Ein Beitrag zur Entwicklung einer Wissenschaftsdisziplin in Deutschland. In: *Publizistik*, 49, S. 194–206.

Meyen, M. & Schwer, K. (in Druck): Zur Geschichte des Verhältnisses von quantitativen und qualitativen Methoden. In: Daschmann, G., Fahr, A. & Scholl, A. (Hg.): *Zählen oder Verstehen? Zur aktuellen Diskussion um die Verwendung quantitativer und qualitativer Methoden in der empirischen Kommunikationswissenschaft*. Köln: von Halem.

Meyen, M. & Löblich, M. (2004): *80 Jahre Zeitungs- und Kommunikationswissenschaft in München. Bausteine zu einer Institutsgeschichte*. Köln: von Halem.

Meyen, M. & Löblich, M. (2006): *Klassiker der Kommunikationswissenschaft. Fach- und Theoriegeschichte in Deutschland.* Konstanz: UVK.

Mikos, L. (1995): Zur Faszination von Action- und Horrorfilmen. In: Friedrichsen, M. & Vowe, G. (Hg.): *Gewaltdarstellungen in den Medien/Theorien, Fakten und Analysen*, Opladen: Westdeutscher Verlag, S. 166-193.

Milavsky, J. R., Kessler, R., Stipp, H., Rubens, W. S., Pearl, D., Bouthilet, L., & Lazar, J. (1982) (Hg.): Television and behavior: Ten years of scientific progress and implications for the eighties. *Vol. 2: Technical reviews* (DHHS Publication No. ADM 82-1196). Washington, DC: U.S. Government Printing Office.

National Television Violence Study (NTVS), Vol. 3. Thousand Oaks, CA 1998.

Neumann-Braun, K. & Mikos, L. (2005): *Videoclips und Musikfernsehen. Eine problemorientierte Kommentierung der aktuellen Forschungsliteratur.* Berlin: Vistas.

Paik, H. & Comstock, G. (1994): The effects of television violence on antisocial behavior: a meta-analysis. In: *Communication Research*, 21, 516-546.

Peiser, W., Hastall, M. & Donsbach, W. (2003): Zur Lage der Kommunikationswissenschaft und ihrer Fachgesellschaft. Ergebnisse der DGPuK-Mitgliederbefragung 2003. In: *Publizistik*, 48(3), S. 311-339.

Peters, B. (1994a): Öffentlichkeitselite" – Bedingungen und Bedeutungen von Prominenz. In: Neidhardt, Friedrich (Hg.): Öffentlichkeit, Öffentliche Meinung, Soziale Bewegungen. Sonderband der KzfSS, S. 191-213.

Peters, H. P. (1994b): Wissenschaftliche Experten in der öffentlichen Kommunikation über Technik, Umwelt und Risiken. In: Neidhardt, Friedrich (Hg.): Öffentlichkeit, Öffentliche Meinung, Soziale Bewegungen. Sonderband der KzfSS. Opladen. Westdeutscher Verlag, S. 162-190.

Popper, K. R. (1973). *Objektive Erkenntnis. Ein evolutionärer Entwurf.* Hamburg: Hoffmann und Campe.

Potter, W. J. & Smith, S. (2000): The context of graphic portrayals of television violence. In: *Journal of Broadcasting & Electronic Media*, 44/2, S. 301-323.

Potter, W. J. (1997): The problem of indexing risk of viewing television aggression. *In: Critical Studies in Mass Communication*, 14/3, S. 228-248.

Potter, W. J. (1999): *On media violence*. Thousand Oaks: Sage.

Potter, W. J. (2003*): The 11 myths of media violence*. Thousand Oaks: Sage.

Ravaja, N. (2004). Contributions of Psychophysiology to Media Research: Review and Recommendations. *Media Psychology, 6*, 193-235.

Ruhrmann, G., et al. (2000). Im Osten was Neues? Ein Beitrag zur Standortbestimmung der Kommunikations- und Medienwissenschaft. *Publizistik* 45, 283-309.

Sarcinelli, U. (1987): *Symbolische Politik. Zur Bedeutung symbolischen Handelns in der Wahlkampfkommunikation der Bundesrepublik Deutschland.* Opladen: Westdeutscher Verlag.

Saxer, U. (1995): Von wissenschaftlichen Gegenständen und Disziplinen und den Kardinalsünden der Zeitungs-, Publizistik-, Medien-, und Kommunikationswissenschaft. In: Schneider, B., Reumann, K. & Schiwy, P. (Hg.): *Beiträge zur Medienentwicklung. Festschrift für Walter J. Schütz*. Konstanz: UVK, S. 39-55.

Schabedoth, E. (1995): Inhalt: Gewalt – Ein Fazit der Erforschung „gewaltiger" Medieninhalte. In: Friedrichsen, M. & Vowe, G. (Hg.): *Gewaltdarstellungen in den Medien/ Theorien, Fakten und Analysen,* Opladen: Westdeutscher Verlag, S. 392-396.

Scharrer, E. (2001): Men, muscles, and machismo: The relationship between television violence exposure and aggression and hostility in the presence of hypermasculinity. In: *Media Psychology*, 3/2, S. 159-188.

Schenk, M. (2002): Medienwirkungsforschung. Tübingen: Mohr Siebeck.

Scheungrab, M. (1990): Die Abbildung von Beziehungen zwischen Medienkonsum und Delinquenz im Rahmen kausalanalytischer Modelle. In: Lukesch, H. (Hg.): *"Wenn Gewalt zur Unterhaltung wird ...". Beiträge zur Nutzung und Wirkung von Gewaltdarstellungen in audiovisuellen Medien*. Regensburg: Roderer, S. 119-148.

Scholl, A. (2002): *Systemtheorie und Konstruktivismus in der Kommunikationswissenschaft*. Konstanz: UVK.

Schorb, B. (2003): Medienpädagogik. In: Bentele, G., Brosius, H.-B. & Jarren, O. (Hg.): *Öffentliche Kommunikation. Handbuch Kommunikations- und Medienwissenschaft.* Wiesbaden: Westdeutscher Verlag, S. 301-312.

Schorb, B. (1995): Medienalltag und Handeln. Medienpädagogik in Geschichte, Forschung und Praxis. Opladen: Leske + Budrich.

Schorb, B. & Anfang, G. (1990): *Was machen "Airwolf" und "Knight Rider" mit ihren jugendlichen Zuschauern? Eine Untersuchung zweier Fernsehserien und ihrer Beurteilung durch Jugendliche*. DLM-Schriftenreihe, Bd. 1.

Schorb, B. & Hartung, A. (2003): *Gewalt im Radio. Eine Untersuchung zur Wahrnehmung, Bewertung und Verarbeitung von Unterhaltung im Hörfunk durch 9- bis 16-Jährige,* Berlin: Schriftenreihe der Arbeitsgemeinschaft der mitteldeutschen Landesmedienanstalten (AML), Bd. 2.

Schulz, W. (1995): Die Akzeptanz und Beurteilung von Gewalt als Mittel politischer Auseinandersetzung im europäischen Vergleich. In: Friedrichsen, M. & Vowe, G. (Hg.): *Gewaltdarstellungen in den Medien/Theorien, Fakten und Analysen,* Opladen: Westdeutscher Verlag, S. 42-68.

Schwind, H.-D. et al. (1994): *Ursache, Prävention und Kontrolle von Gewalt. Analysen und Vorschläge der Unabhängigen Regierungskommission zur Verhinderung und Bekämpfung von Gewalt (Gewaltkommission)*, Berlin: Duncker & Humblot, 4 Bände.

Shapiro, M. A. (1994): Think-Aloud and Thought-List Procedures in Investigating Mental Processes. In: Lang, A. (Hg.), *Measuring Psychological Responses To Media.* Hillsdale, NJ: Erlbaum, S. 1-14.

Sherry, J. (2004): Media effects theory and the nature/nurture debate: A historical overview and directions for future research. In: *Media Psychology*, 6(1), S. 83-109.

Slater, M. (2003): Alienation, aggression, and sensation seeking as predictors of adolescent use of violent film, computer, and website content. In: *Journal of Communication*, 53(1), S. 105-121.

Slater, M. D., et al. (2003): Violent media content and aggressiveness in adolescents. A downward spiral model. In: *Communication Research* 30, S. 713-736.

Staab, J. (1990). *Nachrichtenwert-Theorie. Formale Struktur und empirischer Gehalt.* Freiburg: Alber.

Theunert, H. & Schorb, B. (1995): *"Mordsbilder": Kinder und Fernsehinformation. Eine Untersuchung zum Umgang von Kindern mit realen Gewaltdarstellungen in Nachrichten und Reality-TV,* Berlin: HAM-Schriftenreihe, Bd. 13.

Theunert, H. et al. (1992): Zwischen Vergnügen und Angst - Fernsehen im Alltag von Kindern. Eine Untersuchung zur Wahrnehmung und Verarbeitung von Fernsehinhalten durch Kinder aus unterschiedlichen soziokulturellen Milieus in Hamburg, Berlin: HAM-Schriftenreihe, Bd. 5.

Trepte, S. (2004): Zur Geschichte der Medienpsychologie. In: Mangold, R., Vorderer, P. & Bente, G. (Hg.): *Lehrbuch der Medienpsychologie.* Göttingen: Hogrefe.

Trepte, S. (1999): Forschungsstand der Medienpsychologie. In: *Medienpsychologie*, 11(3), S. 200-218.

Treumann, Klaus Peter (2005): Triangulation. In: Mikos, Lothar/Wegener, Claudia (Hrsg.): Qualitative Methoden. Ein Handbuch. Konstanz: UVK, S. 209-221.

Tulodziecki, G. (2005): Zur Situation der Medienpädagogik in der Bundesrepublik Deutschland. In: Moser, H. (Hg.) Media Education: Stand der Medienpädagogik im internationalen Raum (2005/2006). *Medienpädagogik*, Themenheft 11.

Valkenburg, P., Cantor, J. & Peeters, A. (2000): Fright reactions to television - A child survey. In: *Communication Research*, 27(1), S. 82-99.

Vitouch, P. (1993): *Fernsehen und Angstbewältigung. Zur Typologie des Zuschauerverhaltens.* Opladen: Westdeutscher Verlag.

Vollbrecht, R. (1995): Jugendkulturelle Szenen und ihre Medien. In: Friedrichsen, M. & Vowe, G. (Hg.): *Gewaltdarstellungen in den Medien/Theorien, Fakten und Analysen*, Opladen: Westdeutscher Verlag, S. 109-124.

Vollmer, G. (1993). *Wissenschaftstheorie im Einsatz. Beiträge einer selbstkritischen Wissenschaftsphilosophie.* Stuttgart: Hirzel.

Volpers, H. (Hg.) (2004): *Funktionsweise des Internets und sein Gefährdungspotenzial für Kinder und Jugendliche. Ein Handbuch zur Medienkompetenzvermittlung*, Berlin: NLM-Schriftenreihe, Bd. 17.

Vorderer, P. (2005): Amerika als kommunikationswissenschaftliches Paradies: Nur ein Mythos? In: Rössler, P. & Krotz, F. (Hg.): *Mythen der Mediengesellschaft – The Media Society and its Myths.* Konstanz: UVK, S. 289-299.

Vorderer, P. Klimmt, C. & Hartmann, T. (2006): Interdisziplinarität. In: Holtz-Bacha, C. et al. (Hg.): *50 Jahre Publizistik.* Publizistik Sonderheft 5, 2005/06, S. 301-316.

Vowe, G. & Friedrichsen, M. (1995): Wie gewaltig sind die Medien? Ein Plädoyer für differenzierte Antworten. In: Friedrichsen, M. & Vowe, G. (Hg.): *Gewaltdarstellungen in den Medien/Theorien, Fakten und Analysen*, Opladen: Westdeutscher Verlag, S. 7-16.

Walsh, D. & Gentile D. (2001): Validity test of movie, television, and video-game ratings. In: *Pediatrics,* 107(6), S. 1302-1308.

Weingart, P. (1976): *Wissensproduktion und soziale Struktur*. Frankfurt/Main: Suhrkamp.

Weingart, P. (2003): *Wissenschaftssoziologie*. Bielefeld: transcript.

Weingart, P. Pansegrau, P. (1998): Reputation in der Wissenschaft und Prominenz in den Medien. In: *Rundfunk und Fernsehen*, 46, 193-208.

Weingart, P. (2001): *Die Stunde der Wahrheit? Zum Verhältnis der Wissenschaft zu Politik, Wirtschaft und Medien in der Wissensgesellschaft*. Weilerswirst: Velbrück Wissenschaft.

Weimann, G. & Brosius, H.-B. (1989): The predictability of international terrorism: A time-series analysis. *Terrorism*, *11*, S. 491-502.

Weiss, R. (1990): Horror-Gewalt-Video-Konsum bei Jugendlichen. Gefühlsreaktionen – Persönlichkeit – Identifikation Täter/Opfer. In: Lukesch, H. (Hg.): *"Wenn Gewalt zur Unterhaltung wird ...". Beiträge zur Nutzung und Wirkung von Gewaltdarstellungen in audiovisuellen Medien*. Regensburg: Roderer, S. 47-91.

Wilson, B. J., et al. (2002): Violence in children's television programming: Assessing the risks. In: *Journal of Communication*, 52(19, S. 5-35.

Wilson, B. J., et al. (1997): *National Television Violence Study, Part I: Violence in television programming overall*: University of California, Santa Barbara Study. Thousand Oaks: Sage.

Winterhoff-Spurk, P. (2001): Kassensturz – Zur Lage der Medienpsychologie. In: *Zeitschrift für Medienpsychologie*, 13(1), S. 3-10.

Winterhoff-Spurk, P. (1999): *Medienpsychologie*. Stuttgart: Kohlhammer.

Winterhoff-Spurk, P. (1998): Psychologie und Medienpsychologie – Perspektiven einer langen Freundschaft? In: *Medienpsychologie,* 10(4), S. 231-240.

Wood, W., Wong, F.Y. & Chachere, J.G. (1991): Effects of media violence on viewers aggression in unconstrained social interactions. In: *Psychological Bulletin*, 109, S. 371-383.

Wulff, H.-J. (1995): Gewaltdebatten als naive Pädagogik: Eine Polemik zur Gewaltdiskussion. In: Friedrichsen, M. & Vowe, G. (Hg.): *Gewaltdarstellungen in den Medien/ Theorien, Fakten und Analysen, Opladen*: Westdeutscher Verlag, S. 381-391.

Zeitter, E., Kapp, F. & Scheltwort, P. (1997): *Die "Sprache der Gewalt" und ihre Wirkungen. Ansätze zur Analyse der Wirkung formaler Darstellungsformen von Gewalt in Fernsehsendungen auf Kinder im Alter von 8 bis 11 Jahren*, Villingen-Schwenningen: LFK-Schriftenreihe, Bd. 6.

Zillmann, D. & Weaver J. (1999): Effects of prolonged exposure to gratuitous media violence on provoked and unprovoked hostile behavior. In: *Journal of Applied Social Psychology*, 29(1), S. 145-165.

Gesetze, Satzungen und Positionspapiere

DFG (1998): *Empfehlungen der Kommission „Selbstkontrolle der Wissenschaft" – Vorschläge zur Sicherung guter wissenschaftlicher Praxis.* Online-Dokument, www.dfg.de (Zugriff: 30.11.2007)

FGM (2003): *Curriculum Medienpsychologie.* Online-Dokument : www.fg-medienpsychologie.de (Zugriff: 30.11.2007).

Gesetz über die Entwicklung, Förderung und Veranstaltung privater Rundfunkangebote und anderer Mediendienste in Bayern (Bayerisches Mediengesetz - BayMG). Fassung vom 22. Oktober 2003 (GVBl S. 799, BayRS 2251-4-S), geändert durch Gesetz vom 11. Dezember 2006 (GVBl S. 1008)

Landesmediengesetz Rheinland-Pfalz (LMG) vom 04. Februar 2005 (GVBl. S. 23)

Richtlinien der LMU München (2002):Vorschläge zur Sicherung guter wissenschaftlicher Praxis, Online-Dokument: www.lmu.de. (Zugriff: 30.11.2007)

Rundfunkstaatsvertrag (RStV) vom 31. August 1991, zuletzt geändert durch den achten Rundfunkänderungsstaatsvertrag vom 08. bis 15. Oktober 2004.

Selbstverständnisausschuss der DGPuK (2001): *Die Mediengesellschaft und ihre Wissenschaft. Herausforderungen für die Kommunikations- und Medienwissenschaft als akademische Disziplin.* Online-Dokument: www.dgpuk.de (Zugriff: 30.11.2007)

Staatsvertrag über den Schutz der Menschenwürde und den Jugendschutz in Rundfunk und Telemedien (Jugendmedienschutz-Staatsvertrag - JMStV), Stand: Dezember 2003.

Anhang

Literatur der Stichprobe

Aufenanger, S., Lampert, C. & Vockerodt, Y. (1996): *Lustige Gewalt? Zum Verwechslungsrisiko realer und inszenierter Fernsehgewalt bei Kindern durch humoreske Programmkontexte.* Eine Studie erstellt im Auftrag der Bayerischen Landeszentrale für neue Medien (BLM) und der Hamburgischen Anstalt für neue Medien (HAM), München: BLM-Schriftenreihe, Bd. 38.

Aufenanger, S. (1995): Wie Kinder und Jugendliche Gewalt im Fernsehen verstehen. In: Friedrichsen, M. & Vowe, G. (Hg.): *Gewaltdarstellungen in den Medien/Theorien, Fakten und Analysen*, Opladen: Westdeutscher Verlag, S. 228-234.

Brosius, H.-B. & Schmitt, I. (1990): Nervenkitzel oder Gruppendruck? Determinanten für die Beliebtheit von Horrorvideos bei Jugendlichen. In: Lukesch, H. (Hg.): *"Wenn Gewalt zur Unterhaltung wird ...". Beiträge zur Nutzung und Wirkung von Gewaltdarstellungen in audiovisuellen Medien.* Regensburg: Roderer, S. 9-46.

Brown, J. & Witherspoon, E. (2002): The mass media and American adolescents' health. In: *Journal of Adolescent Health*, 31/6, S. 153-170.

Bushman, B. & Anderson, C. (2001): Media violence and the American public - Scientific facts versus media misinformation. In: *American Psychologist*, 56/6-7, S. 477-489.

Cantor, J. & Nathanson, A. (1997): Predictors of children's interest in violent television programs. In: *Journal of Broadcasting & Electronic Media*, 41/2, S. 155-167.

Cantor, J. (2000): Media violence. In: *Journal of Adolescent Health*, 27/2, S. 30-34.

Eron, L. (1995): Media Violence. In: *Pediatric Annals*, 24/2, S. 84-87.

Friedrichsen, M. & Vowe, G. (1995) (Hg.): *Gewaltdarstellungen in den Medien/Theorien, Fakten und Analysen*, Opladen: Westdeutscher Verlag, S. 292-332.

Friedrichsen, M. & Jenzowsky, S. (1995): Methoden und Methodologie: Ein Vergleich ausgewählter Studien der 90er Jahre zur Gewalt in den Medien. In: Friedrichsen, M. & Vowe, G. (Hg.): *Gewaltdarstellungen in den Medien/Theorien, Fakten und Analysen*, Opladen: Westdeutscher Verlag, S. 292-332.

Friedrichsen, M. (1995): Grundlagen und Perspektiven der Gewalt-in-den-Medien-Forschung. In: Friedrichsen, M. & Vowe, G. (Hg.): *Gewaltdarstellungen in den Medien/ Theorien, Fakten und Analysen,* Opladen: Westdeutscher Verlag, S. 397-415.

Früh, H. & Brosius, H.-B. (im Druck): Gewalt und Medien. In: Batinic, B. & Appel, M. (Hg.). *Medienpsychologie.* Berlin: Springer.

Funk, J. B. & Buchman D. (1996): Playing violent video and computer games and adolescent self-concept. In: *Journal of Communication*, 46/2, S. 19-32.

Gleich, U. (1995): Das Angebot von Gewaltdarstellungen im Fernsehen. In: Friedrichsen, M. & Vowe, G. (Hg.): *Gewaltdarstellungen in den Medien/Theorien, Fakten und Analysen*, Opladen: Westdeutscher Verlag, S. 145-165.

Gleich, U. (2004): Medien und Gewalt. In: Mangold, R., Vorderer, P. & Bente, G. (Hg.): *Lehrbuch der Medienpsychologie*. Göttingen: Hogrefe, S.587 –618.

Glogauer, W. (1990): Fallbeispiele medieninduzierter Delinquenz. In: Lukesch, H. (Hg.): *"Wenn Gewalt zur Unterhaltung wird ...". Beiträge zur Nutzung und Wirkung von Gewaltdarstellungen in audiovisuellen Medien.* Regensburg: Roderer, S. 149-159.

Glogauer, W. (1994): *Kriminalisierung von Kindern und Jugendlichen durch Medien.* Baden-Baden: Nomos.

Glogauer, W. (1996). Auswirkungen von Gewalt, sexuellen Darstellungen und Pornographie in den Medien auf Kinder und Jugendliche. In: Der Bundesminister des Innern (Hg.): *Medien und Gewalt. Texte zur Inneren Sicherheit*. Bonn.

Grams, S. (1995): Die Landesmedienanstalten in der Pflicht? In: Friedrichsen, M. & Vowe, G. (Hg.): *Gewaltdarstellungen in den Medien/Theorien, Fakten und Analysen*, Opladen: Westdeutscher Verlag, S. 368-380.

Grimm, J. (1994): *Kinder, Jugend und Medien. Ausgewählte Studien zum internationalen Forschungsstand mit einigen Schlussfolgerungen für den Jugendschutz*, Kiel: ULR-Schriftenreihe Themen - Thesen - Theorien, Bd. 2.

Grimm, J. (1999): *Fernsehgewalt. Zuwendungsattraktivität – Erregungsverläufe – sozialer Effekt*. Opladen: VS.

Grimm, P., Kirste, K. & Weiss, J. (2005): *Gewalt zwischen Fakten und Fiktionen. Eine Untersuchung von Gewaltdarstellungen im Fernsehen unter besonderer Berücksichtigung ihres Realitäts- bzw. Fiktionalitätsgrades*, Berlin: NLM-Schriftenreihe, Bd. 18.

Groebel, J. & Gleich, U. (1993): *Gewaltprofil des deutschen Fernsehprogramms. Eine Analyse des Angebots privater und öffentlich-rechtlicher Sender*, Opladen: LfR-Schriftenreihe Medienforschung, Bd. 6.

Gunter, B., Furnham, A. & Pappa, E. (2005): Effects of television violence on memory for violent and non-violent advertising. In: *Journal of Applied Social Psychology*, 35/ 8, S. 1680-1697.

Hasebrink, U. (1995): Zur Nutzung action- und gewaltorientierter Fernsehangebote. In: Friedrichsen, M. & Vowe, G. (Hg.): *Gewaltdarstellungen in den Medien/Theorien, Fakten und Analysen*, Opladen: Westdeutscher Verlag, S. 194-227.

Huesmann, L. R., Moise-Titus, J. & Podolski, C. et al. (2003): Longitudinal relations between children's exposure to TV violence and their aggressive and violent behavior in young adulthood 1977-1992. In: *Developmental Psychology*, 39/2, S. 201-221.

Kirsh, S., Olczak, P. & Mounts J. (2005): Violent video games induce an affect processing bias. In: *Media Psychology*, 7/3, S. 239-250.

Krcmar, M. & Greene, K. (1999): Predicting exposure to and uses of television violence. In: *Journal of Communication*. 49/3, S. 24-45.

Kübler, H.-D. (1995): Mediengewalt: Sozialer Ernstfall oder medienpolitischer Spielball? Ein Dauerthema im Interessensclinch zwischen Politik, Kommerz und Wissenschaft. In: Friedrichsen, M. & Vowe, G. (Hg.): *Gewaltdarstellungen in den Medien/Theorien, Fakten und Analysen*, Opladen: Westdeutscher Verlag, S. 69-108.

Kunczik, M., & Zipfel, A. (2006*). Gewalt und Medien. Ein Studienhandbuch.* Köln: Böhlau.

Kunczik, M. & Zipfel, A. (2004): *Medien und Gewalt. Befunde der Forschung seit 1998*. Hg. v. Bundesministerium für Familie, Senioren, Frauen und Jugend. Berlin: BMFSFJ PDF-Version (2,2 MB), www.bmfsfj.de (Zugriff: 30.11.2007)

Kunczik, M. (1995): Wirkungen von Gewaltdarstellungen. Zum aktuellen Stand der Diskussion. In: Friedrichsen, M. & Vowe, G. (Hg.): *Gewaltdarstellungen in den Medien/ Theorien, Fakten und Analysen,* Opladen: Westdeutscher Verlag, S. 125-144.

Lukesch, H. (1990): Gewaltwirkungsforschung und Medienpädagogik. Anmerkungen zu sechs Thesen Helga Theunerts über „Erfordernisse und Perspektiven einer pädagogisch relevanten Gewaltwirkungsforschung". In: Lukesch, H. (Hg.): *"Wenn Gewalt zur Unterhaltung wird ...". Beiträge zur Nutzung und Wirkung von Gewaltdarstellungen in audiovisuellen Medien.* Regensburg: Roderer, S. 161-172.

Merten, K. (1999): *Gewalt durch Gewalt im Fernsehen.* Opladen: Westdeutscher Verlag.

Mikos, L. (1995): Zur Faszination von Action- und Horrorfilmen. In: Friedrichsen, M. & Vowe, G. (Hg.): *Gewaltdarstellungen in den Medien/Theorien, Fakten und Analysen*, Opladen: Westdeutscher Verlag, S. 166-193.

Potter, W. J. & Smith, S. (2000): The context of graphic portrayals of television violence. In: *Journal of Broadcasting & Electronic Media*, 44/2, S. 301-323.

Potter, W. J. (1997): The problem of indexing risk of viewing television aggression. In: *Critical Studies in Mass Communication*, 14/3, S. 228-248.

Potter, W. J. (1999): *On media violence*. Thousand Oaks: Sage.

Potter, W. J. (2003): *The 11 myths of media violence*. Thousand Oaks: Sage.

Schabedoth, E. (1995): Inhalt: Gewalt – Ein Fazit der Erforschung „gewaltiger" Medieninhalte. In: Friedrichsen, M. & Vowe, G. (Hg.): *Gewaltdarstellungen in den Medien/ Theorien, Fakten und Analysen*, Opladen: Westdeutscher Verlag, S. 392-396.

Scharrer, E. (2001): Men, muscles, and machismo: The relationship between television violence exposure and aggression and hostility in the presence of hypermasculinity. In: *Media Psychology*, 3/2, S. 159-188.

Scheungrab, M. (1990): Die Abbildung von Beziehungen zwischen Medienkonsum und Delinquenz im Rahmen kausalanalytischer Modelle. In: Lukesch, H. (Hg.): *"Wenn Gewalt zur Unterhaltung wird ...". Beiträge zur Nutzung und Wirkung von Gewaltdarstellungen in audiovisuellen Medien.* Regensburg: Roderer, S. 119-148.

Schorb, B. & Anfang, G. (1990): *Was machen "Airwolf" und "Knight Rider" mit ihren jugendlichen Zuschauern? Eine Untersuchung zweier Fernsehserien und ihrer Beurteilung durch Jugendliche.* DLM-Schriftenreihe, Bd. 1.

Schulz, W. (1995): Die Akzeptanz und Beurteilung von Gewalt als Mittel politischer Auseinandersetzung im europäischen Vergleich. In: Friedrichsen, M. & Vowe, G. (Hg.): *Gewaltdarstellungen in den Medien/Theorien, Fakten und Analysen*, Opladen: Westdeutscher Verlag, S. 42-68.

Sherry, J. (2004): Media effects theory and the nature/nurture debate: A historical overview and directions for future research. In: *Media Psychology*, 6/1, S. 83-109.

Slater, M. (2003): Alienation, aggression, and sensation seeking as predictors of adolescent use of violent film, computer, and website content. In: *Journal of Communication*, 53/1, S. 105-121.

Theunert, H. & Schorb, B. (1995): *"Mordsbilder": Kinder und Fernsehinformation. Eine Untersuchung zum Umgang von Kindern mit realen Gewaltdarstellungen in Nachrichten und Reality-TV,* Berlin: HAM-Schriftenreihe, Bd. 13.

Theunert, H. et al. (1992): *Zwischen Vergnügen und Angst - Fernsehen im Alltag von Kindern. Eine Untersuchung zur Wahrnehmung und Verarbeitung von Fernsehinhalten durch Kinder aus unterschiedlichen soziokulturellen Milieus in Hamburg*, Berlin: HAM-Schriftenreihe, Bd. 5.

Valkenburg, P., Cantor, J. & Peeters, A. (2000): Fright reactions to television - A child survey. In: *Communication Research*, 27/1, S. 82-99.

Vitouch, P. (1993): *Fernsehen und Angstbewältigung. Zur Typologie des Zuschauerverhaltens*. Wiesbaden: VS.

Vollbrecht, R. (1995): Jugendkulturelle Szenen und ihre Medien. In: Friedrichsen, Mike & Vowe, G. (Hg.): *Gewaltdarstellungen in den Medien/Theorien, Fakten und Analysen*, Opladen: Westdeutscher Verlag, S. 109-124.

Volpers, H. (Hg.) (2004): *Funktionsweise des Internets und sein Gefährdungspotenzial für Kinder und Jugendliche. Ein Handbuch zur Medienkompetenzvermittlung*, Berlin: NLM-Schriftenreihe, Bd. 17.

Vowe, G. & Friedrichsen, M. (1995): Wie gewaltig sind die Medien? Ein Plädoyer für differenzierte Antworten. In: Friedrichsen, M. & Vowe, G. (Hg.): *Gewaltdarstellungen in den Medien/Theorien, Fakten und Analysen*, Opladen: Westdeutscher Verlag, S. 7-16.

Walsh, D. & Gentile D. (2001): Validity test of movie, television, and video-game ratings. In: *Pediatrics*, 107/6, S. 1302-1308.

Weiss, R. (1990): Horror-Gewalt-Video-Konsum bei Jugendlichen. Gefühlsreaktionen – Persönlichkeit – Identifikation Täter/Opfer. In: Lukesch, H. (Hg.): *"Wenn Gewalt zur Unterhaltung wird ...". Beiträge zur Nutzung und Wirkung von Gewaltdarstellungen in audiovisuellen Medien.* Regensburg: Roderer, S. 47-91.

Wilson, B., Smith, S. & Potter, W. J. et al. (2002): Violence in children's television programming: Assessing the risks. In: *Journal of Communication*, 52/1, S. 5-35.

Winterhoff-Spurk, P. (1999): Medienpsychologie. Stuttgart: Kohlhammer.

Wulff, H.-J. (1995): Gewaltdebatten als naive Pädagogik: Eine Polemik zur Gewaltdiskussion. In: Friedrichsen, M. & Vowe, G. (Hg.): *Gewaltdarstellungen in den Medien/ Theorien, Fakten und Analysen*, Opladen: Westdeutscher Verlag, S. 381-391.

Zeitter, E., Kapp, F. & Scheltwort, P. (1997): *Die "Sprache der Gewalt" und ihre Wirkungen. Ansätze zur Analyse der Wirkung formaler Darstellungsformen von Gewalt in Fernsehsendungen auf Kinder im Alter von 8 bis 11 Jahren*, Villingen-Schwenningen: LFK-Schriftenreihe, Bd. 6.

Zillmann, D. & Weaver J. (1999): Effects of prolonged exposure to gratuitous media violence on provoked and unprovoked hostile behavior. In: *Journal of Applied Social Psychology*, 29/1, S. 145-165.

Auftragsforschung der ALM

Aufenanger, S., Lampert, C. & Vockerodt, Y. (1996): *Lustige Gewalt? Zum Verwechslungsrisiko realer und inszenierter Fernsehgewalt bei Kindern durch humoreske Programmkontexte.* Eine Studie erstellt im Auftrag der Bayerischen Landeszentrale für neue Medien (BLM) und der Hamburgischen Anstalt für neue Medien (HAM), München: BLM-Schriftenreihe, Bd. 38.

Baier, D., Rabold, S., Pfeiffer, C. & Windzio, M. (2006): *Schülerbefragung 2005: Gewalterfahrungen, Schulabsentismus und Medienkonsum von Kindern und Jugendlichen in Thüringen. Abschlussbericht über eine repräsentative Befragung von Schülerinnen und Schülern der 4. und 9. Jahrgangsstufe.* Hannover: KFN.

Brunn, I. et al. (2007): *Das deutsche Jugendschutzsystem im Bereich der Video- und Computerspiele:* Endbericht, 28.06.2007, www.hans-bredow-institut.de.

Charlton, M. et al. (1997): *Zugänge zur Mediengewalt: Untersuchungen zu individuellen Strategien der Rezeption von Gewaltdarstellungen im frühen Jugendalter*, Villingen-Schwenningen: LFK-Schriftenreihe, Bd. 7.

Grimm, P. & Rhein, S. (2007): *Slapping, Bullying, Sniffing! Zur Problematik von gewalthaltigen und pornografischen Videoclips auf Mobiltelefonen von Jugendlichen.* Berlin: Vistas.

Grimm, P., Kirste, K. & Weiss, J. (2005): *Gewalt zwischen Fakten und Fiktionen. Eine Untersuchung von Gewaltdarstellungen im Fernsehen unter besonderer Berücksichtigung ihres Realitäts- bzw. Fiktionalitätsgrades*, Berlin: NLM-Schriftenreihe, Bd. 18.

Groebel, J. & Gleich, U. (1993): *Gewaltprofil des deutschen Fernsehprogramms. Eine Analyse des Angebots privater und öffentlich-rechtlicher Sender*, Opladen: LfR-Schriftenreihe Medienforschung, Bd. 6.

Kunczik, Michael & Zipfel, Astrid (2004): Medien und Gewalt. Befunde der Forschung seit 1998. Hg. v. Bundesministerium für Familie, Senioren, Frauen und Jugend. Berlin: BMFSFJ, PDF-Version (2,2 MB), www.bmfsfj.de.

Neumann-Braun, K. & Mikos, L. (2005): *Videoclips und Musikfernsehen. Eine problemorientierte Kommentierung der aktuellen Forschungsliteratur*. Berlin: Vistas.

Schorb, B. & Anfang, G. (1990): *Was machen "Airwolf" und "Knight Rider" mit ihren jugendlichen Zuschauern? Eine Untersuchung zweier Fernsehserien und ihrer Beurteilung durch Jugendliche*. DLM-Schriftenreihe, Bd. 1.

Schorb, B. & Hartung, A. (2003): *Gewalt im Radio. Eine Untersuchung zur Wahrnehmung, Bewertung und Verarbeitung von Unterhaltung im Hörfunk durch 9- bis 16-Jährige*, Berlin: Schriftenreihe der Arbeitsgemeinschaft der mitteldeutschen Landesmedienanstalten (AML), Bd. 2.

Schwind, H.-D. et al. (1994): *Ursache, Prävention und Kontrolle von Gewalt. Analysen und Vorschläge der Unabhängigen Regierungskommission zur Verhinderung und Bekämpfung von Gewalt (Gewaltkommission),* Berlin: Duncker & Humblot 4 Bde.

Theunert, H. & Schorb, B. (1995): *"Mordsbilder": Kinder und Fernsehinformation. Eine Untersuchung zum Umgang von Kindern mit realen Gewaltdarstellungen in Nachrichten und Reality-TV*, Berlin: HAM-Schriftenreihe, Bd. 13.

Theunert, H. et al. (1992*): Zwischen Vergnügen und Angst - Fernsehen im Alltag von Kindern. Eine Untersuchung zur Wahrnehmung und Verarbeitung von Fernsehinhalten durch Kinder aus unterschiedlichen soziokulturellen Milieus in Hamburg*, Berlin: HAM-Schriftenreihe, Bd. 5.

Volpers, H. (Hg.) (2004): *Funktionsweise des Internets und sein Gefährdungspotenzial für Kinder und Jugendliche. Ein Handbuch zur Medienkompetenzvermittlung*, Berlin: NLM-Schriftenreihe, Bd. 17.

Zeitter, E., Kapp, F. & Scheltwort, P.(1997): *Die "Sprache der Gewalt" und ihre Wirkungen. Ansätze zur Analyse der Wirkung formaler Darstellungsformen von Gewalt in Fernsehsendungen auf Kinder im Alter von 8 bis 11 Jahren*, Villingen-Schwenningen: LFK-Schriftenreihe, Bd. 6.

Zeitfracht Medien GmbH
Ferdinand-Jühlke-Straße 7
99095 Erfurt, Deutschland
produktsicherheit@kolibri360.de